乡村振兴理论与实证研究

——以绵竹市乡村振兴路径及现状为例

程守太 张毅 杨森 主编

Theoretical and Empirical Research on Rural Revitalization

法律出版社
LAW PRESS · CHINA
北京

图书在版编目(CIP)数据

乡村振兴理论与实证研究 : 以绵竹市乡村振兴路径及现状为例 / 程守太, 张毅, 杨森主编. -- 北京 : 法律出版社, 2022

ISBN 978-7-5197-6355-8

Ⅰ. ①乡… Ⅱ. ①程… ②张… ③杨… Ⅲ. ①农村-社会主义建设-研究-绵竹 Ⅳ. ①F327.714

中国版本图书馆 CIP 数据核字(2022)第 007252 号

乡村振兴理论与实证研究
——以绵竹市乡村振兴路径及现状为例
XIANGCUN ZHENXING LILUN YU SHIZHENG YANJIU
—YI MIANZHUSHI XIANGCUN ZHENXING LUJING JI XIANZHUANG WEILI

程守太
张　毅　主编
杨　森

策划编辑 邢艳萍
责任编辑 邢艳萍
装帧设计 贾丹丹

出版发行 法律出版社
编辑统筹 法律应用出版分社
责任校对 朱海波
责任印制 刘晓伟
经　　销 新华书店

开本 710 毫米×1000 毫米　1/16
印张 18.5　**字数** 320 千
版本 2022 年 1 月第 1 版
印次 2022 年 1 月第 1 次印刷
印刷 北京建宏印刷有限公司

地址:北京市丰台区莲花池西里 7 号(100073)
网址:www.lawpress.com.cn
投稿邮箱:info@lawpress.com.cn
举报盗版邮箱:jbwq@lawpress.com.cn
销售电话:010-83938349
客服电话:010-83938350
咨询电话:010-63939796

书号:ISBN 978-7-5197-6355-8　**定价**:69.00 元

凡购买本社图书,如有印装错误,我社负责退换。电话:010-83938349

编辑委员会

组织编写：泰和泰律师事务所、四川师范大学、绵竹市全面依法治市办公室

主　　编：程守太　张　毅　杨　森

撰 稿 人：(按撰写章节为序)

程守太　张　毅　杨　森　刘　翊　倪丽慧

支　蕊　高　颖　曾　巍　尹晓东　景宇恒

卷首语

自党的十九大报告中提出乡村振兴战略以来，我党始终坚持把解决好“三农”问题作为全党工作的重中之重。2018—2022 年作为实施乡村振兴战略的前五年，更是机遇难得，挑战重重。从国际形势来看，提高我国农业竞争力，保障国家粮食安全始终是重中之重。从国内形势来看，随着我国经济增长方式的转变，加之工业化、城镇化、信息化的全面推进，乡村发展将处于重大关键时期。在习近平总书记把舵定向，党中央、国务院高度重视、坚强领导、科学决策下，实施乡村振兴战略已写入党章，成为全党的共同意志，同时，随着《乡村振兴促进法》和《国民经济和社会发展第十四个五年规划和 2035 年远景目标纲要》的实施，乡村振兴有了根本政治保障。

从近年来乡村振兴战略实施整体情况来看，各地区在乡村振兴战略实施过程作出了很多有益探索，打造出了很多“乡村振兴”特色样板。全国乡村的整体面貌、综合实力、发展潜力都得到了极大提升。但同样不可忽视的是，我国乡村的整体发展水平和发展深度尚有待进一步提升，例如，经济发达地区环大型城市周边的乡村振兴战略实施效果与普通城市镇村的乡村振兴战略实施效果存在差距和不均衡；城乡区域发展不平衡；乡村因地制宜的产业发展质量和水平仍需提升。故在今后的乡村振兴战略实施过程中，仍然要坚持深入贯彻习近平新时代中国特色社会主义思想，深入贯彻党的十九大和十九届二中、三中全会精神，结合各镇村实际情况，立足实现农业和农村两个现代化，不断推动各类资源要素在城乡之间自由流动，加快让农村成为安居乐业美丽家园的建设步伐。

绵竹市距离成都市以北100多公里，先后遭受了2008年的“5·12”特大地震、2010年的“8·13”特大泥石流、2013年的“7·09”特大洪灾，其下辖乡镇受灾严重，如何进行灾后重建、如何实现镇村的可持续发展，成为绵竹市面临的现实问题。从地理位置上看，绵竹市并不处于重点发展的成渝经济圈范围，也不属于四川省成都市西部片区国家城乡融合发展试验区的试点范围。经过多次灾后重建和产业调整，绵竹市同步实施产业引进推广和基层治理“双翼齐飞”的模式，走上了乡村振兴的复兴之路。绵竹市通过规划先行、政府招商、企业入驻、村集体协同、产业融合发展模式，将农业种养业、农业深加工业、农业旅游、文化旅游等产业融合发展，同时大力推进基层治理的新模式，成功创建了全国休闲农业与乡村旅游示范县，村民的生活水平和基层治理效果得到了极大提升，乡村振兴的路径和目标得以持续发展。

本书选取绵竹市作为乡村振兴实证研究之典型代表。在本书写作过程中，泰和泰律师事务所联合四川师范大学在绵竹市委、市政府的大力协助下，多次深入绵竹市各乡镇、企业进行实地调研。在绵竹市实地调研中，调研地主要涉及清平镇、麓棠镇、年画村以及九龙镇，之所以选取以上地点进行实地考察、调研，是因上述乡镇各有特色,极具代表性。清平镇素有“金色清平、世外桃源”的美誉,近年来完美走出了“矿区变景区、矿山变青山、矿工变三产从业者”的三变之路。而麓棠镇的中国玫瑰谷现代农业产业园,以月季和大马士革玫瑰种养产业为基础,衍生出集精深加工、香氛产品研发、原料生产和销售、乡村旅游康养服务于一体的全产业链,带动了绵竹市现代农业、农业科技研发、乡村旅游康养等产业,形成了农村一二三产业联动发展格局。绵竹年画是国家首批非物质文化遗产,而绵竹市的年画村则是中国“四大年画”之一绵竹年画的重要发源地,经过多年的规划发展,传统文化成功转型为生产力,绵竹年画村已建设成为以文创产业为基础,以乡村旅游产业为衍生的复合型旅游区。绵竹市九龙镇是全国特色景观旅游名镇、国家级美丽宜居小镇、国家级生态镇、省级旅游度假区、省级森林小镇、乡镇省级旅游度假区、省级乡村游示范区。

绵竹市通过盘活土地资源、结合农林产业因势利导,积极引入社会资本,出台地方政策予以扶持,全域推进农林一二三产业融合发展,不仅促进了矿区转型发展,推进了乡村振兴,更是走出了具有绵竹特色的乡村振兴之路,对于各地乡村振兴发展之路极具借鉴意义。

本书由泰和泰律师事务所首席合伙人程守太律师,泰和泰律师事务所合伙人张毅律师、杨森律师担任主编并负责统筹定稿。其中,第一章由程守太律师、张毅律师、杨森律师共同撰写。第二章由张毅律师、刘翊律师、倪丽慧律师共同撰写。第三章第一节由张毅律师、刘翊律师、倪丽慧律师撰写部分内容,由杨森律师、支蕊律师、高颖律师撰写部分内容;第二节由四川师范大学曾巍教授撰写部分内容,尹晓东律师、景宇恒律师撰写部分内容。第四章第一节由尹晓东律师、景宇恒律师共同撰写;第二节由尹晓东律师、景宇恒律师撰写部分内容，杨森律师、支蕊律师、高颖律师撰写部分内容；第三节、第五节、第六节由杨森律师、支蕊律师、高颖律师共同撰写；第四节由尹晓东律师、景宇恒律师共同撰写。第五章由程守太律师、张毅律师撰写。

同舟共济扬帆起，乘风破浪万里航。泰和泰律师事务所自2000年5月成立以来，历经二十余年持续高速发展，已成为一家覆盖全中国、连接世界的全国性大型律师事务所。在时代发展的潮流中，在《乡村振兴促进法》出台的大背景之下，全体泰和泰人以德行为桨，以仁心为舟，乘势而上，勇立潮头，深入开展乡村振兴实现路径的实证研究，力争在乡村振兴辐射范围下为各类客户提供优质、高效的专业服务，以实际行动促进法治发展、履行社会责任、为乡村振兴战略的实施和落地贡献自己的力量。

在本书的编写过程中，我们也参考了许多同仁的优秀研究成果，受益匪浅。此外，由于作者水平有限，书中不足之处在所难免，欢迎读者批评指正。

目　录

第一章　乡村振兴战略运行的总体制度逻辑

第一节　乡村振兴战略提出的时代背景

2017年10月,中共十九大提出了乡村振兴战略重大决策部署,乡村振兴战略的提出是决战全面建成小康社会、全面建设社会主义现代化国家的重大历史任务,是新时期推动农业农村现代化建设的重要战略。习近平总书记在主持中共中央政治局第八次集体学习时,站在党和国家事业发展全局的高度,深入阐释了实施乡村振兴战略的重大意义和深刻内涵,对实施乡村振兴战略作出了重点部署,为促进农业全面升级、农村全面进步、农民全面发展提供了重要遵循,是中国特色社会主义道路上的必然部分,对现代经济体系建设、美丽中国建设、优秀传统文化传承、现代社会治理格局健全以及全体人民共同富裕等均具有重大积极意义。[①]

我国过去是一个典型的农业大国，在乡土社会中，我国文化的本质是乡土文化，故而在乡土文化下，振兴乡村显得尤为重要。乡村振兴战略的目标在于建设产业兴旺、生态宜居、乡风文明、治理有效、生活富裕的新农村。战略部署为2020年乡村振兴的制度框架和政策体系基本形成，各地区、各部门确立乡村振兴的思路举措，全面建成小康社会的目标如期实现。2022年制度框架和政策体系初步健全。努力探索形成一批各具特色的乡村振兴模式和经验，乡村振兴取得阶段性成果。2035年乡村振兴取得决定性进展，农业农村现代化基本实现。农业结构得到根本性改善，农民就业质量显著提高，相对贫困进一步缓解，共同富裕迈出坚实步伐；城乡基本公共服务均等化基本实现，城乡融合发展体制机制更加完善；乡风文明达到新高度，乡村治理体系更加完善；农村生态环境根本好转，生态宜居的美丽乡村基本实现。2050年乡村全面振兴，农业强、农村美、农民富全面实现。乡村振兴战略的提出和合理部署有其特定的时代背景，并不是凭空提出的，是新时代经济社会发展的产物，是在我国主要矛盾发生变化的时代背景下提出的，了解其提出的时代背景是深入了解乡村振兴战略的重要前提。

党的十九大报告明确指出，中国特色社会主义进入新时代，我国的主要矛盾已经转化为人民日益增长的美好生活需要和不平衡、不充分发展之间的矛盾。发展的不平衡、不充分在城市和乡村之间的矛盾更为突出。不平衡体现在：一是城乡居民人均收入差距大，资源分布不均导致经济发展不平衡；二是乡村基础设施建设

① 王颂吉、魏后凯：《城乡融合发展视角下的乡村振兴战略：提出背景与内在逻辑》，载《农村经济》2019年第1期。

不健全,公共服务在很多方面与城市存在较大差距,具体表现在教育、医疗、社保、卫生等方面,城乡之间的差距导致发展的不平衡;三是不同地区农村经济发展的不平衡,东部沿海地区较发达,西部地区较落后,中部发展介于二者之间。西部有的农村甚至还没有摆脱贫困。不充分体现在:一是农村地区自然资源丰富,但在某些方面利用不充分,如秸秆、稻草不能得到充分利用,浪费严重等;二是科技方面,农村地区第一产业发展的科技含量不高,特别是农业发展创新不足,农业基础薄弱,农村地区防灾、抗灾能力不够,综合生产力低,土地资源严重透支,生态环境破坏严重。而新时代我国主要矛盾的变化对农业、农村、农民的发展提出了新的、更进一步、更高的要求。人民对美好生活的向往,要求在农产品的供给上不仅要满足数量上的需要,更要在保证质量、提高质量上下功夫;在各产业发展上,应当更加注重第一、第二、第三产业的融合发展,避免单打独斗;在生态环境上,不仅要想办法改善当前农村地区的居住环境,更要通过发展和不断优化吸引越来越多的城市居民来农村休闲度假,进而带动农村地区的经济发展,逐渐消除不平衡发展的状态;在提高农民收入的同时,还要解决农村地区就医、教育、卫生、养老等一系列社会问题。正是在这样的时代背景下,国家提出了乡村振兴战略。

全面建成小康社会是我们要实现的第一个百年目标,是实现中华民族伟大复兴的关键一步。为了全面建成小康社会,我们党和政府提出了七大战略,乡村振兴战略就是其中之一。在 2020 年我国已全面建成小康社会,我国全面建成小康社会不仅实现了小康,而且做到了全面。目前实现的这个“全面”的目标,我们做到了三个全覆盖。一是覆盖的领域要全面,我们已做到经济、文化、政治、生态、社会“五位一体”的全面发展,统筹“五位一体”的战略部署，这是全面小康的内在要求。二是覆盖的人口全面，我们建成的小康社会是惠及全体人民的小康，特别是农村和一些经济落后地区，要加快它们的发展步伐，全国同步进入小康社会。实现这一目标，我们必须补齐农村发展的短板。三是覆盖的区域全面，全面建成小康社会，我们已经做到城市和乡村统筹全面发展，但当前面临的现实问题中城乡二元结构失调仍较为严重，城乡差距大，发展不平衡，最艰巨的任务仍然在农村。当前我国已实现全面建成小康社会，说明城乡融合统筹发展的战略取得了阶段性成效，在此背景下，更应该坚持和统筹发展乡村振兴战略。

改革开放40多年来，我国经济得到了快速发展，农村也发生了翻天覆地的变化，特别是党的十八大以后出台了许多利农惠农的政策，农民收入显著提高，生活更加富裕，农村地区也实现了和谐稳定的发展。与此同时，农村地区也产生了不少问题，"新'三农'问题"即"农村的空心化""农民的老龄化""农业的边缘化"问题日益突出。很多年轻的农民进城务工，大量劳动力流入城市，从农村地区流出，农村劳动力严重不足；留守儿童、空巢老人越来越多；土地荒芜无人耕种、农村产业落后、竞争力不强等矛盾突出。"新'三农'问题"已经成为我国实现中华民族伟大复兴必须直视和解决的问题，且必须克服。党的十九大报告中明确指出了乡村治理的路径，"加强农村基层基础工作，健全自治、法治、德治相结合的乡村治理体系"。① 乡村振兴战略的提出为我们解决"新'三农'问题"提供了新的抓手和动力。

党的十九大是我党历史上一次具有战略意义的重要会议，会议的一项重要成果便是将习近平新时代中国特色社会主义思想写

① 《习近平谈治国理政》（第二卷），外文出版社2017年版，第32页。

入党章，与马克思列宁主义、毛泽东思想、邓小平理论、“三个代表”重要思想、科学发展观共列为党的指导思想和行动指南。习近平新时代中国特色社会主义思想，是马克思主义与中国实际相结合的创新成果，是当代马克思主义的最科学阐述，是中国特色社会主义理论体系中承前启后的伟大理论贡献，是今后较长时期党的政治纲领和各族人民的行动指南，对于实现中华民族伟大复兴的中国梦是十分重要的思想武器。新的思想，闪烁着全党智慧的结晶，必然有丰富的创新理论支撑和科学严谨的思想体系；新的思想，必然提出解决中国现实和未来的宏观性、战略性、全局性、前瞻性的重大问题的总体战略，在上述三个时代背景下提出乡村振兴战略正当其时，意义深远。

第二节　《乡村振兴促进法》与《“十四五”规划纲要》确定的乡村振兴战略实施路径

一、《乡村振兴促进法》的核心内容与实施路径

乡村振兴战略是在2017年10月党的十九大报告中提出的，承接2013年党的十八届三中全会发布的《中共中央关于全面深化改革若干重大问题的决定》中“健全城乡发展一体化体制机制”部分而进一步提出的目标分解战略。2021年6月1日，《乡村振兴促进法》正式实施，这也是我国首次正式以立法的形式将乡村振兴的战略目标和重点实施方向进行了明确，对于促进农业全面升级、农村全面进步、农民全面发展，全面建设社会主义现代化国家，实现中华民族伟大复兴的中国梦，具有重要意义。

《乡村振兴促进法》在开篇的第一章总则部分即明确提出了

“五个振兴”，即乡村产业振兴、人才振兴、文化振兴、生态振兴、组织振兴；同时也在第四条中明确了实施乡村振兴的五大原则，即坚持农业农村优先发展、坚持农民主体地位、坚持“人与自然和谐共生”、坚持改革创新、坚持因地制宜和规划先行以及循序渐进。

《乡村振兴促进法》的第二章到第八章，分别从产业发展、人才支撑、文化繁荣、生态保护、组织建设、城乡融合、扶持措施七个方面针对乡村振兴战略的实施关键要素进行了明确的阐述。

产业发展是乡村振兴的重要经济保障，要做到支持、促进农村一二三产业的融合发展；构建重要农产品供给和保障体系；坚持实施并完善永久基本农田制度；加强种质资源保护利用和种质资源库的建设；加强农业科技创新；加强农业技术推广体系建设；推进农业机械化、信息化建设；加强农产品流通骨干网络和冷链物流体系的建设；支持乡村创业创新；与农民建立紧密型利益联结机制；推进国有农场（林牧渔）现代农业发展；深化供销合作社综合改革。

人才支撑是乡村振兴战略能够实施并长效运转的关键要素，要做到本土人才与外来人才并重、同步发展培养；改善农村办学条件，大力培养乡村教师；面向农村提供教育培训、技术支持和创业指导等公众服务；支持高等学校和职业学校设置并发展涉农专业；鼓励城市人才向乡村流动，建立健全城乡、区域、校地之间的人才培养和合作交流机制。

文化繁荣是乡村振兴战略实施效果的软性体现，《乡村振兴促进法》进一步要求丰富农民文化体育生活，倡导科学健康的生产生活方式；建设文明乡村，培养文明乡风、良好家风、淳朴民风；加强对历史文化名镇名村、传统村落和乡村风貌、少数民族特色村寨的保护；建设特色鲜明、优势突出的农业文化展示区、文化产业特色村路。

“绿水青山就是金山银山”,生态保护是坚持绿色发展道路的前提,不能以牺牲环境为代价来进行经济的发展。在生态保护方面,《乡村振兴促进法》鼓励和支持先进的种植养殖技术,优先发展生态循环农业;持续改善农村人居环境和生态环境;对农业投入品实施严格管理;推进农作物秸秆和禽畜粪污的资源化利用;实行耕地养护、修复、休耕和草原森林河流湖泊的休养生息制度;建立健全农村住房建设质量安全。

组织建设为实现乡村基层治理指明了方向。《乡村振兴促进法》指出,需建立健全党委领导、政府负责、民主协商、社会协同、公众参与、法治保障、科技支撑的现代乡村治理体制和自治、法治、德治相结合的乡村社会治理体系,建设充满活力、和谐有序的善治乡村。

城乡融合则是要求进一步缩小城乡差距,促进城乡融合发展,为共同富裕奠定基石。要求逐步建立全民覆盖、普惠共享、城乡一体的基本公共服务体系;加快县域城乡融合发展,促进农业高质高效、乡村宜居宜业、农民富裕富足;要求持续完善村级综合服务设施和综合信息平台;鼓励社会资本反哺乡村振兴,投入乡村发展与农民利益联结的项目;健全联农带农的服务机制。

扶持措施则是从政策和制度层面,为后续细化的政策和制度的指定指明了方向。要求建立健全农业支持保护体系和实施乡村振兴战略财政投入保障制度,县级以上人民政府应当优先保障用于乡村振兴的财政投入;完善涉农资金整合统筹长效机制;构建以高质量绿色发展为导向的新型农业补贴政策体系;建立乡村振兴基金,重点支持乡村产业发展和公共基础设施建设;鼓励创新投融资方式,引导社会资本投向乡村;建立健全多层次、广覆盖、可持续的农村金融服务体系;完善政策性农业保险制度。

二、《"十四五"规划纲要》明确的乡村振兴战略的具体实施路径

我国自1953年开始制订第一个"五年计划",从"十一五"时期起,"五年计划"改为"五年规划"。每一期的"五年规划"是中国国民经济计划的重要部分,属中长期计划,对国家重大建设项目、生产力分布和国民经济重要比例关系等作出规划,为国民经济发展远景规定目标和方向。"五年规划"的制订与实施,不仅能描绘新中国成立以来经济发展的大体脉络,也能从中探索中国经济发展的规律,通过对比与检视过去,可以从历史的发展中获得宝贵的经验,从而指导未来的经济发展。

2021年3月11日,十三届全国人大四次会议表决通过了《国民经济和社会发展第十四个五年规划和2035年远景目标纲要》(以下简称《"十四五"规划纲要》),标志着《"十四五"规划纲要》正式进入实施阶段。

在乡村扶贫脱贫工作取得全面胜利后,农村地区的后续发展必然与乡村振兴战略无缝衔接。《"十四五"规划纲要》在第七篇中专门为"十四五"期间乡村振兴和农业农村的优先发展制定了明确的实施方向。《"十四五"规划纲要》从战略层面上,基于提高农业质量效益和竞争力,强化乡村建设的规划引领,提升乡村基础设施和公共服务水平,改善农村人居环境等六个方面进行了归纳并提出了具体要求。

(一)提高农业质量效益和竞争力

《"十四五"规划纲要》从增强农业综合生产能力、深化农业结构调整、丰富乡村经济业态三个方面提出了提高农业质量效益和竞争力的具体要求。实际上是将农业、农村轻工业、新型服务业进行有机整合,提升农业生产力、优化产业布局、盘活农村资源,让农

民分享更多乡村振兴和发展的红利。

首先,要求夯实粮食生产能力基础,保障粮、棉、油、糖、肉、奶等重要农产品供给安全。2020 年世界各地不时暴发的“粮荒”问题也给我国粮食安全和供应问题提出了警示。涉及诸如粮、油、肉等基础农产品的全面、安全供给是关系到国计民生和社会稳定重大因素,可以说是保持社会稳定之基础。就生产资料层面而言,通过严守 18 亿亩耕地红线,建设国家粮食安全产业带,实施高标准农田建设工程,建成 10.75 亿亩集中连片高标准农田;从改进生产工具层面,通过加强大中型、智能化、复合型农业机械研发应用等措施提升农业生产质量和产出率;从提高生产力层面,加强农业良种技术攻关,完善农业科技创新体系。

其次,要求深化农业结构调整,优化农业生产布局。通过对农林牧渔进行产业协调,优化种植业结构,大力发展现代畜牧业,促进水产生态健康养殖,积极发展设施农业,因地制宜发展林果业,提升优质粮食工程,推进农业绿色转型,建设现代农业产业园区和农业现代化示范区。

最后,丰富乡村经济业态,推进农村一二三产业融合发展。在提升农业发展水平的基础上,推动种养相结合和产业链再造,提高农产品加工业和农业生产性服务业发展水平,壮大休闲农业、乡村旅游、民宿经济等特色产业,引导农村二三产业集聚发展。通过完善利益联结机制,将农村集体所有的“资源变资产、资金变股金、农民变股东”,让农民分享更多产业增值收益。

(二)强化乡村建设的规划引领

《“十四五”规划纲要》首次将乡村建设摆在社会主义现代化建设的重要位置,通过对乡村建设的统筹规划引领,因地制宜编制乡村中长期发展规划,优化生产生活生态空间,持续改善村容村貌和人居环境,建设美丽宜居乡村。

乡村建设不是简单地大兴土木,也不是简单地复制其他成功的乡村建设案例。而是需要结合乡村实际情况、产业优势、历史文化等各方面,对土地利用、产业发展、居民点建设、人居环境整治、生态保护、防灾减灾和历史文化传承进行通盘考虑后,科学编制县域村庄布局规划,因地制宜、分类推进。

我国的城市建设早已实行规划为先,通过控制性详细规划确定城市发展的方向和产业布局,并定期进行修订。《"十四五"规划纲要》参照城市发展的经验和做法,针对乡村规划发展提出了同样的要求,目的在于避免无序开发、乱开发、浪费资源等不利情形。实际上,农村经营性集体建设用地的整合、出让等也与乡村规划方案息息相关。

(三)提升乡村基础设施和公共服务水平,改善农村人居环境

《"十四五"规划纲要》对乡村振兴的战略从软硬两方面提出了具体要求。如果说提高农业质量效益及竞争力和强化乡村建设的规划引领是软件,那么提升乡村基础设施和公共服务水平,改善农村人居环境就是乡村发展的硬件要求。通过软件和硬件的并轨发展,全面提升乡村治理和环境水平。

在乡村基础设施和公共服务提升方面,要求以县域为基本单元推进城乡融合发展,推动市政公用设施向郊区乡村和规模较大中心镇延伸,完善乡村水、电、路、气、邮政通信、广播电视、物流等基础设施,提升农房建设质量。推进城乡基本公共服务标准统一、制度并轨,增加农村教育、医疗、养老、文化等服务供给,深入开展村庄清洁和绿化行动,实现村庄公共空间及庭院房屋、村庄周边干净整洁。

(四)深化农业农村改革

《"十四五"规划纲要》提出的深化农业农村改革主要聚焦在农

村土地“三权分置”和放活经营权方面。农村土地制度的改革是深化农业农村改革的核心问题。而农村经营性集体建设用地的入市和流转、农村土地承包经营权流转、宅基地“三权分置”又是农村土地改革的三大方向。

扶贫脱贫攻坚工作已取得全面胜利,要完成下一阶段全面实现乡村振兴的战略目标,必须合理利用农村现有资源,建立农业产业可持续发展机制,实现农业人口收入可持续增长。而农村最大的资源和生产资料就是土地,加强土地资源的流动性,盘活利用农村现有生产资料进行融资的合法性和流通性,吸引农业人口回流和城市资源资金反哺农业产业,是《“十四五”规划纲要》需要达到的战略目标。

结合之前发布的《国家城乡融合发展试验区改革方案》来看,农村土地制度的改革将改革模式的探索下放到基层,基层可以“摸着石头过河”,进一步提高了基层和村集体经济组织的积极性。改革路线为自下而上进行探索改革,要求着眼于顶层设计与基层首创互促共进,强化主体责任意识和主观能动性,大力推进体制机制破旧立新。

(五)加强农业农村要素保障

《“十四五”规划纲要》指出的加强农业农村要素保障问题,本质在于解决投入保障和收益分配问题,以及加强农村金融服务的问题。

在投入保障和收益分配方面,通过加大中央财政转移支付、提高土地出让收入、发行地方政府债券等方式支持农业农村发展。完善粮食主产区利益补偿机制,构建新型农业补贴政策体系,完善粮食最低收购价政策,深化供销合作社改革。

对于建立健全农村金融服务方面,需扩大农村资产抵押担保融资范围。随着2019年《土地管理法》的修正,从法律层面上为此类土地使用权的入市、流通扫清了障碍。将集体建设用地使用权、集体林权、土地承包经营权抵押融资,也是《国家城乡融合发展试验区改革方案》中鼓励和关注的农村产权担保融资的方式,目的在于促进此类生产资料通过市场化配置进行流通,实现其交换价值和担保价值,达到物尽其用。

(六)实现巩固拓展脱贫攻坚成果同乡村振兴的有效衔接

根据《"十四五"规划纲要》,结合2021年1月4日发布的《中共中央、国务院关于全面推进乡村振兴加快农业农村现代化的意见》(以下简称2021年中央一号文件)可以看出,脱贫攻坚战略目标实现后的下一步战略引领必然走向乡村振兴的路径,以保持政策的连续性和连贯性。

《"十四五"规划纲要》进一步提出了巩固提升脱贫攻坚成果的具体措施,通过建立健全动态监测机制和精准帮扶措施、完善农村社会保障和救助制度、加强扶贫项目资金资产管理和监督,推动特色产业可持续发展等措施,集中支持一批乡村振兴重点帮扶县,从财政、金融、土地、人才、基础设施、公共服务等方面给予集中支持,增强其巩固脱贫成果及内生发展能力,形成巩固拓展脱贫攻坚成果的长效机制。

第三节　四川省实施乡村振兴的探索

结合2021年中央一号文件可以看出,脱贫攻坚战略目标实现后的下一步战略引领必然走向乡村振兴的路径,以保持政策的连续性和连贯性。2021年中央一号文件明确提出,对于脱贫地区继续设立5年的过渡期，过渡期内保持帮扶政策持续稳定，并通过在脱贫地区重点建设一批区域性和跨区域性的基础设施工程，加大对脱贫地区的支持力度。同时，必须坚守18亿亩耕地红线，提升粮食和重要农产品供给保障能力，加强农业种质资源开发利用，构建现代乡村产业体系，加强乡村公共基础设施建设，强化农业农村优先发展投入保障，全面推进乡村振兴战略实施，加快农业农村现代化水平。

四川省是传统的农业大省，早在《乡村振兴促进法》实施之前，四川省在乡村振兴和城乡融合方面的探索就早已开始，并积极争取乡村振兴、城乡融合方面的发展试点。

一、四川省对于乡村振兴战略的总体规划

（一）《四川省乡村振兴战略规划（2018—2022年）》

2018年，在中共中央、国务院印发了《乡村振兴战略规划（2018—2022年）》后，四川省委、省人民政府即根据本省实际情况制定了《四川省乡村振兴战略规划（2018—2022年）》，并下发全省实施。《四川省乡村振兴战略规划（2018—2022年）》结合本省实际情况，确定了四川省实施乡村振兴的六大重点方向。

一是大力发展产业振兴。要求以发展特色鲜明、要素聚集、链条完善、机制创新的现代农业园区为重点，各县域结合当地实际情况发展农业产业，以创建农业强县为目标，加快构建现代农业产业、生产、经营三大体系，快速推动农村一二三产业融合发展。

二是大力推动人才振兴。深入实施并推行农民的新型职业教育和培训，鼓励引导各类社会资本投资农村和人才返乡创业，建立健全全民覆盖、普惠共享、城乡一体的基本公共服务体系，促进城乡人才双向流动。

三是大力推动文化振兴。广泛开展文明村镇创建,提炼乡村历史文化,推动乡村文脉保护传承行动,进一步增加农村优质文化供给,打造四川乡村文化产业品牌。

四是大力推动生态振兴。全域推进"美丽四川·宜居乡村"建设,彰显村落特色、保持乡土风情,扎实抓好农村人居环境整治,打造幸福美丽新村升级版。

五是大力推动乡村组织振兴。建立健全现代乡村社会治理体系,全面加强农村基层党组织建设,深入开展基层法治示范创建和扫黑除恶专项斗争,确保乡村社会充满活力、安定有序。

六是坚决打赢脱贫攻坚战。突出问题导向、质量导向、目标导向。深入开展扶贫领域腐败和作风问题专项治理。①

(二)《中共四川省委、四川省人民政府关于全面实施乡村振兴战略　开启农业农村现代化建设新征程的意见》

2021 年中央一号文件下发后,为全面实施乡村振兴战略,促进农业高质高效、乡村宜居宜业、农民富裕富足,开启农业农村现代化建设新征程,四川省根据 2021 年中央一号文件的精神和指示,结合本省实际情况,在《四川省乡村振兴战略规划(2018—2022 年)》的基础上,2021 年 3 月 1 日四川省委、省人民政府下发了《中共四川省委、四川省人民政府关于全面实施乡村振兴战略　开启农业农村现代化建设新征程的意见》(以下简称《意见》)。

《意见》总体要求全面贯彻党的十九大和十九届二中、三中、四中、五中全会精神,坚持加强党对"三农"工作的全面领导,坚持农业农村优先发展,做好巩固拓展脱贫攻坚成果同乡村振兴有效衔

① 袁菡苓:《四川实施乡村振兴战略六大重点》,载《四川日报》2018 年 9 月 5 日,epaper. scdaily. cn/shtml/scrb/20180905/199130. shtml。

接，以园区建设为抓手加快构建“10+3”现代农业体系，实施“美丽四川·宜居乡村”建设行动，深化农业农村改革，促进农民全面发展，推进乡村全面振兴，加快农业农村现代化。《意见》并就四川省全面实施乡村振兴战略的路径提出了具体要求。

一是要求实现巩固拓展脱贫攻坚成果同乡村振兴有效衔接。建立健全巩固拓展脱贫攻坚成果长效机制；健全农村低收入人口常态化帮扶机制；加强易地扶贫搬迁后续扶持；加强扶贫项目资产管理和监督；接续推进脱贫地区乡村振兴；优化调整帮扶工作机制。

二是要求保障粮食和重要农产品安全。稳步提高粮食产量；保障生猪等“菜篮子”产品供给；坚决守住耕地红线，采取“长牙齿”的硬措施，压实耕地保护主体责任，落实最严格的耕地保护制度；加强农村水利设施建设；打好种业翻身仗；强化科技和装备支撑；保障农产品质量安全。

三是以园区建设为抓手构建“10+3”现代农业体系。推进现代农业产业集聚发展；推动农产品加工业提档升级；构建农村现代流通体系；丰富乡村经济业态；因地制宜发展现代林竹产业；扎实做好农民工工作；加快建设成渝现代高效特色农业带，加快成德眉资（成都、德阳、眉山、资阳）都市现代高效特色农业示范区建设。

四是实施“美丽四川·宜居乡村”建设行动。加强乡村规划编制工作；加强乡村公共基础设施建设；实施农村人居环境整治提升五年行动；加强农村生态建设；提升乡村基本公共服务；加强和创新乡村社会治理；提升新时代农村社会文明程度。

五是全面深化农业农村改革。创新发展新型农村集体经济，以县（市、区）为单位，建立工作机制，完善政策举措，支持农村集体经济组织通过多种方式与各类经营主体开展合作，共同开发利用集体资产资源，探索股份合作、资源合作、资金入股、租赁经营等新型集体经济有效实现形式。把发展村级集体经济与农村承包地、宅基地和集体资产资源“三权分置”改革及扶贫资产合并、村资产盘活等结合起来；深化农村土地制度改革，稳慎推进农村宅基地制度改革试点。探索开展闲置农房盘活利用和农村公路确权工作。实施农村土地综合整治，盘活存量农村集体建设用地；持续深化供销合作社综合改革；培育多元化农村市场主体；强化农业农村优先发展投入保障；创新职业农民培养机制；加快县域内城乡融合发展；扩大农业开放合作。

六是坚持和加强党对农村工作的全面领导。强化五级书记抓乡村振兴工作机制；加强党委农村工作领导小组和工作机构建设；健全乡村振兴考核落实机制；引导社会力量共同推进乡村振兴。

二、四川省国家城乡融合发展试验区的探索

（一）四川省国家城乡融合发展试验区的探索实施路径

2019 年 12 月，四川成都西部片区被国家发改委、中央农村工作领导小组、农业农村部等 18 个部委联合确定为 11 个国家城乡融合发展试验区之一（《国家城乡融合发展试验区改革方案》），要求在 2020 年提出本试验区的实施方案，并分别报国家发改委审批。

2020 年 9 月 21 日，四川省人民政府第 55 次常务会议审议通过了《四川成都西部片区国家城乡融合发展试验区实施方案》（以下简称《实施方案》），并报送国家发改委审批，并于 2021 年 2 月 3 日获批通过。四川成都西部片区试验区试验重点包括五大任务：建立城乡有序流动的人口迁徙制度、建立农村集体经营性建设用地入市制度、完善农村产权抵押担保权能、搭建城乡产业系统发展平台、建立生态产品价值实现机制。

总体战略层面，四川成都西部片区试验区制定了四大目标，争取到2025年把试验区建设成为长江经济带生态价值转化先行区、美丽宜居公园城市典范区、农商文旅体综合发展示范区、城乡融合发展改革系统集成区。

具体实施层面，《实施方案》提出了具体实施路径：

一是探索绿色生态价值实现机制，筑牢公园城市生态底线。主要任务是构建生态发展新格局、构建绿色发展多元投入体系、探索建立生态产品市场机制。

二是构建产业生态圈创新生态链，探索城乡产业协同发展新模式。主要任务是打破行政区划统筹产业布局、建立绿色低碳产业体系、探索产业功能区协同共建机制。

三是加快推进农村土地制度改革，建立健全城乡统一建设用地市场。主要任务是推进农村集体经营性建设用地入市改革、创新集约高效的产业用地模式、探索城乡低效闲置土地资源利用新途径。

四是高质量完善农村金融服务体系，强化城乡融合资金保障。主要任务是加快涉农信用体系建设，创新农村金融平台、产品、服务方式，完善农村金融风险防范处置机制。

五是健全城乡有序流动的人口迁徙制度，促进乡村全面振兴等。主要任务是持续深化户籍制度改革、完善农业转移人口市民化机制、建立健全城镇人口入乡机制、优化社区服务保障体系。

《实施方案》还在落实国家改革任务的基础上，因地制宜提出了“十大基础工程”来支撑试验任务落地落实，包括都江堰精华灌区生态建设和文化保护传承利用工程、西部区域旅游环线公路工程、西部区域旅游环线轨道交通工程、天府水源工程、新型基础设施建设工程、大熊猫国家公园工程、都市现代农业提升工程、特色镇建设和川西林盘保护修复工程、城乡生活污水综合整治工程、城乡公共服务品质提升工程等，着力夯实试验区发展基础。

（二）四川省国家城乡融合发展试验区的探索方向

从《实施方案》来看，四川成都西部片区试验区的五大任务与2021年中央一号文件制定的路线图高度一致，归纳起来，主要通过制度先行、产业引领、基建配套三大方向来实施。

1. 制度先行

四川成都西部片区试验区的五大任务均与农村、农业、乡村振兴直接相关，因此，与之配套的制度建设可以说是五大任务的“魂”，尤其是针对五大任务中的农村土地制度改革、农村金融服务体系完善、城乡人口迁徙制度健全，更是需要依靠制度的探索和建立为改革蹚出一条可持续发展的道路。

全国11个试验区的实施方案获批通过，更是给予了各试验区充分的授权和试错的可能性，明确要求各试验区对各自试验任务进行改革探索，在省级权限范围内加强改革授权，可围绕各自的试验任务进行自发探索，为全国提供城乡融合发展样本和可复制、可推广、利修法的典型经验。

成都市早已于2008年开始试点探索集体建设用地使用权和农村土地承包经营权的入市和流转，通过制定规范性文件、设立农村产权交易所等方式进行公开交易，至今已形成了一套较为稳定可靠的交易制度体系。

四川省和成都市对于集体林权的抵押融资也早已开展探索并多次进行了修订，目前，四川成都西部片区试验区更是可以自行探索进一步加强和提升农村土地资源流转和担保融资的空间。

农业生产资料的市场化配置和流通成为现实，将意味着农村生产力的进一步解放，必然导致生产关系的变革。当进一步完善农村土地资源市场化配置和流通时，新型农业产业构建、社会资本深度参与农村发展的良性互动将成为现实，优化城市人口和农村人口的双向流动和管理制度也将顺理成章地成为促进农村经济发展、完成乡村振兴的“力量倍增器”。就逻辑上而言，通过加强和提升农村土地资源入市和流转，利用金融工具实现农村土地资源利用价值、交换价值、担保价值最大化，再通过健全城乡人口迁徙制度形成良性循环，是试验区改革任务一脉相承的逻辑必然性的体现。

2. 产业引领

农村因地制宜的产业布局可以说是乡村振兴、经济发展的“血肉”。以成都市为例，早在 2016 年，成都市政府就发布了《成都市城市总体规划（2016—2035 年）》，明确提出城市发展的“东进、南拓、西控、北改、中优”战略目标。

西控战略的核心是持续优化生态功能空间布局，大力发展高端绿色科技产业，提升绿色发展能级，保持生态宜居的现代化田园城市形态。重点是发展绿色、低碳、科技产业；发展现代农业，推进农业跟第三产业融合发展；更多引入旅游、文化康养以及创意科技等新兴产业。而成都市的工业产业培育和发展则通过“东进”战略，跨过成都市以东的龙泉山脉大展拳脚。简言之，即工业向东，绿色留西。

而“西控”的区域刚好包括了都江堰市、彭州市、崇州市、邛崃市、大邑县、蒲江县、温江区与郫都区共计四市两县两区，与四川成都西部片区试验区包括的八个区域完全接轨。《实施方案》对于试验区内产业引领的重点在于以生态保护和价值转化引领公园城市形态塑造路径，促进农商文旅体融合发展，主推产业功能区协同建设，打破行政区划构建“一心两翼，一环三廊”产业融合发展空间格局,推动成都产业经济地理重塑。意味着试验区内的农商文旅融合产业、生态环保产业、现代农业产业、康养医疗产业未来将可能成为试验区内的主要发展产业。

事实上,四川省农村产业差异化布局早在 2016 年就已开始,多个试验区域内已经开始取得产业发展的红利,例如,绵竹市玫瑰谷特色大马士革玫瑰种植和深加工产业和非物质文化遗产年画产业的发展已经成为当地农业产业和文化产业发展的名片。温江区的“依田桃源”特色小镇旅游产业,邛崃市的天府现代种业园和农业科技创意产业,崇州市多个村镇统筹对川西林盘进行成片开发串联旅游产业社区等多个产业规划和布局,已成为当地的产业名片和城乡融合发展的范本,对乡村振兴战略的实施和农业人口可持续收入增长起到了良好的示范引领作用。

在可以预计的将来,随着试验区内农村土地制度的深化改革,农村金融服务制度的持续完善,优化产业布局对乡村振兴的引领作用将得到进一步体现。

3. 基建配套

如果制度先行是“灵魂”,产业布局是“血肉”,那么基建配套就是“骨骼”,三者相辅相成,缺一不可。

2021 年中央一号文件重点提出了建设一批区域性和跨区域性的基础设施工程,构建现代乡村产业体系,加强乡村公共基础设施建设的战略方向。而与之相契合的《实施方案》也相应地提出了“十大基础工程”。

“十大基础工程”多数是为了解决试验区内的现实发展需要,与产业发展相配套。西部区域旅游环线公路工程、西部区域旅游环线轨道交通工程的建设将解决试验区内各文旅产业衍生的区域景点分散和交通问题,并同步提升各试验区内人流、物流的通达性。天府水源工程、新型基础设施建设工程、城乡生活污水综合整治工程将显著提升试验区内农村地区生活品质，进一步将乡村发展水平与城镇发展水平接轨。都江堰精华灌区生态建设和文化保护传承利用工程、特色镇建设和川西林盘保护修复工程、大熊猫国家公园工程、都市现代农业提升工程将有效提升该区域产业发展的多样性和可持续性，同时对传统文化的保护和传承起到促进作用。城乡公共服务品质提升工程将支持试验区内引入高品质公共服务投资，促进中心城区和郊区基础设施和公共服务一体化水平。

“十大基础工程”建成后将串联和覆盖试验区的产业功能区、特色镇、旅游景点、精品林盘等优势资源，促进城乡人流、物流、信息流的双向流动，实现引流、聚人、兴业的战略目标。

三、四川省其他地区对于乡村振兴的探索

（一）成德眉资都市现代高效特色农业示范区

除四川省国家城乡融合发展试验区、四川成都西部片区试验区外，成德眉资都市现代高效特色农业示范区建设，也是《意见》中提及的乡村振兴的重要实施方向之一。

结合《乡村振兴促进法》和《“十四五”规划纲要》对于乡村振兴的总体部署，承接《意见》中要求建立成德眉资都市现代高效特色农业示范区的具体要求，四川省委农村工作领导小组于 2021 年 9 月印发《成德眉资都市现代高效特色农业示范区总体规划》（以下简称《规划》）。

《规划》提出，争取到 2025 年，努力将成德眉资建设成为全国都市现代农业样板区和农业农村现代化示范区。

具体目标上，围绕装满“米袋子”、丰富“菜篮子”、做优“果盘子”、充实“农民钱袋子”，打造“世界美食文化之都”“中国休闲农

业之都”，争取到2025年实现区域内粮食、蔬菜综合生产能力分别达到714万吨、1150万吨，实现生猪出栏1000万头，城乡居民收入比达到1.8∶1。

实现路径上，《规划》提出构建协同体系、升级产业体系、建设“米袋子·菜篮子”供应体系、实施区域特色农产品全球价值链战略和布局重大项目等具体抓手。就协同体系构建而言，将突破行政区划限制，打造农村产权交易服务、农业科技创新、农村金融服务等内容的跨区域平台。从人才、技术、政策和资金等要素协同入手，培育特色产业发展主体，壮大特色产业。

从升级产业体系、提高供应保障、价值输出等多个领域，高站位、高起点、高质量、高标准推动区域内涉农产业，城乡融合和农业农村高质量发展，稳定增加区域内的粮油、蔬菜和生猪综合生产能力，构建千亿级产业集群。

在此基础上，凡涉及重大项目均以发展优势特色产业为抓手，建设特色示范区和试验区，促使成德眉资现代农业全面发展，确保相关措施落地生根，行稳致远。

（二）绵竹市乡村振兴战略关于产业发展和基层治理“双翼齐飞”的探索

绵竹市是四川省辖县级市，目前由德阳市代管，地处四川盆地西北部，地势西北高，属龙门山地区，东南低，属成都平原的一部分。绵竹市下辖2街道10镇，是全国发展改革试点城市、“十三五”期间多规合一试点城市、资源成熟型城市、休闲农业与乡村旅游示范县，四川省环境优美示范城市、工业强县示范县（市）、整体推进新农村建设县重点县，也是2021年中国西部百强县市。

2020年，绵竹实现地区生产总值（GDP）354.05亿元，按可比价格计算，同比增长3.2%。其中，第一产业增加值36.5亿元，增长3.6%；第二产业增加值185.53亿元，增长2.0%；第三产业增加值132.02亿元，增长5.3%。三次产业结构调整为10.3∶52.4∶37.3。[①]

绵竹市由于其特殊的地理位置，在2008年“5·12”汶川特大地震中受灾极其严重，其下辖乡镇几乎全毁，在2010年又经历了“8·13”特大泥石流，在2013年又遭遇了“7·09”特大洪灾。历经多次特大自然灾害，绵竹市下辖乡镇经过多次重建和产业调整，通过规划先行，同步实施产业引进推广和基层治理“双翼齐飞”的模式，走上了乡村振兴的复兴之路，在2019—2021年连续三年被评为中国西部百强县市，同时被评为2021—2023年度“四川省民间文化艺术之乡”。

产业引入方面，地震后绵竹市在麓棠镇引进企业，政企村三方协同努力打造了麓棠山玫瑰现代花卉产业园区。该园区以玫瑰产业为特色，掌握了本地种植“大马士革玫瑰”的核心技术，种植大马士革玫瑰1.5万亩，受到了中国花卉协会的认可，被命名为“中国玫瑰谷”。现已形成了研发、种苗繁育、种植、加工、销售全产业链可持续发展的绿色循环产业，是国内最大的大马士革玫瑰单体种植园区。绵竹市政府还主导了清平镇的产业转型计划，自2016年起，陆续关闭了原来污染大、危险度高的磷矿开采区，通过童话小镇乡村休闲度假景区的打造，成功实现了产业的转型升级，已发展成为省内极具特色的以乡村休闲度假旅游为主要产业的旅游乡镇。同时，依托于绵竹市传统特色文化，即2002年入选中国首批非物质文化遗产的绵竹年画，打造年画村特色文化产业和旅游观

---

① 张娟：《2020年绵竹经济运行成绩单出炉》，载《今日绵竹》2021年1月26日，http://www.mztoday.gov.cn/wap/show.php?id=42822&ivk_sa=1024320u。

光村落，绵竹年画已然是绵竹市“走出去”的一张名片。

基层治理层面，绵竹市围绕实施乡村振兴战略，积极把握乡村振兴重大机遇，创新实践了“院坝协商”“三维工作法”“乡村振兴农民大学”等基层治理新模式，坚持优化基层治理和法治化建设并举，突出自治、法治、德治、智治、共治与群众需求契合点，以自治为核心、法治为保障、德治为基础、智治为支撑、共治为目标，深入开展示范区创建，激发群众内生动力，构建富有活力和效率的新型基层社会治理体系，促进乡村振兴。

本书将在后续章节，以绵竹市主导的对其下辖乡镇产业发展和基层治理“双翼齐飞”的乡村振兴实施策略为例，进行具体的实证研究。

第二章　乡村振兴的五大关键要素
——人才、产业、政策、资本、土地

2017 年 10 月 18 日，党的十九大报告中提出乡村振兴战略，是党中央着眼党和国家事业全局，深刻把握现代化建设规律和城乡关系变化特征，旨在从根本上解决“三农”问题作出的重大战略部署。2018 年全国两会期间提出的“五个振兴”，即“乡村产业振兴、乡村人才振兴、乡村文化振兴、乡村生态振兴、乡村组织振兴”，是“乡村振兴”思想的进一步凝练、升华。乡村振兴内生动力离不开人才、产业、政策、资本、土地等生产要素支撑，人才是乡村振兴的关键所在，产业、政策为乡村振兴提供动力，资本是乡村振兴的重要支撑力量，土地是乡村振兴的源头。乡村振兴就是在法律法规和政策的指引下充分利用土地资源，引入社会资本，形成农村可持续发展的产业，让农民实现脱贫增收。

第一节　人才集聚是首要

一、人才的概念及分类

人才兴国战略为我国长期所坚持，皆因国家发展关键靠人才，乡村发展必然也离不开人才的智力支持。而"人才"作为"人才振兴"实施路径中的主体，其概念界定必然成为一项前置性问题，由此必须对人才的概念有一个清晰界定。根据《国家中长期人才发展规划纲要（2010—2020 年）》，人才是在人力资源领域具有一定专业知识和专长，具有创造性工作能力，对社会有贡献，具有较高职业技能和素质的劳动者。在乡村振兴战略实施的大背景之下，"人才"的范围实际上有一定程度的限缩，也即此时所言的"人才"范围缩至"乡村人才"这一范畴。结合上述对人才的概念界定，乡村人才可以定义为，在乡村中具有一定的专业知识或专长，从事创造性工作，对乡村振兴有贡献，具备人力资源中较高能力和素质的劳动者。

根据划分依据以及研究重点的不同，学界对乡村人才的分类方式也并不相同。莫广刚认为，根据乡村人才的岗位、职能和作用的不同，可以把乡村人才划分为乡镇干部、教育工作者、医疗卫生工作者、村干部、农村实用人才和新型农民等几类。① 李博认为，根据资源与分工的不同，乡村人才可以分为农村实用人才、返乡就业创业人员、农业科技人员、村三委及党组织带头人、农村教师和乡

① 莫广刚：《以乡村人才振兴促进乡村全面振兴》，载《农学学报》2019 年第 9 期。

村医生等几类。[1] 还有学者根据人才来源地不同,对乡村人才先行做个简要分类,即将乡村人才分为“乡村本土人才”和“乡村外来人才”。其中,对于乡村本土人才,又可参照相关学者之观点及《乡村振兴战略规划(2018—2022年)》《中共中央办公厅、国务院办公厅关于加强农村实用人才队伍建设和农村人力资源开发的意见》之内容,将其细分为新型职业农民、农村实用人才及村干部三类。新型职业农民是指以农业为职业、具有较高素质和一定专长且收入主要来自农业生产和经营的现代农业劳动者。[2] 根据《中共中央办公厅、国务院办公厅关于加强农村实用人才队伍建设和农村人力资源开发的意见》,农村实用人才则是指具有一定的知识或技能,为农村经济和科技、教育、卫生、文化等各项社会事业发展提供服务、作出贡献,起到示范或带动作用的农村劳动者。为保证乡村振兴战略决策能得以有效推进,应始终坚持发展乡村本土人才与引进乡村外来人才相结合的人才培养方式,最大限度地发挥人才在乡村振兴战略实施进程中的智力支持作用。

二、人才与乡村振兴战略的关系分析

一方面,乡村振兴,人才从来都是作为第一资源。在生产力的各种要素中,劳动力始终是作为最活跃的因素,是所有要素中的主导要素。正确认识人才在乡村振兴中的重要作用,是推进乡村人才振兴的前提。而乡村人才振兴之所以能在整个乡村振兴系统工程中占据举足轻重的战略地位,主要还是因为乡村人才振兴与其

---

① 李博:《乡村振兴中的人才振兴及其推进路径》,载《云南社会科学》2020年第4期。

② 朱启臻、胡方萌:《新型职业农民生成环境的几个问题》,载《中国农村经济》2016年第10期。

他“四大振兴”均有着紧密的、不可分割的联系。乡村产业振兴、文化振兴、生态振兴、组织振兴必然需要培育新型农业经营主体、新型乡村文化工作人才、新型乡村生态环境保护人才以及乡村基层组织人才,从而依靠各类人才的智力支持。乡村振兴探本穷源是需要各类人才去振兴、去推动、去落实。然而,在乡村振兴的同时,城镇化也在快速推进,城乡之间不可避免地存在一定程度上的人、财、物的竞争。在这种竞争关系中,乡村明显处于劣势地位,尤其是在人才方面。近年来,各城市纷纷出台了极具吸引力的人才引进政策。长期以来,乡村本土人才持续外流的局面,导致了乡村人才资源匮乏、老龄化严重等问题,乡村人才整体发展水平与乡村振兴需求之间严重脱节。因此,要实施乡村振兴战略,首先要弥补乡村人才资源的不足,加强乡村人才资源建设力度,在努力留住乡村本土人才的同时,吸引社会上其他优秀人才投身于乡村事业发展,始终坚持以人才为基,助力乡村振兴。

另一方面,乡村振兴战略的实施又积极引领、推动着乡村人才队伍建设。乡村振兴战略是解决我国“三农”问题的关键,事关国计民生。为保证乡村振兴战略决策能得到有效贯彻,党和国家一直高度重视,一批乡村振兴配套政策相继出台,为乡村人才振兴工作开辟了新方向。2018 年 1 月 2 日,农业农村部发布的“开启新时代乡村振兴新征程”专题便明确提出了要促进各路人才“上山下乡”投身乡村振兴。同日,《中共中央　国务院关于实施乡村振兴战略的意见》发布,明确提出“汇聚全社会力量,强化乡村振兴人才支撑”。2018 年 2 月 5 日,中央农村工作领导小组办公室主任副主任吴宏耀在详解 2018 年中央一号文件时也指出,要以更加开放的胸襟引来人才,用更加优惠的政策留住人才,用共建共享的机制用好人才,掀起新时代“上山下乡”的新热潮。2018 年 9 月 26 日,中共中央、国务院印发的《乡村振兴战略规划(2018—2022年)》,以专章的形式对"强化乡村振兴人才支撑"作出指导,明确要"培育新型职业农民、加强农村专业人才队伍建设、鼓励社会人才投身乡村建设",实行更加积极、开放、有效的人才政策,推动乡村人才振兴,让各类人才充分发挥自身才能。2021年出台的《乡村振兴促进法》同样以专章形式对"人才支撑"作出规定,明确由国家承担起健全乡村人才工作体制机制的责任,引导城市人才下乡,以促进农业农村人才队伍建设。在乡村振兴战略的实施下,相关政策的支持、引导下,乡村人才振兴工作正在稳步推进,来日可期。

三、乡村振兴战略对人才的"新"要求

如前所述,实施乡村振兴战略要始终以乡村产业、人才、文化、生态、组织"五个振兴"为方向,而"五个振兴"的落地实施都离不开人才的助推,乡村人才队伍建设由此成为牵动全局的重中之重。在新发展阶段,乡村振兴战略对乡村人才队伍建设提出了新的要求,乡村人才由此被赋予了新的时代使命。

(一)乡村振兴需要具有新素养的人才

实施乡村振兴战略,需要一批具有新素质的乡村人才。人才流失、农民素质偏低、老龄化严重是现阶段农村所面临的常态,所导致的结果是目前留守在农村的部分农民缺乏现代农业操作知识,与新时代农业现代化要求产生了较大差距。《乡村振兴促进法》第二十六条明确规定,各级人民政府应当采取措施,培养出有文化、懂技术、善经营、会管理的高素质农民,自此将"培养高素质农民"提至法律层面。依据该条可知,要想成为一个高素质的农民或者说是乡村人才,至少需要符合"有文化""懂技术""善经营""会管理"这四项标准。在2021年中央一号文件和《乡村振兴促进

法》的指导下，各地开始大力开展高素质农民培育工作，成功培育出了一支高素质农民队伍，助推乡村全面振兴。

（二）乡村振兴需要具有新意识的人才

实施乡村振兴战略，需要一批具有新意识的乡村人才。乡村人才不仅需要具有高素质，还更应具有较强的市场意识、信息意识、科技意识、竞争意识和法治意识。在乡村全面振兴过程中，高素质乡村人才应注意：第一，应时刻保持对市场的敏感性，以市场为导向。根据市场形势变化，主动适应调整，保证有序开展农业生产，不断提高产品的市场份额。第二，应当具备良好的信息意识，及时将相关政策及生产、经营的有用信息作为生产经营管理的决策依据。在现今一个“信息爆炸”的时代里，如何及时抓取并处理有用信息已经成为一项关系现代人生存发展的重要能力，在乡村振兴进程中对高素质乡村人才而言更是如此。第三，更新传统种植观念，重视科技对农业生产的巨大助力作用。科学技术作为第一生产力，对农业和农村经济的发展至关重要，因为它们有助于改善土地利用率，提高劳动生产率等，从而提高宏观经济效益。第四，提升自身竞争意识，始终不忘提高产品的核心竞争力，摒弃“小富即安”意识。第五，自觉学习法律知识，在必要时可运用法律手段保护自身权益不受损，同时把握好自身行为边界，不损害他人合法权益。

（三）乡村振兴需要具有新能力的人才

乡村振兴战略需要一批具有新能力的人才来实施，乡村人才肩负振兴乡村产业、文化、生态和组织的重任，必然需要具备组经营管理、生产、创新等多方面的能力。市场经济下，农民亟须摒弃“政府万能”观念，提高自身经营管理能力，这也是传统农业转变为现代农业，促进农业生产结构调整的必然要求。而经营管理能力的提高与乡村人才的市场意识密不可分，具体而言，乡村人才应自觉地按照市场需求来配置农业资源、开展农业生产活动，以取得最大的经济效益。此外，还应具备工商管理、市场营销等方面的知识，了解现代企业管理的一般规律、市场营销的基本原理，从而熟悉市场、定价、广告等各方面的营销策略。同时，现代农业专业化、规模化、标准化、生产集约化的特征已完全不同于传统的小农经济，传统农民应努力提高生产能力，成为新时代新型农民。然而这项能力的提高因具有极强的专业性，故不可能完全只依靠农民自身，地方基层应积极响应新时代号召，开展培育新型农民活动，“启发式”地培育农民生产能力。而农业经济发展，又离不开创新这一重要战略支撑，在“大众创业、万众创新”的浪潮之下，农民是人数最多、潜力最大、需求最旺的重要群体。自改革开放以来，我国农民创新创业，为社会经济发展作出了重大贡献。各地应积极利用政策扶持、创业辅导、公共服务等手段，服务于农民，创造更为浓厚的农民创新创业氛围，助推传统农民转变成具备创新能力的新型乡村人才，提高创新创业效率。

四、乡村振兴典型案例

2020 年 10 月，山东省临沂市兰陵县荣获由中央农业广播电视学校颁发的荣誉证书，兰陵县实施“鸿雁工程”助推乡村人才振兴案例被推荐为 2020 年全国农民教育培训发展典型案例。2020 年，兰陵县累计培训各类高素质农民 399 人，超出了中央、省、市下达的任务，该县的主要做法是：抓好“鸿雁工程”，搞好农民培训；利用新媒体传播农业科技知识；开设电视专栏，传播农业技术；举办鸿雁人才技能大赛，展示新农人的风采。兰陵县实施乡村振兴“鸿雁工程”的目的是在该县农业种植、养殖等领域培养更多技能过硬的

“田秀才”和“土专家”，为乡村振兴提供人才和智力支撑。“鸿雁工程”的实施，将使农村成为新型职业农民充分发挥智慧、学以致用、施展本领的舞台，为推进兰陵县乡村振兴、打造乡村振兴全国样板作出了极大的贡献。四川省广汉市围绕党的建设、治理和发展的目标，着眼于建设一支支持组织和人才振兴的乡村人才队伍。发挥各种人才优势，引领人才积极参与地方建设，为乡村振兴提供活力源泉，促进乡村蓬勃发展。在乡村人才振兴工作中，广汉市注重培育党建人才，选准组织振兴“主心骨”；培育致富人才，锻造产业振兴“主力军”；聚焦乡土人才，用好文化振兴“领头雁”，使人才队伍进一步壮大，支撑作用更加明显。

第二节　产业兴旺是动力

一、乡村产业与“三农”之关系

（一）乡村产业的定义

在乡村振兴工作的推进中，产业兴旺始终是基础，乡村全面振兴大局与乡村产业的稳步发展密不可分。实施乡村振兴战略，要抓住机遇，大力发展乡村产业，促进乡村全面振兴。当前，我国正处于实现中华民族伟大复兴的关键时期，发展乡村产业意义重大，有利于加快实现第二个百年奋斗目标的步伐。要保证乡村产业的稳定发展，首先要解决何为“乡村产业”这一前置性问题，由此确定振兴之对象。在乡村振兴战略决策中，“产业振兴”应特指“乡村产业振兴”，即“产业振兴”“产业兴旺”中的产业均应指向“乡村产业”。根据《国务院关于促进乡村产业振兴的指导意见》，乡村产业根植于县域，以农业农村资源为依托，以农民为主体，以农村一二三产业融合发展为路径，地域特色鲜明、创新创业活跃、业态类型丰富、利益联结紧密，是提升农业、繁荣农村、富裕农民的产业。2021 年 4 月 22 日，农业农村部办公厅、国家乡村振兴局综合司印发《社会资本投资农业农村指引（2021 年）》，目的是充分发挥社会资本投资农业农村、促进乡村全面振兴的功能。该指引对 13 个重点产业和领域进行了分类，意在引导社会资本更加精准地投向乡村振兴重点领域，其中包括现代种养业、现代种业、乡土特色产业、农产品加工流通业、乡村新型服务业、生态循环农业等。

（二）乡村产业与“三农”之间的关系

统筹中华民族伟大复兴战略全局必须全面推进乡村振兴，而化解“三农”问题又是推动乡村振兴、促进民生发展的重中之重。2020 年 12 月召开的中央农村工作会议强调，全党务必充分认识新发展阶段做好“三农”工作的重要性和紧迫性，坚持把解决好“三农”问题作为全党工作重中之重，举全党全社会之力推动乡村振兴。厘清乡村产业与“三农”之间的关系，事关乡村全面振兴之进程。“三农”指农村、农业和农民，乡村产业与“三农”之间的关系也即乡村产业分别与农村、农业和农民的关系。

首先，乡村产业对于农村来说，有着“造血式”功能，乡村产业的发展有利于激发出农村“内生动力”，可有效防止农民返贫。新中国成立以来，在中国共产党的带领之下，人民与贫困展开了持续斗争。经过党和人民的共同努力，全国已有 7 亿多农村贫困人口成功脱贫，可以说是已经成功走出了一条中国特色扶贫开发道路，为中华民族的伟大复兴打下了坚实基础。返贫容易脱贫难，导致返贫的原因多种多样，如自然灾害、疫情，但导致返贫的根本原因还是乡村产业发展滞后。脱贫人口在还未寻得稳定的增收途径的情况下，风险承受能力本就不强，因此一旦遭遇风险，很容易原路返贫,不能真正达到脱贫之目的。因此,乡村产业的发展至关重要,只有充分发挥乡村产业之“造血”功能,才能做到真正的“授人以渔”。

其次,乡村产业发展要始终坚持以农业资源为依托。相对于乡村产业来说,农业资源是其发展所必不可少的土壤。有农业资源,乡村才有未来,乡村产业才有未来。农业资源包括农业自然资源和农业经济资源。农业自然资源包括可用于农业生产的自然环境因素,如土地、水、气候和生物资源。农业经济资源是能够在农业生产中发挥作用的社会经济因素,包括农业人口与劳动力、农业技术与装备、交通运输的数量与质量等。通过发展依托绿水青山、田园风光和地方文化的产业,发展优势明显的乡村特色产业,才能更好地传达乡土特色和乡村价值观。农业资源的多样性和丰富性在很大程度上决定了乡村产业能否多元化,从而决定乡村产业能否实现健康可持续发展。

最后,乡村产业必须以农民为中心,充分发挥农民主体在发展乡村产业中的积极作用。乡村人才是发展、振兴乡村产业的关键所在,而农民又是可发展为乡村人才的数量最多、需求最大的一批潜力股。农民既是乡村产业振兴的主体,也是乡村产业振兴的受益者,因此,必须通过实施乡村振兴战略,调动亿万农民的积极性、主动性和创造性。国家和党高度重视农民在乡村产业振兴、乡村全面振兴中的主体地位,2021 年出台的《乡村振兴促进法》第四条即明确规定,乡村振兴必须坚持农民主体地位,充分尊重农民意愿,保障农民民主权利和其他合法权益。这样才能有效保护农民的物质利益和民主权利,实现共同富裕。也只有积极发展农村产业,才能激活乡村的“内生动力”,充分发挥其“造血式”功能,才能保证广大农民脱贫不返贫,真正走向共同富裕。

二、乡村振兴背景下推进产业振兴的重要意义

乡村全面振兴的实现,要始终坚持以乡村产业、人才、文化、生态、组织“五个振兴”为方向,重点突破,统筹推进。产业振兴作为“五大振兴”之首,是乡村振兴重要抓手,只有产业兴旺才能带来农村的稳定、农民的增收、乡村的繁荣。可以说,产业振兴对促进农村经济社会发展和农民收入持续稳定增长具有极其重要的作用。

第一,产业兴旺是巩固拓展脱贫攻坚成果之关键所在。2020年12月16日,《中共中央、国务院关于实现巩固拓展脱贫攻坚成果同乡村振兴有效衔接的意见》发布。该意见指出,脱贫摘帽不是终点,而是新生活、新奋斗的起点。只有继续推进乡村振兴进程,继续推进扶贫开发、改善民生,才能在打赢脱贫攻坚战、全面建成小康社会后,真正巩固拓展脱贫攻坚成果。脱贫地区乡村产业振兴才是巩固拓展脱贫攻坚成果最根本的支撑,也只有这样才能为全面建设社会主义现代化国家开好局,奠定坚实的基础。

第二,产业兴旺是经济社会高质量发展的重要支撑。经济社会的高质量发展是乡村振兴最核心的依托,尤其是产业的高质量发展。当前,我国经济发展模式出现转变,由过去的注重速度型转变为现在的注重质量型。但是,要实现经济社会高质量发展,必须在乡村振兴战略决策实施背景下,推进产业振兴,扩大产业规模,调整产业结构。实施乡村振兴战略,推进产业振兴,助推农业供给侧结构性改革,提高现代农业的发展质量和效益,才能保证不断增强经济发展新动能,做到可持续发展。

第三,产业兴旺是广大农民实现美好生活的内在需求。尽管我国脱贫攻坚战取得了全面胜利,已然进入了一个新时代,农村面貌焕然一新,但仍存在一些问题不容忽视。我国城乡贫富差距问

题由来已久,城市在改革开放后飞速发展,农村却发展缓慢,大部分农村地区的生活水平仍相对落后。农村农业基础设施薄弱,居住环境、基础设施和公共服务水平仍然有待完善,农民不可避免地会对农村未来的前景、发展感到担忧,对城市生活憧憬向往。农民对农村未来前景的信心亟须重振,产业作为农村之根本,产业振兴、产业兴旺由此成为振兴农村的重要途径。只有以农情为出发点,利用乡村优势,最大限度地盘活特色自然资源,才能真正助力乡村产业振兴,从而提升农民对美好生活的信心,激发农民主体更好地发挥自身的主观能动性,承担起更多产业振兴、乡村全面振兴的主体责任。

三、产业兴旺之特性

(一)产业兴旺之动态性

产业兴旺是对产业发展态势的一种综合性评价,探索产业兴旺之特性,聚焦于产业兴旺的一般特性,是振兴产业的必要前提。在此之前,还需以全局的眼光来了解产业兴旺。对于产业兴旺,应当从动态角度去理解,即应当认为产业兴旺是产业发展的正在进行时,是一个不断上升的过程,而非产业发展的完成时、产业发展的结束点。判断一个产业是否兴旺是一个极具复杂性的问题,需要从多维度来进行分析、比较。比较的维度一般来说有两个:一是相较于过去,产业呈现出蒸蒸日上之态势,即纵向历史之比较;二是相较于其他优秀产业地域,是否已达到或者接近该地域的最高水平,即横向地域之比较。

从历史纵向比较维度来看,我国乡村产业已有长足的发展。农村农业农民发展问题自新中国成立以来即得到党和国家的高度重视,而改革开放后,社会经济快速发展和工业化、城镇化进程的加快,更是使我国农业、农村和农民生活发生了翻天覆地的大变化。[①] 农业生产发展出现转变,呈现出单一种植向农林牧渔全面发展转变的局面,农业综合生产能力也不断得到提高;农村二三产业不断发展壮大,农业和农村经济结构明显优化升级;农民生活水平也大幅提高。2020 年全面建成小康社会后,党的十九大报告恰时提出实施乡村振兴战略,引领乡村发展迈向更高水平。从整个历史发展进程来看,乡村产业无疑是处于正在发展的阶段。且据此来看,目前以及未来很长一段时间,中国乡村发展的重点在于全方位推进“五个振兴”,并坚持将产业兴旺列在首位,作为最为基础、最为关键的任务,致力于解决广大农民的就业和收入问题,进而统筹解决乡村发展所面临的各类突出问题和难题。

从地域横向比较维度来看,东部地区乡村产业兴旺,发展水平明显领先。2021 年 1 月 6 日,农业农村部发展规划司召开东部沿海地区率先基本实现农业农村现代化试点工作交流会,研究部署下一步工作。会议指出,2020 年以来,东部沿海选择 120 多个县(市、区)开展率先基本实现农业农村现代化试点,初步构建了有效的工作推进机制,建立了有力的政策支持体系,探索了可行的实现路径,取得了明显成效。浙江省全域推进美丽乡村、美丽城镇、美丽县域建设,打造了美丽宜居乡村“升级版”。山东省选择 30 个县、300 个镇、3000 个村实施乡村振兴“十百千”工程,打造出了乡村振兴齐鲁样板。[②]

---

① 郭远智、刘彦随:《中国乡村发展进程与乡村振兴路径》,载《地理学报》2021 年第 6 期。

② 农业农村部发展规划司:《农业农村部发展规划司召开东部沿海地区率先基本实现农业农村现代化试点工作交流会》,载中华人民共和国农业农村部网 2021 年 1 月 8 日,ghs. moa. gov. cn/xczx/202101/t20210108_6359648. htm。

（二）产业构成的多样性

产业兴旺是指乡村多元经济相互渗透，融合发展的一种状态。① 具体而言，乡村产业兴旺需要产业构成具有多样性。兴旺意指事业或经济状况昌盛发达、生机蓬勃、繁荣昌盛，尤指事物欣欣向荣、生机勃勃。乡村的产业兴旺是指因乡村各类生产的相互促进和协调发展，乡村生产充满活力。单一生产不能算是兴旺，增产而不增收也算不上兴旺，多种产业的竞相发展才是兴旺。生产的多样性作为产业兴旺的前提条件，是由生产多样性的重要意义所决定的。首先，生产、产业的多样性是广大农民生存生活的内在需求。农民生活需求的多样性，生活幸福指数的提高，都要求乡村产业具有多样性。例如，从农民生存最基本的要求来说，单一的五谷杂粮是远远不够的，蔬菜、肉、蛋、奶同样不可或缺。其次，乡村资源的充分利用要求产业具有多样性。根据资源特性来开展不同的产业，有利于提高乡村资源利用效率。同时，乡村产业的多样性构成能最大限度地减少农民对市场的依赖性，分散市场风险，增加农民的抗风险能力。最后，产业多样性有利于实现乡村产业的有机循环。如种植业与养殖业之间的有机循环一直都是农业可持续发展的重要内容。产业兴旺所追求的不应只是利润最优，还应该是效用最优。正确处理专业化与多元化的关系，处理好市场需求与满足自身需求的关系，是产业稳健发展不可或缺的前提。

（三）产业要素的整体性

乡村产业兴旺要求产业要素具有整体性。产业要素内容丰富多样，具体包括环境、土地、水资源、劳动力、传统文化等，其中物质

---

① 朱启臻：《乡村振兴背景下的乡村产业——产业兴旺的一种社会学解释》，载《中国农业大学学报（社会科学版）》2018年第3期。

形态、精神形态均有。各要素之间相互依存、渗透,共同构成了不可分割的有机整体,产业要素的良性互动才能充分发挥乡村整体效益。而长期以来,城乡发展两极分化,贫富差距较大,呈现产业要素从农村向城市流动的单向流动模式,导致农村发展更加缓慢。过去的乡村发展过程正因为忽视乡村整体性,把各要素人为割裂开来,乡村发展才会举步维艰。过分强调某一项要素或者是忽视某一项要素,都会破坏掉各要素之间的联系,产业要素的整体性将不复存在,阻却乡村发展脚步。在推进乡村振兴的过程中,要注重各产业要素的有机、良好互动,合理充分地利用好乡村各类资源,发挥出“1 +1 >2”的效用。

(四)经营主体的多元性

经营主体是产业发展过程中最具活力的因素,经营主体多元化发展,产业才会稳步发展、枝繁叶茂,产业兴旺需要由多主体共同推动实现。近年来,随着工业化、城镇化进程的加快,产业扶贫、产业融合的发展,新的产业主体不断出现,并且在农村产业发展的过程中发挥了越来越重要的作用,为乡村产业兴旺添砖加瓦。与此同时,在国家政策的支持和鼓励下,家庭农场、农民合作社、农业产业化龙头企业、农业社会化服务组织等各类新型经营主体蓬勃发展,成为建设现代农业、活跃农村经济、引领小农户发展的骨干力量。乡村外来人才积极反哺农村,投身乡村振兴,积极建设乡村产业;农民专业合作社极大地提高了农民自身的组织性,全方位服务农民产业生产;农业产业化龙头企业充分发挥自身引领作用,积极促进农村产业发展,培养了一批运用现代产业经营方式、具有现代化生产观念的新型职业农民,为农村产业兴旺奠定了人才基础。新型产业经营主体带领广大农民开拓多样产业类型,各主体各司其职,共同推动农村产业兴旺。

四、产业兴旺之路径

(一)提高农业现代化水平

产业兴旺作为乡村振兴战略的基础和关键,应如何实现落地?乡村产业兴旺的实现,首先要提高农业现代化水平。农业现代化的关键是农业科技现代化,推动农业现代化,必须强化科技力量支撑。中央和地方各级政府为进一步推进农业现代化发展,全面助力乡村振兴,都加大了对农业科技的投入和支持力度。农业现代化的发展过程,本质上是先进科学技术在农业领域广泛应用的过程,是现代科技改造传统农业的过程。新中国成立后,农业科技工作即得到了党和政府的高度重视,农业科技相关计划规划逐步出台,农业科技研究、教育和推广体系也初步建立。改革开放以来,农业更是蓬勃发展。2017年1月22日,为贯彻落实"十三五"期间国民经济和社会发展纲要、全国农业现代化规划关于实施智慧农业工程的部署,提高农业信息化水平,探索建设模式,《农业部①办公厅关于做好2017年数字农业建设试点项目前期工作的通知》发布,推动大数据、云计算、物联网、移动互联、遥感等现代信息技术在农业中应用,在大田种植、设施园艺、畜禽养殖、水产养殖等领域开展精准作业、精准控制建设试点,探索数字农业技术集成应用解决方案和产业化模式,打造一批数字农业示范样板,加快推进农业生产智能化、经营信息化、管理数据化、服务在线化,全面提高农业现代化水平。

有观点认为,乡村振兴战略的进一步实施会降低我国城镇化程度,甚至有观点认为两者是矛盾的对立面,但实际上乡村振兴与

---

① 已撤并为农业农村部,下同。

城镇化推进并不矛盾。农业现代化将改变农村土地利用现状,村落分散不适合大规模工业生产,因此,农业现代化将带来大规模的农村土地整理,使土地更加集中。农村土地整理改变了农村土地和村庄的原有布局,这为大力扩展农村地区的公共基础设施创造了条件,与乡村振兴阶段性目标一致。农村土地整理的同时也为城镇化发展创造了空间,可以说新型城镇化是乡村振兴的催化剂,乡村振兴是新型城镇化的必然结果。

(二)农村一二三产业融合发展

从整个社会的角度来看,第一产业主要是指种植园、林业等;第二产业主要是指工业和制造业;第三产业是指第一、第二产业以外的产业,包括通信产业、商业、公共服务等。从产业分工来看,"农村一二三产业融合"中"第一产业"仍然是农业,包括种植业和养殖业;"第二产业"是指农产品加工业;"第三产业"是指农村服务业,包括乡村旅游、休闲农业等。农村产业融合的基本要素包括特色农产品、精深加工、技术能力、文化创意、推广销售,即依托特色农产品,以多元化的加工技艺为核心,打造非物质文化遗产、特色加工等有文化内涵及艺术价值的加工产品。同时导入新的科学技术,提高精深加工能力,从而提高加工品的附加价值。除此之外,还需提高产品的文化属性,丰富其文化内涵,从产品的包装和艺术价值等方面去塑造产品文化品牌。推出产品文化品牌之后,推广营销工作也是重中之重,可以利用多种推广和销售手段,实现规模化销售及企业加盟的销售方式,促进品牌化营销。

农村一二三产业融合发展,是指农村一二三产业的整合和统筹重组,以产业链的延伸、产业范围的扩大和产业结构的转变为特征。通过建立新技术、新业态、新商业模式,促进农村资源、要素、技术和市场需求的整合和优化。以农牧结合、农林结合、循环开发为导向，协调优化农业种植养殖结构，发展高效绿色农业。建立一二三产业合作关系，推动“农业+加工业”和“农业+服务业”融合，实现一二产业、一三产业、一二三产业融合的目标。推动农业与旅游、教育、文化等产业深度融合，实现农业从生产向生态、生活功能拓展，大力发展休闲农业和乡村旅游，使其成为农民的新支柱产业。

农村一二三产业融合发展，有利于完善农村产业链，为农村发展注入新动力，拓宽农民增收新空间。通过广泛利用产业资源整合农村一二三产业，三大产业形成紧密的产业链，有利于农村产业结构的调整，有效提升价值链，促进农业生产方式由粗放型向集约型转变。从表面上来看，农村产业融合发展是通过产业链的延伸以产生互融互通的新业态，从而提升农业多功能价值，使农业从传统的价格链低端向高端延伸使第一产业可以参与第二、第三产业的发展，农业、农村和农民都可以从产业链的扩展中受益。农村一二三产业的融合发展可以不断拓展产业空间，引导社会资本投资农村，吸引城市外来人才。同时，农村一二三产业融合发展，拓宽了农民收入渠道。农民不仅可以从种植业和养殖业中受益，还可以从二三产业的优势中受益。

（三）打造可持续发展的乡村特色产业

在乡村振兴的过程中，每个乡村都要认真对待自己的特色，定位不同，将特色产业做大做强。打造乡村品牌，需要充分了解因地制宜的措施，发现每个乡村的美，推进产业基地化，打造生态化、科技化、智慧化乡村特色产业基地。实施数字乡村特色产业发展战略，推动大数据全产业链发展。深化“互联网+特色产业”推广，推动农业物联网在打造特色产业中的示范应用。2021年4月7日，《农业农村部、发展改革委、财政部、商务部、文化和旅游部、人民银行、银保监会、林草局、乡村振兴局、供销总社关于推动脱贫地区特色产业可持续发展的指导意见》发布，明确提出要拓展农业功能价值。依托田园风光、青山绿水等特色资源，发展乡村旅游、休闲农业、文化体验、健康养老等新产业、新业态，突出特色化、差异化、多元化，实现健康可持续发展。

（四）镇、企、村有机互动

乡村振兴是一场持久战，只有明确多个参与者的职能界限，明确政府、村党会、村委会、企业和村民的责任，才能带动各方积极推进。只有通过有效的分工合作，才能发挥政府的主导作用、村会两委的战斗堡垒、社会企业的支撑作用和农民的重要作用。政府在地方振兴战略中的作用可以说是至关重要，但政府的不当行为和过度干预又很容易造成混乱。按照"让市场在资源配置中起决定性作用，更好发挥国家作用"的改革要求，政府在乡村振兴中的责任和作用主要是"引领、服务、监督"。政府的引领作用首先体现在规划引导、模式指导和政策建议方面。服务作用主要指为大量农村居民提供政务和公共服务。监督作用主要体现在对乡村振兴建设项目投资、建设、运营和收益分配的审查和监测。

产业带动是乡村振兴的前提，要乡村振兴，就必须要发挥好产业的引领作用。一个高质量的农业企业可以振兴该地区，带动一方农民，是乡村振兴的重要推动力。在实施乡村振兴战略时，企业的参与至少具有下列意义：一是带来投资。乡村振兴与大规模的资金投入密不可分，企业的设立和发展是一个资金投入的过程。二是带来工作岗位。乡村振兴的主要目的是鼓励农民努力工作致富，非农就业是增加农民收入、拓宽收入渠道的重要手段，也是主要方法。三是促进农村治理模式转变。商业与农村发展的融合不仅可以带动区域经济显著增长，而且可以在重塑区域经济管理模式方面发挥积极作用。

同时，乡村振兴离不开各乡村村党支部、村委会的带头、引领作用，村民的主体能动作用。只有镇、企、村三方联动，展开有机互动，在政府的指导、服务之下，充分发挥企业的推动、带动作用及村民的主体能动作用，才能共同推进乡村振兴之步伐。

五、产业振兴典型案例

目前，全国各省（市、县）都在推进乡村振兴战略实施。按照“产业兴旺、生态宜居、乡风文明、治理有效、生活富裕”的总体要求，致力于“五个振兴”之实现。浙江省德清县莫干山镇，有着“清凉世界”“江南第一山”的美誉。莫干山镇10多年来一直走在发展绿色生态的道路上，发展民宿和旅游产业。陕西省咸阳市礼泉县袁家村以村庄集体平台为载体，组建股份合作制集体经济组织。为了盘活集体和农民的闲置资产，把农户个体利益与集体利益紧密结合，袁家村实施村集体内部人人入股、事事入股，将集体资产进行股份制改造，集体占额38%，其余62%量化到户，参与社区集体经济组织成员均可以持股。旅游公司、合作社、商店、农家乐等经营性主体可以自由选择有意愿入股的店铺参股，相互持股。可入股的居民范围不仅包括本社区居民，还包括袁家村社区的经营户。合作社入股以全民参与、入股自愿、照顾小户、限制大户为原则，极大地促进了生产要素的自由流动，实现了村集体与农户个体的均衡发展。

四川省绵竹市为实现乡村产业振兴，积极引进社会资本，与北京银谷集团共同合作建设开发了“中国玫瑰谷”。“中国玫瑰谷”以大马士革玫瑰为主要种植品种，种植面积十分广阔，在花季时有众多游客慕名而来，带动了当地旅游业的发展。而玫瑰采摘后，经过深加工，又可以形成精油、护手霜等护肤品以及鲜花饼、玫瑰茶等食用品，此类护肤品和食用品再销往各地，从而形成了一条完整的产业链。总而言之，“中国玫瑰谷”以玫瑰产业为基础，形成了集种植、精深加工、研发、生产、销售和服务于一体的完整生态玫瑰产业链，带动了旅游、康养、文化、科技研发等产业，形成了以玫瑰为主题的一二三产业融和发展。当地村民从土地流转、在企业就业及参与企业交易等环节中均受益匪浅。

第三节　政策是保障

一、全方位政策法律法规先行的必要性

党的十九大报告中提出乡村振兴战略，是党中央着眼党和国家事业全局，深刻把握现代化建设规律和城乡关系变化特征，顺应亿万农民对美好生活的向往，对“三农”工作作出的重大决策部署，是决胜全面建成小康社会、全面建设社会主义现代化国家的重大历史任务，是新时代做好“三农”工作的总抓手。

当前我国正处于巩固脱贫攻坚成果和乡村振兴两大战略实施的交汇期，需要持续、稳定的政策法规形成有利于农村农业发展的政策法规体系。乡村振兴应该是全方位的振兴，应以乡村振兴战略为统领，将“三农”支持的各个项目纳入乡村振兴这一系统性工程。政府一直重视“三农”问题，对“三农”施行政策支持的历程并不短，经过新农村建设、美丽乡村建设等，农村的面貌有了较大改观，但是农村空心化问题仍在加剧，城乡差距较大，可见之前的“三农”政策对农业人口回流的吸引力不足。《乡村振兴战略规划（2018—2022 年）》明确规定，“把打好精准脱贫攻坚战作为实施乡

村振兴战略的优先任务，推动脱贫攻坚与乡村振兴有机结合相互促进”，消除贫困，改善民生，实现共同富裕。乡村振兴是远期规划，要做到全面振兴，实现“产业兴旺、生态宜居、乡风文明、治理有效、生活富裕”的总要求。

受制于历史原因，我国原有的农村集体土地制度已不能适应目前农村农业的发展，农村目前面临土地经营权流转不畅、土地种植效率低、农企农户融资困难、产融结合同质化、人才缺乏等问题。目前，脱贫攻坚工作已取得全面胜利，乡村振兴是远期目标，乡村振兴的相关政策正是要解决如何实现全面振兴。政府出台土地流转制度、财政及融资扶持政策，进一步完善农村土地资源市场化配置和流通，让社会资本深度参与农业发展，农村和城市人口良性流动，促进乡村建设，这些政策成为乡村振兴的“力量倍增器”。

二、乡村振兴的政策法律法规

乡村振兴的政策法律法规为乡村振兴提供政策指引和法律保障，中央、国务院以及各省、市发布的乡村振兴的法律、法规、政策都是乡村振兴发展的支撑。

《乡村振兴战略规划（2018—2022 年）》按照产业兴旺、生态宜居、乡风文明、治理有效、生活富裕的总要求，对实施乡村振兴战略作出阶段性谋划，分别明确至 2020 年全面建成小康社会和 2022 年召开党的二十大时的目标任务，细化实化工作重点和政策措施，部署重大工程、重大计划、重大行动，确保乡村振兴战略落实落地，是指导各地区各部门分类有序推进乡村振兴的重要依据。

《乡村振兴战略规划（2018—2022 年）》提出按照产业兴旺、生态宜居、乡风文明、治理有效、生活富裕的总要求，建立健全城乡融合发展体制机制和政策体系。目前政府已出台相应的政策法律法规推进乡村振兴，以下从土地法律法规政策、产业政策、融资政策、保障政策四个方面进行梳理。

（一）土地法律法规政策积极推动乡村振兴

农村土地承载着农村的发展及农民的生活，土地是农民最基本的生产资料，也是农民脱贫致富的资本，更是农业发展最重要的资源。城乡一体化发展的最大障碍在于农村土地产权制度问题。由于产权制度的弊病，导致政策对“三农”的支持仍停留在输血层面，无法激活农村资源。土地确权改革正在试点，集体土地所有权、农户承包权、土地经营权“三权分置”的改革方向已定，但仍面临许多理论和实践问题。创新土地使用制度，让土地要素活起来，发挥土地聚集资本、人力、技术等其他生产要素的作用，是实施乡村振兴基础性任务。

土地制度是农村生产关系的核心内容。中华人民共和国成立后，通过农业合作化运动确定了土地公有制制度。由于土地归集体所有，加上高度集中的劳动方式和分配中的平均主义，严重影响了农民的生产积极性。

1978 年小岗村 18 位农民签下“生死状”，将村内土地分开承包，创下了家庭联产承包责任制改革的先河。1986 年 6 月通过的《土地管理法》使这一制度更加明确，它规定：集体所有的土地依照法律规定属于村农民集体所有，由村农业生产合作社等农业集体经济组织或者村民委员会经营、管理。1991 年 11 月中共十三届八中全会通过的《中共中央关于进一步加强农业和农村工作的决定》提出，把以家庭联产承包为主的责任制、统分结合的双层经营体制作为我国乡村集体经济组织的一项基本制度长期稳定下来，并不断充实完善。家庭联产包干责任制打破土地集体所有、集体经营的农业耕作模式，实现了土地集体所有权和经营权的分离，推动了农业生产快速发展,对农民脱贫起到重要作用。

随着工业化、城镇化快速推进,农村土地集体所有、家庭经营的“两权分离”制度已不能满足农村发展的需要,“集体所有、农户自营”的土地经营模式正逐步走向“集体所有,农户自营、合作社经营、企业化经营”多种模式转变,需要法律和政策的指引。

2016年10月30日,《中共中央办公厅、国务院办公厅关于完善农村土地所有权承包权经营权分置办法的意见》发布,将农村土地承包经营权进一步划分为承包权和经营权,实行所有权、承包权、经营权分置并行,这一意见的出台具有非常重要的现实意义,是继家庭联产承包责任制后农村土地又一重大制度创新。党的十九大报告提出,巩固和完善农村基本经营制度,深化农村土地制度改革,完善承包地“三权分置”制度。《农村土地承包法》(2018年修正)第九条规定:“承包方承包土地后,享有土地承包经营权,可以自己经营,也可以保留土地承包权,流转其承包地的土地经营权,由他人经营。”进一步将农村承包土地“三权分置”法制化,起草者认为,土地承包权是承包地流转后从土地承包经营权中分置出来的。但经营权的定性,理论界有物权说、债权说、物权化债权说、物权债权二元说等不同意见,但法律未对经营权进行定性。

2017年12月,《国土资源部①、国家发展改革委关于深入推进农业供给侧结构性改革做好农村产业融合发展用地保障工作的通知》发布,从八个方面明确了保障农村产业融合发展用地的政策。安排一定比例年度土地利用计划,专项支持农村新产业新业态和产业融合发展。对利用存量建设用地发展农村二三产业的市、县,可给予新增建设用地计划指标奖励。稳步推进农用地基准地价制

① 已撤并为自然资源部,下同。

定和发布工作，加快“房地一体”的农村宅基地和集体建设用地确权登记颁证工作。各地纷纷出台集体经营性建设用地入市、宅基地确权的政策。

《土地管理法》(2019 年修正)为农村集体经营性建设用地与国有建设用地同等入市提供了法律认可，并明确宅基地户有所居，对一户一宅基地制度进行补充。《农村土地经营权流转管理办法》(2021 年 3 月 1 日施行)对工商企业等社会资本通过流转取得土地经营权的准入监管制度作了详细规定，明确地方政府要依法建立分级资格审查和项目审核制度，县级政府建立相应的风险防范机制，避免资本“跑路”。

2021 年 2 月，《国家发展改革委办公厅关于国家城乡融合发展试验区实施方案的复函》发布，原则同意浙江嘉湖片区、福建福州东部片区、广东广清接合片区、江苏宁锡常接合片区、山东济青局部片区、河南许昌、江西鹰潭、四川成都西部片区、重庆西部片区、陕西西咸接合片区、吉林长吉接合片区 11 个试验区方案。试验任务包括建立农村集体经营性建设用地入市制度、完善农村产权抵押担保权能、搭建城乡产业协同发展平台等。通过成功地分离土地所有权、承包权、经营权，充分发挥集体经济组织和农民对其土地产权的灵活运用，改善土地资源配置，提供个人和社会福利的空间。

例如，江苏省人民政府办公厅发布《国家城乡融合发展试验区(江苏宁锡常接合片区)实施方案》，明确建立集体经营性建设用地入市制度，入市基础工作包括全面开展集体建设用地摸底调查、依法确权登记以及推动实现国土空间规划有效管控；建立健全入市规则制度体系，包括多元化入市途径、规范入市用途、建立入市土地的价值保障机制、建立入市配套支持体系等；建立健全入市土地的市场化机制，包括建立集体经营性建设用地权益登记制度，建立集体经营性建设用地使用权转让、出租、抵押二级市场以及赋予入市土地抵押担保权能。

对于集体建设用地的入市和流转，以及农村土地承包经营权流转问题，成都市早已于2008年开始针对集体建设用地和农村土地承包经营权的交易和流转制定了一系列规范性文件，通过设立农村产权交易所对集体建设用地土地使用权和农村土地承包经营权的流转进行公开交易，至今已形成了一套较为稳定可靠的交易制度体系。成都市自2016年起便以郫都区为试验区域，制定了一系列关于集体建设用地入市、流转、登记确权的相关规范性文件，并在2017年增补到28个，为集体建设用地的入市与流转管理积累了丰富的经验。彭州、温江、大邑、崇州等地也纷纷跟进推出了针对本区域范围内农村集体建设用地和农村土地承包经营权入市和流转的相关政策进行探索。

各个试点区域正在按照《国家发展改革委办公厅关于国家城乡融合发展试验区实施方案的复函》的要求，积极制定配套制度，以促进城乡生产要素双向自由流动和公共资源合理配置为关键，突出以工促农、以城带乡，破除制度弊端，补齐政策短板，率先建立起城乡融合发展体制机制和政策体系，为全国提供可复制、可推广的典型经验。

土地改革的基础是我国土地制度坚持公有制不动摇，坚守耕地红线，坚决保护农民利益。我国土地制度改革正沿着明晰产权、放活市场的主线展开，提高土地利用效率，从制度上支撑乡村振兴。

（二）产业政策引导社会资本投入乡村振兴

产业兴旺是实现乡村振兴战略的关键，产业兴旺又离不开农村土地的用地保障。产业政策和土地政策有机结合，相辅相成，紧密联系。一方面，政府在政策方面引导社会资本，推动一二三产业融合发展；另一方面，政府为社会资本提供用地保障，让企业发挥对本地经济的带头和引领作用。农村一二三产业融合既是经营方式，也是生产方式，通过利益分享机制使各方参与主体有效联结，农民可以分享二三产业带来的收益，促进农民增收、农村发展。社会资本一直在投入农业农村，但由于缺乏政策指引以及对农业农村不了解，社会资本同质化投入较多，造成资本浪费，未达到振兴农村的效果。近年来，各部门以农业农村现代化为总目标，以农业供给侧结构性改革为主线，采取了一系列有力措施，全力推进乡村产业发展，乡村产业业态不断丰富，乡村产业融合渐成趋势，利益联结机制逐步构建，乡村发展势头良好。

2019 年 6 月 17 日，《国务院关于促进乡村产业振兴的指导意见》出台，提出因地制宜、突出特色的基本原则，充分发挥市场在资源配置中的决定性作用，激活要素、市场和各类经营主体。更好发挥政府作用，引导形成以农民为主体、企业带动和社会参与相结合的乡村产业发展格局。

根据党的十九届五中全会、2021 年中央一号文件、《“十四五”规划纲要》等明确的农业农村发展目标和重大任务，农业农村部办公厅、国家乡村振兴局综合司印发《社会资本投资农业农村指引（2021 年）》，以尊重农民主体地位、遵循市场规律、坚持开拓创新为原则，鼓励进入现代种养业、现代种业、乡村富民产业等，立足当前农业农村新形势要求，聚焦农业供给侧结构性改革和乡村建设的重点领域，促进农业农村经济转型升级。创新投入方式包括独资、合资、合作、联营、租赁等途径，采取特许经营、公建民营、民办公助等方式，投入乡村振兴，其中包括创新政府和社会资本合作模式，鼓励信贷、保险机构加大对金融产品和服务创新力度，配合财政支持农业农村重大项目实施。鼓励社会资本采用“农民＋合作社＋龙头企业”“土地流转＋优先雇用＋社会保障”“农民入股＋保底收益＋按股分红”等利益联结方式，与农民建立稳定合作关系、形成稳定利益共同体，做大做强新型农业经营主体，健全农业专业化社会化服务体系，提升小农户生产经营能力和组织化程度，让社会资本和农民共享发展成果。

2021 年 9 月 6 日，农业农村部乡村产业发展司印发《全国乡村重点产业指导目录（2021 年版）》，将农业种养业、农产品流通业、乡村新型服务业、乡村新产业新业态等串联起来，为资本投入指明了具体方向。

（三）融资政策为乡村振兴提供助力

农业的发展离不开资本的支撑，乡村企业的发展也离不开资本，银行融资是资本的重要来源。乡村企业、农民融资难、融资渠道狭窄，受限于农村金融服务水平较低、缺乏风险分担机制，造成农业贷款风险高，银行不愿意进入，农民缺钱又融不到资，土地承包经营权、宅基地使用权缺乏政策指引难以融资。人民银行会同各部委引导资本以灵活方式满足农村的金融服务需求，创新信贷模式，更新担保抵押物的种类来满足乡村企业、农民多元化的融资需求，拓宽其融资渠道。地方政府平台公司也为农户贷款提供担保，通过多种方式保证贷款安全。银行内部通过考核评估办法，确保货币政策工具释放的资金运用到乡村振兴上。

2019 年 1 月，《中国人民银行、银保监会、证监会、财政部、农业农村部关于金融服务乡村振兴的指导意见》发布，提出紧紧围绕党的十九大关于实施乡村振兴战略的总体部署，按照产业兴旺、生态宜居、乡风文明、治理有效、生活富裕的总要求，坚持目标导向和问题导向相结合、市场运作和政策支持相结合，聚焦重点领域，深化改革创新，建立完善金融服务乡村振兴的市场体系、组织体系、产品体系，完善农村金融资源回流机制，把更多金融资源配置到农村重点领域和薄弱环节，更好满足乡村振兴多样化、多层次的金融需求，推动城乡融合发展。

2021 年 6 月，《中国人民银行、银保监会、证监会、财政部、农业农村部、乡村振兴局关于金融支持巩固拓展脱贫攻坚成果　全面推进乡村振兴的意见》发布，提出总体目标，金融服务乡村振兴的体制机制进一步健全，信贷、债券、股权、期货、保险等金融子市场支农作用有效发挥，农村信用体系建设深入推进，乡村振兴重点领域融资状况持续改善，金融服务乡村振兴能力和水平显著提升。以《金融机构服务乡村振兴考核评估办法》引导农村商业银行、农村合作银行、农村信用社逐步回归为本地“三农”服务，引导县域金融机构将吸收的存款主要投放到当地乡村产业，积极发展农业供应链金融，加大对符合政策的农村产业项目的融资担保额度。

2015 年 8 月，《国务院关于开展农村承包土地的经营权和农民住房财产权抵押贷款试点的指导意见》发布，标志着农村承包土地经营权抵押贷款试点拉开序幕，并于 2015 年 12 月由《全国人民代表大会常务委员会关于授权国务院在北京市大兴区等 232 个试点县（市、区）、天津市蓟县等 59 个试点县（市、区）行政区域分别暂时调整实施有关法律规定的决定》正式予以授权。试点地区被授权突破原《物权法》和原《担保法》关于耕地、宅基地等集体所有的土地使用权不得抵押的相关法律条款，有效期至 2017 年 12 月 31 日，随后延长授权至 2018 年 12 月 31 日。

《农村土地承包法》（2018 年修正）第四十七条规定，土地经营权满足条件的，可以向金融机构融资担保。担保物权自融资担保合同生效时设立。当事人可以向登记机构申请登记;未经登记,不得对抗善意第三人。实现担保物权时,担保物权人有权就土地经营权优先受偿。根据该法第四十六条的规定,经承包方书面同意,并向本集体经济组织备案后,受让方可以用土地经营权融资。

2016年3月15日发布的《农民住房财产权抵押贷款试点暂行办法》第二条规定,农民住房财产权抵押贷款是指在不改变宅基地所有权性质的前提下,以农民住房所有权及所占宅基地使用权作为抵押、由银行业金融机构向符合条件的农民住房所有人发放的、在约定期限内还本付息的贷款。

成都市郫都区2016年6月30日发布的《郫县农民住房财产权抵押贷款试点实施方案》,明确规定用于抵押的宅基地使用权及房屋所有权权属清晰,有相关主管部门颁发的权属证明,未列入征地拆迁范围;除用于抵押的农民住房外,农民住房所有权人拥有其他合法长期居住场所,并能够提供相关证明材料;所在地集体经济组织同意其宅基地使用权随农民住房一并抵押及处置;以共有农民住房抵押的,申请贷款前还应当取得其他共有人的书面同意。抵押(借款)当事人按照农村房屋的市场评估价值或双方认可的价值签订抵押合同和贷款合同后,共同持有效材料到县房管局办理抵押登记手续,金融机构据此发放贷款。

故乡村振兴必须要健全农民住房财产权确权颁证及抵押登记体系,健全农民住房财产权价值评估体系,规范农民住房财产权交易流转服务体系,完善农民住房财产权抵押贷款风险处置和分担机制,建立财政贴息政策扶持和激励政策支持,赋予农民住房财产权抵押融资功能,开展金融创新等配套措施,为农民住房财产权抵押贷款提供政策支持。

(四)各部委出台的政策为乡村振兴保驾护航

乡村振兴是一盘棋,除前述的土地政策、产业政策、融资政策外,还需要结合人才、科技、税收等因素,通过政策扶持、资金引导、宏观调控等方式培育和扶持地方特色产业。目前城乡发展不平衡的问题仍存在,要实现乡村振兴,需要通过健全城乡融合发展的体制机制和政策体系,破除妨碍城乡要素自由流动和交换的壁垒,促进各类生产要素更多地向乡村流动,在乡村形成人才、资金、产业、土地的长效流动,为乡村振兴注入新动能。

《中共中央办公厅、国务院办公厅关于加快推进乡村人才振兴的意见》,财政部、乡村振兴局、发展改革委、国家民委、农业农村部、林草局的《中央财政衔接推进乡村振兴补助资金管理办法》,《最高人民法院关于为实施乡村振兴战略提供司法服务和保障的意见》等一系列涉及财政税收、金融保险、用地用电、科技创新、人才保障等方面的支持政策措施,为乡村振兴保驾护航。

第四节　社会资本是关键

一、政策背景

自2004年起,我国每年的中央一号文件都是对农业农村发展的规划与指导,要建设现代农业,不仅要政府的支持,更需要社会资金的支持。

2013年之前,已有大量社会资本进入农业领域,政府希望社会资本为农业提供技术、资金支持,又担心社会资本侵蚀农民利益,因此政府不引导投资,也不干预投资,社会资本可以自由投资农业。

由于社会资本进入农业领域造成了许多问题,2013 年中央一号文件《中共中央、国务院关于加快发展现代农业进一步增强农村发展活力的若干意见》首次提出“鼓励和引导城市工商资本到农村发展适合企业化经营的种养业”,将社会资本引入农业种养业。

2016 年中央一号文件《中共中央、国务院关于落实发展新理念加快农业现代化实现全面小康目标的若干意见》提出鼓励社会资本参与小型农田水利工程建设与管护。2017 年中央一号文件《中共中央、国务院关于深入推进农业供给侧结构性改革加快培育农业农村发展新动能的若干意见》提出支持社会资本参与农林水利、农垦等项目建设运营。政府鼓励社会资本和地方政府共同设立农业发展投资基金。在 2018 年中央一号文件《中共中央、国务院关于实施乡村振兴战略的意见》中,对乡村振兴这一项目具体如何实施进行了全面的战略规划。2021 年 4 月 22 日,农业农村部办公厅、国家乡村振兴局综合司印发《社会资本投资农业农村指引(2021 年)》,2021 年 9 月 6 日,农业农村部乡村产业发展司印发《全国乡村重点产业指导目录(2021 年版)》,以尊重农民主体地位、遵循市场规律、坚持开拓创新为原则,鼓励社会资本进入现代种养业、现代种业、乡村富民产业等,为社会资本投入提出了具体的指引。社会资本是推进乡村振兴战略实施的重要力量,社会资本投资农业农村需要进一步优化服务、精准引导。

二、社会资本来源

(一)银行贷款

2019 年 1 月 29 日,《中国人民银行、银保监会、证监会、财政部、农业农村部关于金融服务乡村振兴的指导意见》出台,指导建立完善金融服务乡村振兴的市场体系、产品体系和服务体系。人民银行也出台了一系列支农支小再贷款再贴现和贴息等优惠信贷政策，农业信贷可得性、便利性不断提升。至2020年，全国农业信贷担保体系作用也逐步显现，各级农业农村部门也在持续加强与农业发展银行、农业银行、邮储银行等有关金融机构的合作，积极为银企对接搭建沟通桥梁，为社会资本拓宽融资渠道。

(二)企业投入

自2020年起，各级农业部门都在加快健全对接平台，为社会资本进入农业农村搭建桥梁。企业资本进入有以下三种模式：第一，区域整体开发模式。政府将基础设施建设任务重、产业空间发展大的地方，将财政支持经费、公共事业收费等现金流打包，吸引社会资本进入。第二，全产业链开发模式。对于产业链条长、一二三产业融合发展基础好的行业，鼓励社会资本发挥龙头带动作用，创新产加销各环节有机衔接、渗透交叉的开发模式，带动产业链上各类经营主体共同发展，如新希望、温氏等大型养殖企业中已经有了不少成功经验。第三，PPP模式。对于生态循环农业、数字乡村建设等有一定收益的公益类项目，支持用好PPP工具。这种模式在河北、安徽等地的农业废弃物资源化利用方面已经落地，有的已经取得了不错的经济效益和社会效益。第四，投资基金模式。对于产业发展成熟度高、金融资源较丰富的地方，鼓励聚集各类投资资金，加大投资并购力度，推动农业做大做强，例如，现代种业发展基金、广东省农业供给侧结构性改革基金、浙江省乡村振兴投资基金等都已有了很好的探索。

三、现有投资模式

在社会资本投资现代农业方面，许多学者对投资模式作了不同的分类，郭声玥将社会资本投资农业现有模式总结为六种：资金+

政府+农户、资金+公司+农户、资金+合作社+农户、资金+专业市场+农户、资金+专业大户+农户、独资经营。

(一)资金+政府+农户

2016年12月6日,《国家发展改革委、农业部关于推进农业领域政府和社会资本合作的指导意见》出台,充分发挥市场在资源配置中的决定性作用,健全配套政策体系,创新农业基础设施建设投入体制机制,大力推进农业领域政府和社会资本合作,即PPP模式,提升农业投资整体效率与效益,为加快农业现代化提供有力支撑。坚持政府引导、公益导向,市场运作、公平竞争,因地制宜、试点先行三大原则,公共财政以点带面,引导社会资本进入,拓宽了社会资本参与现代农业建设的领域和范围,重点支持社会资本开展高标准农田、种子工程、现代渔港、农产品质量安全检测及追溯体系、动植物保护等农业基础设施建设和公共服务;引导社会资本参与农业废弃物资源化利用、农业面源污染治理、规模化大型沼气、农业资源环境保护与可持续发展等项目;鼓励社会资本参与现代农业示范区、农业物联网与信息化、农产品批发市场、旅游休闲农业发展。

中国农业产业发展基金是经国务院批准,由财政部联合几家国有金融企业发起设立的市场化投资实体,首期注册资本40亿元。中国农业产业发展基金通过投资于不同农业子行业的龙头企业如湖南隆平高科农业发展有限公司、杨氏果业,直接增强了信贷资金、民间资本对于相关农业子行业及农业企业的信心。本模式适用于政府和资本联合投入需要大额资金的项目,如垃圾回收处理厂、发电厂。

(二)资金+公司+农户

"资金+公司+农户"模式是社会资本与当地涉农龙头企业合

作,签订相关合作合同,或者购买企业股份等方式直接参与企业的农业经营化管理。龙头企业在资金、技术、管理、信息、营销、品牌运营等方面拥有优势,这些优势使龙头企业在推进农业产业链整合、提升农产品价值链方面具有强大带动力,从而能够把农产品产前、生产、加工、销售等环节整合成连贯一致的整体,尽可能延伸产业链、提升价值链,释放巨大协同效应。本模式要求龙头企业具有相对成熟的运作方式,在当地有一定的经济带头作用,社会资本选择本模式的风险较小。例如,重庆日泉农牧有限公司依托自身优势开启了“公司+农户”养殖模式,为合作对象提供全过程服务、承担养殖风险,改变了散户生猪养殖势单力薄的状况。

(三)资金+合作社+农民

“合作社+农民+资金”有四种模式:第一种是农户自办合作社再与龙头企业对接,第二种是龙头企业领办合作社并吸纳农户,第三种是农户与龙头企业共办合作社,第四种是农户自办合作社、合作社自办企业。由于全国多数农村合作组织建设亟待完善且整体实力较弱,就以上几种模式而言,前两种模式应是比较适合全国实际的发展模式。在这两种模式下,社会资本参与合作社的经营管理,扩大合作社规模,将农户有效组织起来,从合作社获取分红或与合作社签订购销合同获取利润。例如,射洪野香猪是遂宁市射洪县特产,遂宁市射洪绿野生态农牧业有限公司在明星镇等租用林地,投资建设野香猪生态园,统一收购销售,当地农民在园区挣取劳务收入,实现了农民增收致富。

(四)资金+专业市场+农户

“资金+专业市场+农户”模式针对性较强,一般需要依托较大的批发市场,产品类型最局限,如蔬菜批发市场、水果批发市场。社会资本为农户建立专业的交易市场打通销路,参与市场经营获取收益，农户在市场贩卖农产品获取利润。例如，湖南马王堆蔬菜批发市场利用其地理位置优势，聚集周边大量农户，形成以蔬菜批发为主、农副产品批发为辅的综合性专业市场。

(五)资金+专业大户+农户

资本培育专业大户，与专业大户签订购销合同，专业大户带领周边散户进行生产，这样有利于聚集资源，适用于目前农村人均收入较低、受教育程度较低的状况，专业大户统一内部管理并与外部合作洽谈，争取利润最大化。例如，贵州省贵阳市思南县与广州温氏集团签约了4.8亿元的生猪一体化养殖项目，承包约2500亩的土地供生猪养殖，专业大户提供生猪饲养，公司提供原材料、饲料、技术、回收销售等，带领农民增收致富，推动当地经济发展。

(六)独资经营

独资经营是指社会资本成立经营农业产业化企业，利用自身在资金、技术、管理、信息、营销、品牌运营等方面的优势，实现农业与产业的结合。企业可以通过聘请专业的农业管理、技术人员到企业负责经营管理，供产销一体化，最终实现产业化管理。此种模式对企业的资本、人才、管理的要求较高，如2014年3月，联想控股农业板块佳沃集团收购了龙冠茶叶实业有限公司60%股权，正式进军茶叶领域，佳沃集团负责经营管理，与原有持股40%的农科院茶叶研究所以科企方式合作。

四、社会资本投资农业存在的问题

我国农业正处于转型期，投入农业的资本越来越多，在投资过程中也存在很多问题，这些问题在一定程度上阻碍了现代农业的发展，如土地纠纷、自然风险、市场风险、人才短缺、发展同质化。

（一）土地问题

农村土地制度存在土地承包经营权流转不畅、农村集体建设用地管理失控和农地征收矛盾突出的问题，这些问题产生的根本原因在于，农村集体土地产权主体具有公共产权性质，与私人产权对立；土地流转制度不完善；农民的土地权利难以得到有效的制度保障。既要为快速工业化、城镇化提供低成本的用地保障，又要防止农民的利益受损。

农村承包土地的经营权和农民住房财产权一贯被称为“两权”。“两权”抵押的推出，有助于解决农村金融当中抵押品不足的问题，但操作起来可能面临单户金额小、贷后管理难、不良清收处置难、经营权处置难等一系列问题。目前主要由农业银行、农村商业银行、邮储银行推进，其他商业银行机构会选择性进入。如何健全集体建设用地的入市与流转管理的制度还在探索和试点中，江苏、四川等地区有一些先进经验，尚未全国推广。

（二）自然风险

我国幅员辽阔，面临的自然灾害也多种多样，对农业正常生产构成极大威胁，一方面农业自然灾害发生的频率高，另一方面传统农业抗击风险的能力弱。我国农业风险防范体系尚未建立，保险覆盖面小，农业科技化、机械化程度很低，抵御自然风险能力弱。

我国农业自然灾害风险体现在以下三点：

第一，灾害种类多，灾害类型多种多样。我国地域辽阔，南北跨越 50 个纬度，受大陆性气候和海洋性气候影响，天气多变，多种灾害频发。耕地分散于各种自然条件下，农业易遭受旱灾、洪灾、雪灾、地震等自然灾害；我国国内动植物疫病疫源分布广泛，病毒变异性强，防控任务重。

第二，自然灾害发生频率较高，重大自然灾害过于频繁。历史上我国遭受自然灾害害史之长、灾域之广、灾种之多、灾情之重属世界罕见，如唐山大地震和汶川大地震，造成的人员伤亡和财产损失惨重。

第三，灾害影响范围越来越广，损失大多较为严重。随着农业生产的专业化、区域化发展，生产规模扩大，生产要素投入增加，农业生产的风险加大且较以前更为集中，一旦发生灾害，遭遇的损害也较以往更大。

重大自然灾害不仅导致农民的切身利益受损，也导致农产品价格暴涨，影响国民经济的运行，如猪瘟导致猪肉价格飙升，其他农产品价格也大幅上涨，影响国民经济各行各业，形成较大的通货膨胀压力。农业灾害还导致农民致贫，社会贫富差距加大，增加社会不稳定因素。据统计，80%以上的农村贫困人口是因为面临自然灾害时难以抵抗，从而陷入贫困。

（三）市场风险

从经济学角度来看，农产品的需求弹性较小，农产品销量不会因为人们收入水平的提高而提高。且农产品生产周期长，具有季节性，易腐不耐储藏，而农产品供给对市场价格的反应滞缓，供给变化远远落后于市场需求的变化。经济政策、市场行情及消费需求的不确定性导致农业实际收益与预期收益存在偏差，加之我国农业规模生产小、同质化程度高，农产品市场集中度较低，产品差异程度大，加大了农产品市场风险。随着我国农产品对外开放程度的不断增加，国际农产品价格对国内市场的影响程度日益加大，国内、国际两个市场价格的波动，使我国农业生产经营者面对更多的不确定因素，市场风险将进一步加大。[①]

① 朱晓燕：《农产品市场风险问题研究》，载《经营管理者》2013年第32期。

（四）人才短缺

农民是农业生产力中最活跃、最重要的因素，其他生产要素要通过农民才能发挥作用。没有农业人才，农业器械、技术无法使用。目前大专院校传统农业专业每年的毕业生可能占当年全部毕业生的20%，农业服务部门、农业技术推广部门及乡镇的农业管理干部短缺、断层，农民合作经济组织大部分没有发挥作用，大部分人不懂经营。很多资本想投入农业，但因为不懂农业不敢投，即使资本投入，也需要懂农业和经营的人才与资本一道运营。就目前而言，尽管我国农业农村人才队伍建设取得了巨大成就，但底子薄、差距大的问题依然存在。主要体现在总体受教育水平低，人才行业结构和区域结构也严重失衡，经营人才和服务型人才偏少，中西部以及偏远山区、贫困地区人才偏少。

（五）发展同质化

党的十九大报告从全局和战略高度明确提出，要实施乡村振兴战略，坚持农业农村优先发展。按照产业兴旺、生态宜居、乡风文明、治理有效、生活富裕的总要求，要狠抓乡村农业发展。但是从目前农村现状来看，农业种类繁多，社会资本对农业投资的复杂性、长期性和风险性缺乏认识，投入时可能盲目跟风，导致同质化竞争严重。总体来说，导致同质化的原因主要有三个方面：一是部分地方对主导产业定位不清晰，特色资源挖掘不够深入；二是乡村某些产业投入门槛低，导致盲目跟投；三是农村的经济发展水平受限于农民受教育程度，缺乏农业种植及经营的复合型人才。近年来“农家乐”“特色小镇”遍地开花，有的缺乏特色，经营困难，既造成资源的浪费，也影响当地经济发展。

五、未来投资的趋势

《社会资本投资农业农村指引(2021 年)》和《全国乡村重点产业指导目录(2021 年版)》从国家政策层面为社会资本投资指明了方向。

(一)聚焦种养业

《社会资本投资农业农村指引(2021 年)》明确指出,支持社会资本发展规模化、标准化、品牌化和绿色化种养业,推动品种培优、品质提升、品牌打造和标准化生产,助力提升粮食和重要农产品供给保障能力。巩固主产区粮棉油糖胶生产,大力发展设施农业,延伸拓展产业链,增加绿色优质产品供给。鼓励社会资本大力发展青贮玉米、高产优质苜蓿等饲草料生产,发展草食畜牧业。支持社会资本加快构建现代养殖体系,合理布局规模化养殖场,稳定生猪基础产能,加大生猪深加工投资,加快形成养殖与屠宰加工相匹配的产业布局,健全生猪产业平稳有序发展长效机制;积极发展牛羊产业,增加基础母畜存栏;稳步推进禽肉等产业发展,增加肉类市场总体供应。鼓励社会资本建设优质奶源基地,升级改造中小奶牛养殖场,做大做强民族奶业。鼓励社会资本发展水产绿色健康养殖,开展集约化、工厂化循环水养殖、稻渔综合种养、大水面生态养殖、盐碱水养殖和深远海智能网箱养殖,推进海洋牧场和深远海大型智能化养殖渔场建设,加大对远洋渔业的投资力度。

我国农业仍处于传统农业阶段,种养业容易受自然风险影响,该指引鼓励社会资本大力发展青贮玉米、高产优质苜蓿等饲草料生产,发展草食畜牧业,支持社会资本加快构建现代养殖体系,建立优质奶源,发展水产绿色健康养殖,满足居民日益增长的食品需求。

(二)聚焦现代种业

《社会资本投资农业农村指引(2021年)》明确指出,鼓励社会资本投资创新型种业企业,推进科企深度融合,支持种业龙头企业健全商业化育种体系,提升商业化育种创新能力,提升我国种业国际竞争力。引导社会资本参与现代种业自主创新能力提升,加强种质资源保存与利用、育种创新、品种检测测试与展示示范、良种繁育等能力建设,促进育繁推一体化发展,建立现代种业体系。在尊重科学、严格监管的基础上,鼓励社会资本积极参与生物育种产业化应用。创新推广"龙头企业+优势基地"模式,支持社会资本参与国家南繁育种基地建设,推进甘肃、四川国家级制种基地建设与提档升级,加快制种大县和区域性良繁基地建设。鼓励社会资本投资畜禽水产保种场(保护区)、国家育种场、品种测定站、种畜禽场站建设,提升畜禽水产种业发展水平。

中央全面深化改革委员会第二十次会议审议通过了《种业振兴行动方案》,并强调,农业现代化,种子是基础,必须把民族种业搞上去,把种源安全提升到关系国家安全的战略高度,集中力量破难题、补短板、强优势、控风险,实现种业科技自立自强、种源自主可控。这是党中央对农业现代化规律和种业重要性的深刻把握,彰显了中央推进种业振兴的坚定决心,也预示着我国种业将迎来更加蓬勃发展的春天。农业是国家的立国之本,种业是农业发展的基础,要提高农产品产量和质量,就要培育拥有自主知识产权的优良育种,从源头上保障国家农业安全,尤其是粮食安全。

种业振兴是农业现代化的重要任务,也是农业发展的重大机遇,企业在政策扶持下,创新攻关,如果有突破,将会在国内占据重要市场,有产量和质量,将会获得巨大收益,还可以缩小与国际先进水平的差距,保证农产品种源可控。

（三）聚焦休闲农业

休闲农业起源于19世纪30年代，由于城市化进程加快，生存压力变大，为了缓解压力，城市人口渴望乡间宁静的生活节奏，休闲农业在意大利、奥地利等欧美发达国家兴起。休闲农业既是国家政策支持的农业项目，也是社会资本投入较多的项目，特别是发达地区、一线城市周边的休闲农业。随着生活水平的提高，在满足物质生活的基础上都市人群追求精神生活，休闲农业应运而生。

休闲农业以体验的特色不同，分为以下七种模式：第一，田园景观旅游，以田园景观、农业生产活动和特色农产品吸引游客，开展农业游、蔬果游、渔业游、牧业游等不同主体的活动，体验回归自然。第二，民俗风情旅游，以农村风土人情、民俗文化吸引游客，突出各地的风土人情和乡土文化，展示为农耕文化、民间技艺、民间歌舞等。第三，农家乐旅游模式，农民利用自家庭院、农产品和周边自然风光，吸引游客前来吃喝玩乐。第四，村落乡镇旅游模式，以古镇古迹吸引游客，表现为古宅古镇游、村寨游、古街游。第五，休闲度假模式，以乡村的风景、独特的温泉兴建一些娱乐设施吸引游客，如度假村、休闲山庄、乡村酒店。第六，科普教育旅游模式，以农业观光园、科技园、展览馆、博物馆，供游客了解农业历史，学习相关知识。第七，回归自然模式，利用农村优美的自然景观，如森林、湖泊、江水、滑雪、登山、滑水吸引游客，让游客感悟自然，主要体现为森林公园、湿地公园、水上乐园、露营地、自然保护区等。

休闲农业促进产融结合，社会资本获得投资收益，也促进了当地经济发展。闲置农房向特色民宿转变，以美丽乡村民宿带动乡村经济，盘活农产品，依托特色产业、乡村历史、文化脉络，优化乡村旅游，发展高品质乡村旅游，实现一二三产业联动。

（四）聚焦规模化农业

大米库存严重，但五常大米供不应求；柑橘销路不畅，但褚橙供不应求。我国农业低品质农产品比重较大，同质化严重，务农收入低，国内农产品收购价远低于市场价，大宗农产品价格全面高于国际市场价格。农业规模化是根本出路，不仅可以解决农产品滞销问题，还可以提高农产品品质，推动农产品标准化。

中央政策指向着力打造产业园区，以建设一批现代产业农业园，建设一批特色产业基地，认定一批"一村一品"示范村镇。培育乡村休闲旅游精品，建设一批设施完备、功能多样的园区景点。布局建设一批国家农业高新技术产业示范区。结合农村的生态条件，种植特色农产品，打造供产销产业链，实现农村规模化发展。打造地理标志品牌，如烟台苹果、金华火腿、五常大米，引领农业品质提升。

我国人多地少的国情决定了农业规模化要适度，需要着力于推动产业布局规模化，大力发展农产品精深加工业，努力构建完整的产业链条。除此之外，还要注重提高农民组织化程度，构建覆盖全程、综合配套、便捷高效的多元新型的社会化服务体系。

（五）引入高科技

智能化、数字化、温室农业、电子信息技术正在引领现代农业走向高科技农业。高科技农业已经成为世界农业的发展主力军和市场制胜的战略利器。2018 年 1 月 16 日，《国务院办公厅关于推进农业高新技术产业示范区建设发展的指导意见》发布，提出到 2025 年中国将打造一批具有国际影响力的现代化农业创新高地、人才高地和产业高地。2019 年中央一号文件也强调要"加快突破农业关键核心技术"，并指出在"生物种业、重型农机、智慧农业、绿色投入品等领域自主创新"。社会资本在资金、技术、管理、信息、营销、品牌运营等方面具有优势，在投资现代农业时更倾向于引进高科技技术，如无人机、农业机器人，以提高农业生效效率，促进农业发展，将使农业从“靠天吃饭”向“靠技术吃饭”转变。

（六）互联网＋农业

提升农业生产力，农业数字化是一个重要方向，数字技术与基础农业结合有助于实现农业生产过程精准控制、监测、预测风险，降低生产成本，提高农业资源利用率，解决务农人口老龄化问题。我国农业目前已进入数字化发展的关键阶段，农业数字化在基础设施建设、农产品电商发展等产业链后端取得了突破性的发展，但总体效果并不明显，主要原因是农业生产端关注度不够，数字化技术不强。要实现数字化与农业发展的深度融合，要做到以下四点：一是实现数字化处理；二是供应链打造数字农业；三是加强农民数字化教育；四是与物联网结合，做好产销信息对称，为农产品寻找市场，把农产品卖出去。阿里巴巴农村电商模式，把外面的商品卖进农村，帮农民把农产品销往世界，打造“田间地头”到“饭桌”的流通体系。

（七）培育品牌农业

2018 年，《农业农村部关于加快推进品牌强农的意见》发布，提出品牌建设贯穿农业全产业链，是助推农业转型升级、提质增效的重要支撑和持久动力。品牌是市场经济的产物，是农业市场化、现代化的重要标志。当前，我国经济发展进入质量效率型集约增长的新阶段，处于转换增长动力的攻关期。加快推进品牌强农，有利于促进生产要素更合理配置，催生新业态、发展新模式、拓展新领域、创造新需求，促进乡村产业兴旺，加快农业转型升级步伐。

我国的农产品品牌杂而多，但缺少知名品牌。一些品牌如五常大米、金华火腿等农产品供不应求，在国际市场也非常受欢迎。

乡村振兴的目标是扩大农业产业化龙头企业队伍,打造大型农业企业集团,实现农产品规模化管理,培育更多知名品牌。培育品牌农业要从以下四个方面着手:

第一,将品质作为品牌建立的根本,坚持以市场为导向,把安全、优质、绿色产品作为提升产品和服务质量的基本要求,构建现代农业绿色生产体系,构建农产品质量安全追溯体系。

第二,结合当地资源和产业基础,制定战略性发展规划,培育具有差异化竞争优势的品牌,构建特色鲜明的农业品牌体系,培育具有地域特色的农产品品牌。

第三,挖掘品牌文化内涵,培育具有中国特色和强大包容性的品牌文化,将农产品与非物质文化遗产、民风民俗、乡村建设深度融合。以故事沉淀品牌精神,以故事树立品牌形象。充分利用各种传播渠道,开展品牌宣传推介活动,加强国外受众消费习惯的研究,增强中国农业品牌在全世界的知名度、美誉度和影响力。

第四,提升品牌营销能力。以消费需求为导向,加强品牌包装标识管理,提高标识识别率和使用率,利用农销会、发布会等平台,借助大数据、云计算等现代信息技术,拓宽品牌流通渠道。有条件的品牌加大海外营销力度,参加国际农业展会,提升品牌的知名度和影响力,搭建国际贸易平台。

第五节　土地问题是基础

一、乡村振兴必须处理好农民与土地的关系

回顾中国几千年的悠久历史,土地及相关问题一直是社会变革的核心。“土地是财富之母”,在人类财富的创造、分配和传承

等诸多活动中，土地作为最稳定、最基本的财富形式，一直是社会关注的焦点。土地作为农业最重要的生产资料，是农民生存和发展最基本的物质保障，是农业的基础和根基。事实上，在早期农业社会，土地甚至上可以说是农民唯一的生产资料。农业问题一直是农民最担心的问题，农民与土地的关系是一个国家最重要的生产关系，我国农村改革的主流始终未曾发生改变。自新中国成立以来，党和国家为处理好农民与土地的关系，作出了不断的探索，一步步带领人民到“耕者有其田”，再到“包产到户”“包干到户”，再从“两权分离”到“三权分置”，进行了一次又一次重大理论创新和实践突破，走出了一条独具中国特色的农村土地制度改革之路。实施乡村振兴战略，必须优先处理好农民和土地的关系。

党的十八大以来，针对农民保留土地承包权和土地经营权流转意愿，我国实行农村土地“三权分置”制度。党的十九大还提出要深化农村土地制度改革，完善承包地“三权”分工制度。“三权分置”有助于实现农民群体、承包农户和新型农业经营主体之间的土地权利划分，促进农村资源要素的合理配置。实践证明，农民与土地之间的良性关系有利于激发农民群众的积极性、主动性和创造性，有利于促进生产力的提高，促进农村的繁荣。

二、土地经营权流转是乡村振兴的重要抓手

乡村振兴是一项复杂、艰巨、系统性强的工程，涉及范围广、推进难度大。乡村振兴的许多措施都与土地密切相关，最终回归到土地利用问题之上。农村土地作为农村最为重要的自然资源和生产要素，具有重要的生产、居住和生态功能，具有巨大的市场价值和发展潜力。充分发挥农村功能，充分释放农村市场价值，是振兴

农村的关键。党的十九大报告明确提出,“深化农村土地制度改革,完善承包地‘三权分置’制度”。这一论述为农村土地制度深化改革提供了方向,也为推进农村土地流转指明了一条现实路径。

“三权分置”是指所有权、承包权、经营权三权分置,将农民对土地的“经营权”从“承包经营权”中分离出来,实现“经营权”的可流转,是继家庭联产承包责任制后农村改革又一重大制度创新。完善“三权分置”制度,是推进土地有序流转的基础和保证。20 世纪 80 年代初实行的联产承包责任制,实现了土地所有权与承包经营权的“两权分离”。进入 20 世纪 90 年代后,出现了承包经营者把土地转让给别人经营的做法,即经营权流转,使承包权和经营权就此发生了分离,从而适应了我国城乡经济发展的客观需求。具体来说,农村土地流转是在土地承包权不变的基础上,农民按照依法、自愿、有偿原则,以转包、出租、互换、转让、股份合作等形式流转土地经营权,把自己承包村集体的部分或全部土地,依法转让给第三方经营。

(一)土地经营权流转是顺应市场经济发展的客观要求

在市场经济条件下,土地作为一种稀缺资源,只有通过市场经济配置才能实现其最大效率。只有农村土地承包经营权能够顺利流转,才能实现资源的有效配置和生产要素的有效结合。我国要实现中国特色农业现代化,必须加快土地经营权的流转速度,促进农业现代化,提高集约化农业水平,提高土地资源市场配置效率和土地收益率。

(二)土地经营权流转有利于加快建设现代农业

土地经营权流转是现代农业建设的一项根本任务,只有将一部分农民承包的土地经营权转移到另一部分农民手中予以集中,实现土地、劳动力、资本、技术和信息要素的整合,农业才能实现集约管理,从而提高产品在市场上的竞争力。从一定程度上来说,没有土地流转就不可能实现现代农业。由于农民向非农产业转移,农业生产效率低下,许多地方的耕地被荒废,因此,将连片抛荒地集中起来由少数人通过投入资金、技术来开发经营,既防止了土地的荒废,又达到了合理用地、增加农民收入的目的。

(三)土地经营权流转是增加农民收入的有效之策

我国农业目前仍然是一个薄弱的行业,效率相对较低,在市场上的竞争力较弱。家家户户生产结构单一,管理分散,农业科技占有率低,风险承受能力低,农业科技成果转化率相对较低,市场信息的不对称性对农村市场化过程产生的影响仍旧深远,阻碍了乡村工业和城镇化的发展,导致乡村城镇化进程滞后。残酷的现实表明,如果不解决分散耕作的根本问题,不重视农村土地经营权流转这一根本途径,那么农民增收就是一句空话。只有加快农村土地经营权流转,才能提高农业产业化水平,有效配置土地资源,增加农民收入。

四川省绵竹市参照宅基地所有权、资格权、使用权"三权分置"有关政策精神,探索适度放活宅基地和农民房屋使用权的有效做法,率先在全国开展闲置农房流转法律服务——"三书"模式。其中,"三书"是指《律师法律审查意见及见证书》、《公证书》及《交易鉴证书》。"三书"模式从法律层面出发,规范了闲置农房使用权流转的程序和资料要件,先行避免了可能产生的各种纠纷,保护了交易双方的合法权益,这是对土地流转新模式的积极探索。具体来说,绵竹市"三书"模式是依托成都农交所德阳分所绵竹交易中心,在办理农村闲置房屋使用权、集体建设土地、农业项目共建房屋以及村民共建房屋和农交所的相关产权交易流转中引入律师、公证对具体产权流转的管理体系、法律文件、交易流程进行整体规范设计的法律服务模式，并对交易标的闲置房屋的真实性、合法性、交易双方主体资格进行法律审查。在此基础上完善相关流转交易程序和文件资料，由律师事务所出具《律师法律审查意见及见证书》，公证处出具《公证书》，农交所出具《交易鉴证书》，依据“三书”确保闲置农房的依法规范流转，推动农交所产权交易规范化、法治化。“三书”模式是司法行政系统助力新时代乡村振兴战略、满足乡村振兴法律服务需求、整合公共法律服务主体领域资源的重要抓手；是促进乡村振兴和空置农村住房利用的有利举措，对新时代绵竹市乡村振兴工作具有深远意义。

在乡村振兴中，人才集聚是首要的。乡村振兴的综合推进是一个庞大的工作，需要各类人才的共同努力。要始终致力于健全乡村人才振兴的制度机制，广纳人才，引导各类人才投身于乡村振兴伟大工作。只有人才才能真正带动乡村产业的发展，也只有乡村产业的繁荣发展，才能为乡村振兴提供稳定的动力。产业兴旺应始终作为乡村振兴的重中之重，要着力突破，从而有效推进乡村全面振兴工作。各乡村要努力建设自己的乡村产业基地，推进农产品深加工，推动农村一二三产业融合发展，从而壮大乡村产业。同时要注重充分利用环境资源，整合农村土地等资源要素，引入社会资本参与乡村产业发展。乡村振兴规划和产业振兴工作的推进，始终与国家的政策法规保障密不可分。党的十九大报告提出实施乡村振兴战略后，党中央、国务院先后出台了一系列文件，构成了比较完整的保障体系。在此期间，党中央、国务院多次明确提出要强化乡村振兴法治保障，抓紧研究制定“乡村振兴促进法”的有关工作，用法律将已有战略和政策、规划及推进措施等固定下来，把行之有效的乡村振兴政策法定化，充分发挥立法在乡村振兴中的保障和推动作用。除了政策法规的保障，社会资本也是产业振兴的重要支撑。党的十八大以来,新一轮社会资本涌入农村农业。农民工返乡创业,社会资本下乡创业,大学生和农村人才回乡创业,积极推进乡村振兴。同时,土地作为农村的第一生产资料,土地经营权的流转是乡村全面振兴和产业振兴的基础。产业振兴的关键是解决"土地丢荒"问题,从而盘活土地资源。从乡村振兴的成功案例来看,大多是实行了"土地经营权流转",盘活了土地资源,利用农村土地吸引了社会资本下乡,最终成功带领农民走向富裕。

第三章　乡村振兴战略实施路径的探索

第一节　以土地和产业为依托

一、与乡村振兴相关的十三类产业发展方向

自党的十八大以来，无论是“三农”问题的解决，还是脱贫攻坚战略的实施，抑或是乡村振兴战略的提出，都把农业产业的打造和升级放在极其重要的战略地位。

自2012年以来，连续十年的中央一号文件都将“三农”问题作为核心主题，其中关于农业现代化、农业产业化的要求更是贯穿始终。《“十四五”规划纲要》更是对深化农业结构调整、优化农业生产布局、丰富乡村经济业态、推进农村一二三产业融合发展等核心要素进行了战略规划。

2021年6月1日正式实施的《乡村振兴促进

法》明确提出了“五个振兴”,即乡村产业振兴、人才振兴、文化振兴、生态振兴、组织振兴。产业兴旺是《乡村振兴促进法》中关于产业振兴实施所需达到的最终结果,而《乡村振兴促进法》第二章更是对乡村产业发展提出了具体的要求。

结合四川省的农业农村实际发展情况,笔者简要进行归纳,将乡村振兴的产业发展方向归结为四大类十三个细分方向。

(一)农业产业方向

1. 现代种养业

四川省作为种养业大省,更是作为全国三大农作物育制种基地之一,农业种养业自党的十七大以来发展迅速,各有优势和亮点,有力地支撑了四川省农业现代化的发展。四川省种养业的核心优势领域包括生猪种养业、粮油种养业、菜果药桑等特色种养业、茶业种养业、渔业种养业、林草种养业六大领域。

传统种养业的从业人员主要是农民,行业资金来源主要来自农民和集体自有资金,生产资料主要依托于农村自有生产资料,与社会资本和农业科技联系较为松散,育种质量、生产效率、产品质量相对处于不均衡和不稳定的低位水平,缺乏核心竞争力。而散种、散养模式是目前传统种养业的主流模式。

相较于传统的散种散养模式而言,现代种养业最大的优势在于借助社会资本与农业科技,结合农村劳动力,最终实现科学化、规模化、专业化、标准化、品牌化、绿色化的现代种养发展模式。

农业农村部办公厅、国家乡村振兴局综合司于 2021 年 4 月 22 日下发的《社会资本投资农业农村指引(2021 年)》更是将鼓励社会资本投资的现代种养业放在首位,支持社会资本发展规模化、标准化、品牌化和绿色化种养业,推动品种培优、品质提升、品牌打造和标准化生产,助力提升粮食和重要农产品供给保障能力。

2. 现代农业产业园

现代农业产业园区是指某类农业产业在农业发展区域的特定空间地域上的聚集，具有资源高度集中的特点。通常由基层政府、社会资本、村集体经济组织和农民三方共同合作实施，在产业园区实施现代化的经营和管理体系，引入该农业产业相关的现代农业科技和生产装备，推进农业生产集约化、标准化和现代化进程，实现政府引资、企业盈利、农民长效增收的长期目标，是农业示范区的现代化形态。

现代农业产业园是推进农村一二三产业融合发展、促进农民就业增收的重要载体。在《乡村振兴促进法》、《"十四五"规划纲要》、《社会资本投资农业农村指引（2021 年）》和历年中央一号文件中均提出了建设现代化农业产业园区的要求。

3. 农产品精深加工

农产品加工业是近年来发展最快的产业之一，在国家经济发展中占有重要地位，以美国为例，美国农产品加工业十分发达，超过 80% 的农产品经过加工后才上市，相比原材料，其增值幅度达到 5 倍以上。中国是传统农业大国，农产品种类繁多，如粮食、油料、水果、蔬菜、畜产品、茶叶、特色农产品，但农产品精深加工不足成为行业发展亟待解决的"短板"和"瓶颈"。

根据 2018 年中央一号文件提出的"实施农产品加工业提升行动"精神，农业农村部等 15 个部门联合下发了《关于促进农产品精深加工高质量发展若干政策措施的通知》，指出，农产品精深加工是在粗加工、初加工基础上，将其营养成分、功能成分、活性物质和副产物等进行再次加工，实现精加工、深加工等多次增值的加工过程，是延长农业产业链、提升价值链、优化供应链、构建利益链的关键环节，是推进农业供给侧结构性改革、加快农业农村现代化的重要支撑力量。促进农产品精深加工高质量发展,对于农业提质增效、农民就业增收和农村一二三产业融合发展,推动农产品加工技术装备提升,实施乡村振兴战略,保持国民经济平稳较快增长,都具有十分重要的意义。

农产品精深加工产业实际上可以看作现代农业产业园产业链条的延伸,从生产、粗加工产业领域延伸至精深加工产业领域,实际上更类似农业工业产业的分支。农产品精深加工产业必须结合地方农业产品特色,以园区建设和主导产业培育为依托,以产品创新和产业升级为引擎,以企业培育和市场开拓为手段,以特色项目和品牌打造为统领,以质量安全为底线,以电商和物流为连接,整合政府、社会、农村优势资源,加入科技、人才、金融等要素保障,构建农产品精深加工产业持续发展的动能和支撑。

4. 智慧农业

智慧农业主要依托于现代科学技术与农业种植的结合,从而实现无人化、自动化、智能化管理。智慧农业产业的发展离不开计算机与互联网技术、物联网技术、5G 技术、传感器技术、无线远程通信技术、人工智能等新兴科技,进而实现农业可视化远程诊断、远程控制、灾变预警、产品溯源等智能管理。

智慧农业产业主要依托于社会资本和新兴科技的投入和扶持,2021 年中央一号文件、《乡村振兴促进法》、《“十四五”规划纲要》中均对建设智慧农业产业提出了具体要求。在《社会资本投资农业农村指引(2021 年)》中,更是将智慧农业产业作为鼓励社会资本投入的重点方向。

(二)乡村旅游康养方向

1. 特色民宿和主题酒店

随着生活水平的逐步提高和人均收入的有效增长,人们对于旅游度假的需求必将产生巨大的国内释放效应，对于国内旅游度假业和乡村旅游度假业来说，是一个巨大和长期的窗口机遇期。《“十四五”规划纲要》中对于大力发展乡村旅游业和乡村特色民宿业也提出了提纲挈领的要求。

乡村特色民宿和主题酒店产业的发展离不开乡村特色旅游业的发展。首先需要的是引流，有了人流量才会有住宿和消费的需求，用什么样的特色把人流吸引进来是需要结合当地的人文环境、自然资源、传统特色文化进行长期发展规划的战略思考命题。

在此基础上，以村民或农村集体为主，结合社会资本和社会资源的引入，在乡村改造、建设具有特色的房屋用于乡村民宿和主题酒店的运营，提供给人们当地特色的乡村生活体验和消费体验。乡村民宿和主题酒店不只是简单的“住宿 + 餐饮”，其核心还是嫁接和依托于当地的生态、旅游、传统特色文化等资源。通过当地特色旅游和景点的推广，形成当地旅游名片，从而带动当地民宿和主题酒店业的兴旺，进而形成景点——消费——口碑——升级的良性循环，实现“将人带进来，把钱留下来”的长效发展机制。

2. 田园康养

根据第七次全国人口普查结果，截至 2020 年 11 月 1 日 0 时，我国人口总数为 1,443,497,378 人(含港澳台地区)。[①] 从全国人口结构数据来看，60 岁及以上人口为 264,018,766 人，占 18.70%；65 岁及以上人口为 190,635,280 人，占 13.50%。与 2010 年第六次全国人口普查相比，0 ~ 14 岁人口的比重上升 1.35%，15 ~ 59 岁人口的比重下降 6.79%，60 岁及以上人口的比重上升 5.44%，65

① 数据源于国家统计局《第七次全国人口普查公报(第二号)》，载 http://www.stats.gov.cn/tjsj./zxfb/202105/t20210510_1817178.html。

岁及以上人口的比重上升4.63%(见表1)。①

表1 全国人口年龄构成

年龄	人口数/人	比重/%
总计	1,411,778,724	100.00
0~14岁	253,383,938	17.95
15~59岁	894,376,020	63.35
60岁及以上	264,018,766	18.70
65岁及以上	190,635,280	13.50

随着人口老龄化趋势的增长,健康、养老问题逐渐成为这一代老人和下一代老人关注的新命题。田园乡村康养作为康养产业的一个分支,是一种介于纯自然型康养和人工主导型康养(如养老院)之间的一种康养项目类型,对田园乡村环境的品质要求较高,要求尽量避免过多的人工干预。

中商产业研究院发布的《2018—2023年中国康养旅游行业市场前景及投资机会研究报告》显示,近5年来康养旅游的市场规模将呈快速增长态势,年复合增长率有望达到20%,2020年市场规模将在1000亿元左右。② 而乡村作为康养发展的目的地和一种新型的康养方式,在乡村振兴政策的推动下,田园康养必成一种新趋势。

在《"十四五"规划纲要》和《社会资本投资农业农村指引(2021年)》中,田园康养产业已成为大力发展的乡村新型服务业的重要项目,在乡村振兴政策的整体规划下,正成为下一个农村新

---

① 数据源于国家统计局《第七次全国人口普查公报(第五号)》,载 http://www.gov.cn/xinwen/2021-05/11/content_5605787.htm。

② 数据源于中商产业研究院发布的《2018—2023年中国康养旅游行业市场前景及投资机会研究报告》,载 https://www.askci.com/reports/20200702/1116573470885204.shtml。

型产业风口。

3. 农庄和家庭农场

农庄和家庭农场通常是以家庭或者家族群为单位，以小规模农产品生产和休闲娱乐服务为主的生产单位形式，农庄和家庭农场经营模式多样，可以自营，也可以与外部社会资源合作，收入渠道多，包括生产、休闲娱乐、特色住宿和餐饮，以及种养结合等。农庄和家庭农场的经营模式比较多样化，既可以由农民家庭或家族群自行经营，也可以与社会资源嫁接合作扩展其规模，还可以根据不同的情况进行相应的动态调整。

在自营模式下，农庄和家庭农场可以将其宅基地进行改造，以达到适合餐饮、住宿、会议的标准，并通过承包农用地的方式，打造短期特色休闲采摘服务（如钓鱼塘、草莓种植地、杨梅种植地），吸引亲子家庭或中老年群体等前来度假。

农庄和家庭农场的经营也可以嫁接农村内外部资源进行合作，如与农村合作社或者农业科技公司进行合作，由合作社或农业科技公司根据需求明确农业种植的品种、数量、质量，并进行供种，组织家庭农场生产，再由合作社或农业科技公司统一验收和收购。农庄和家庭农场可以以此为依托，实现稳定的农业收入来源，同时也可自行种植季节性农作物，吸引周边城市消费群体进行采摘体验和休闲娱乐。

4. 生态科研为基础的特色研学项目

生态科研实际上是农业现代化产业的一个分支，主要结合了产、学、研三种发展方向。《乡村振兴促进法》第十六条明确提出，国家采取措施加强农业科技创新，培育创新主体，构建以企业为主体、产学研协同的创新机制，强化高等学校、科研机构、农业企业创新能力，建立创新平台，加强新品种、新技术、新装备、新产品研发，加强农业知识产权保护，推进生物种业、智慧农业、设施农业、农产品加工、绿色农业投入品等领域创新，建设现代农业产业技术体系，推动农业农村创新驱动发展。

以农业发展为基础，依托农业产业进行新技术和农产品新品种的研究、培育实际上是农村一二三产业融合发展的一种方式。依托于农业生产，针对农作物或动物养殖的新技术进行研究和发展，同时就生产、学习、研究三方结合开发新型的研学服务，有利于提升农业基础产业的现代化水平，同时促进乡村服务产业的发展。

（三）乡村新型服务业方向

1. 农村电商和物流

如果说农业产业现代化解决农村的生产问题，那么乡村电商和物流则是解决农产品流通问题的重要工具。资源只有在市场上进行有效流通，才能带来最终的经济效益，形成农村经济可持续发展的良性正循环。

2021 年中央一号文件明确指出："全面促进农村消费。加快完善县乡村三级农村物流体系，改造提升农村寄递物流基础设施，深入推进电子商务进农村和农产品出村进城，推动城乡生产与消费有效对接。"农村电子商务的蓬勃发展，既为农产品销售难的老问题找了一条解决的新途径，又让城市的消费品能够顺利抵达农村，满足农民多层次的生活需要。电子商务，正在成为推进农业供给侧结构性改革的一个重要手段，成为改变农业农村发展的新动能。①

农村电商和物流的发展不能脱离农业产业和农村基建而独立

---

① 简承渊、吴佩：《农村电商——星星之火渐燎原》，载《农产品市场周刊》2017 年第 10 期。

存在。首先，需要农村当地农业产业的发展兴旺，找到具有当地特色和优势的农业产品或深加工产品，做到产量高、质量好，能够形成长效的农产品供货源头；其次，需要新型农村人才依靠现代互联网技术对农产品进行推广和包装，建立一定范围内的多重供货渠道，并通过互联网电子商务技术进行销售和订单管理；最后，由于农产品的时效性，需要乡村基建配套基本完善，能够实现及时出货，确保农产品的质量和消费终端的消费体验。

大力发展农村电商和物流，必须加强农村电商基础设施建设，在推进互联网扩面提速降费的同时，利用先进的信息技术和网络技术改造传统农产品流通模式，建设现代化物流配送体系，建立覆盖县乡村的三级配送体系，降低物流成本。推进产品包装化、标准化、品牌化建设。

2. 乡村文创和农创

乡村文化创意是基于对乡村传统特色文化和乡村特色传统产业的实体化和品牌化，为之赋形，形成创意产品和软性输出，打造乡村当地的特色 IP，以促进旅游业和服务业的发展。乡村农创是对乡村当地特色农产品和深加工产品的新型创意开发，形成品牌效应，建立乡村当地的特色农产品生产、加工、包装体系，实现农产品和深加工产品的溢价，促进乡村一二三产业的融合发展。

乡村文创和农创是乡村振兴发展的动力源泉之一。其核心是通过创新思维与传统文化相结合，对当地传统特色文化、特色农产品、生态资源进行重新包装推广，从而实现农业增效、农民增收、农村增美的发展目标。

农耕文化是文创和农创的基础，不同的农村各有不同的文化传统和历史，也有各具特色的农产品。突出地方特色、实现规模效应、建立品牌优势是大力发展乡村文创和农创的基础。

对乡村文创和农创而言,核心是针对文创和农创产品的品牌包装和文化输出,总体而言,发展乡村文创和农创可以从以下四个方面进行考虑:一是结合当地历史文化背景和文化传统,打造自然和人文创意景观,实现游客的聚集效应和品牌输出(如绵竹清平镇的萤飞谷)。二是以当地特色农产品和深加工产品为基础,丰富农村特色农产品体系,塑造特色 IP 加以推广,实现农产品和深加工产品的品牌溢价。三是挖掘当地传统文化或特色手工项目,以传统文化赋能乡村主体 IP(如绵竹年画村、安仁油纸伞)。四是深度融合农村电商发展,利用互联网技术实现"原料进得来、产品出得去、品牌打得响、回头消费多"的经济正循环。

3. 新型专业人才培训

人才是推进乡村振兴的关键。乡村振兴战略决策的有效实施,离不开一批懂农业、爱土地、爱农村的新型人才队伍。事实上,当下乡村人才队伍仍存在巨大的缺口。农村现有人才仍处于不稳定状态,再加之乡村人口老龄化严重、教育程度较低、技能较差等多重因素影响,乡村人才振兴工作的推进必然需要加强人才支撑、加强乡村人才的培养。

2021 年 2 月 23 日,《中共中央办公厅、国务院办公厅关于加快推进乡村人才振兴的意见》出台,为乡村新型人才的培训方向指明了道路。该意见指出,要加快培养农业生产经营人才、加快培养农村二三产业发展人才、加快培养乡村公共服务人才、加快培养乡村治理人才、加快培养农业农村科技人才,以充分发挥各类主体在乡村人才培养中的作用。

目前,各地区响应该意见号召,都在有序地开展乡村振兴人才培养工作,农民素质的高低直接影响现代农业建设和乡村振兴的成效。首先,推进高质量乡村新型人才建设,有助于加快农业产业转型和农村现代化建设。其次,通过开展农业实用技术和职业技能培训,能快速提高乡村新型人才修养,形成崇尚科学的学习、生活氛围,将乡村人才转化为新型高素质人才队伍,为实现创收提供智力支持和人才保障。此外,随着社会经济的快速发展,农村劳动力的不断外流,劳动素质结构的下降,农村地区的可持续发展已然成为一个重要而紧迫的问题。通过培训,将乡村新型人才培训作为乡村振兴人力队伍建设的长远目标,力争留住一批高素质乡村新型人才,为乡村建设注入新动力。农村的快速发展需要新型“人才”的新鲜血液,新型专业人才培训是一种持续且有效的方法。

(四)乡村基建升级方向

1. 乡村路、水、电、气、网、天基设施的升级

自2016年以来,从精准扶贫,到全面脱贫,再到乡村振兴三个阶段的有机衔接,基础在于农村基建的加强和升级,只有实现农村与城市的物理通道和信息通道接轨同步,才能确保人才、物流、信息、产业、产品、资本的双向流动,大力提升乡村基础设施的建设是实现乡村振兴的重要前提。

2021年中央一号文件明确提出要加强乡村公共基础设施建设,继续把公共基础设施建设的重点放在农村,着力推进往村覆盖、往户延伸,核心内容包括农村道路、农村供水保障、农村电网建设、燃气下乡、5G与物移动联网实现城乡同步建设、农业农村遥感卫星等天基设施提速六大基建升级方向。《社会资本投资农业农村指引(2021年)》也将农村基础设施建设作为鼓励社会资本投资建设的重要方向。《“十四五”规划纲要》中更是提出健全城乡基础设施统一规划、统一建设、统一管护机制,推动市政公用设施向郊区乡村和规模较大的中心镇延伸,完善乡村水、电、路、气、邮政通信、广播电视、物流等基础设施,提升农房建设质量。

对乡村路、水、电、气、网、天基设施的大力建设和改造升级，是通过基础建设促使乡村振兴的实施基础，也是鼓励社会资本进入乡村振兴的重要产业方向。

2. 农村可再生能源开发利用

可再生能源是指可以通过循环生成或持续获取实现持续利用的自然资源，在使用、加工和废弃后，也可以通过专门技术循环生成或持续获取，主要包括太阳能、风能、水能、生物质能、地热能和海洋能。走农业可持续发展道路，发展农业循环经济，必须提高能源利用率。

我国幅员辽阔，尤其是广大农村地区拥有丰富的可再生能源资源。除传统较为成熟的清洁能源太阳能、风能和地热能外，各种植物和农作物秸秆、人畜排泄物、有机废弃物等都是生物质能资源，可作为农村燃气供应供热的主要发展方向。除此之外，河流、山中田间的溪流等是微水能资源，通过适当方式，都能转换成清洁的可再生能源。

《乡村振兴促进法》第三十七条要求鼓励和支持使用清洁能源、可再生能源，持续改善农村人居环境。与此相对应的《社会资本投资农业农村指引(2021 年)》则明确提出鼓励社会资本投资农村可再生能源开发利用，加大对农村能源综合建设的投入力度，推广农村可再生能源利用技术，探索秸秆打捆直燃和成型燃料供暖供热、沼气生物天然气供气供热新模式。

加强农村可再生能源的开发利用需要做到建设方案和施工质量标准化、综合利用效率稳定化、再生能源利用因地制宜化、管理服务专业化五个标准，方能形成农村再生能源开发利用的长效和正向循环机制。

二、产业转型与乡村旅游发展模式

(一)产业转型

1.产业转型的定义、分类

产业转型是一个不断发展的过程,具体是指一个国家或地区经过一段时间的发展后,随着社会需求结构和要素结构的不断变化,整个经济能力的全面提升,如技术水平的提升、附加值的提升等。

乡村产业转型方向一般可分为三类:现代农业产业化主导型、现代农产品加工业主导型以及乡村旅游发展主导型。现代农业产业化主要包括两层含义:一是农业的现代化,二是农业的产业化。农业现代化又包括三个要求:一是用现代物质技术装备农业;二是农业经营规模化;三是农业劳动生产率的不断提高。农业产业化是农业生产规模化、专业化的必然产物,是指以农民家庭经营为基础,以市场为导向,以经济效益为中心,聚焦最重要的产业和产品,实行区域化布局、专业化生产、一体化经营,形成种养加、产供销、内外贸、农工商一体化体系,引领农业走上健康发展道路的现代化经营方式和产业组织形式。

现代农业加工业是指针对粮棉油薯、肉禽蛋奶、果蔬茶菌、水产品、林产品和特色农产品等进行工业生产活动的总和。现代农业加工业主导的乡村交通条件一般较好,经济活跃度较高。总体来说,其产业类型以劳动密集型加工制造业为主,特色鲜明。同时整合与优化农业主导产品的产业链,从而形成具有较强竞争力的特色农业产业集群。

2.乡村产业转型势在必行

乡村产业的兴旺始终为乡村振兴工作的重中之重,要实现乡村振兴目标,必须发挥乡村产业的支撑作用、乡村专业转型的促进作用。推进农村一二三产业融合发展,调整农业产业结构,转变农业发展方式,推进农业产业转型升级,从“重速度”走向“重质量”。同时,乡村产业在转型过程中必须坚持关于生态文明的六个原则,深入贯彻“绿水青山就是金山银山”的理念,使经济社会发展与生态环境保护协调发展。

(二)乡村旅游发展模式

乡村旅游是以农民为经营主体,以城市市民为主要对象,以旅游度假为宗旨,依托乡村优美的风景、自然环境、传统建筑和文化等资源打造的旅游新业态。近年来,各地围绕农业供给侧结构性改革,因地制宜发展各具特色的休闲农业和乡村旅游,取得了较好的效果。通过市场需求的自发拉动和政府的积极推动,乡村旅游现今已成为解决“三农”问题的重要途径。因划分依据的不同,乡村旅游发展模式的分类结果也会有所不同。由于乡村旅游发展需要政府、当地村民、企业和其他参与者的共同参与,涉及主体较多,故本书根据各主体参与程度的不同,将乡村旅游发展模式划分为“政府主导模式”“社区主导模式”和“企业主导模式”。

1. 政府主导模式

政府主导模式是指由政府牵头和组织,政府作为推进乡村旅游开发的主体,参与乡村旅游开发与规划设计以及营销和管理等活动。政府主导是中国乡村旅游早期发展的一大特征。在乡村旅游发展过程中,政府承担着决策规划、资金扶持、人才培训、服务管理等职能。这种模式为许多地区发展乡村旅游初始阶段时所采取,如四川、贵州、广西、云南等地,政府主导模式俨然成为乡村旅游发展初期的主要模式。之所以由政府来主导,主要原因在于大部分地区存在乡村旅游基础设施薄弱、当地村民旅游管理意识差等问题,需要政府这只"有形的手"来进行引导。毕竟乡村旅游的发展无论是营销宣传、基础设施建设还是乡村旅游管理方面都与政府的支持和帮助密不可分。同时,在乡村旅游建设过程中,政府还要积极发挥包括决策与规划、财政支持、人才培训和服务管理等的政府职能。

2. 社区主导模式

社区主导模式中,社区农民在乡村旅游发展工作中占据主导地位,是乡村旅游发展的中坚推动力量和最终利益承受者,是由社区农民直接参与规划决策、开发运营管理的模式。社区主导模式始终以社区农民利益为出发点和落脚点,增强了社区农民的权力,有利于促进乡村旅游业往社区农民所期望的方向发展。但是,此种模式不可避免地会遇到一些问题和阻碍,例如,因村民收入差异造成社区矛盾;农民生态意识薄弱,超额接待游客对生态环境造成负面影响等。

3. 企业主导模式

企业主导模式是指民营企业利用市场化的组织管理机制和专业化的平台技术优势,通过企业资本、产业模式、市场营销和品牌宣传,将乡村旅游资源优势转化为产业优势,实现乡村旅游发展模式的创新,成为乡村旅游发展的主导力量。企业通过统筹企业资源、政府政策和市场因素,能够充分发掘乡村旅游的各项价值,实现综合利益的最大化。通过民营企业扁平化的组织结构和灵活的经营方式,民营企业可以快速响应产业环境的政治导向和游客的需求,因地制宜地盘活乡村各类资源,满足多样化的市场需求。在企业主导模式下,企业需合理协调游客与乡村之间的关系,促进游客与乡村发展之间的有机互动,紧扣乡村旅游"乡土性"的本质,促进乡村旅游的良性发展。

(三)绵竹市清平镇乡村旅游发展经验

绵竹市具有悠久深厚的历史文化积淀和丰富多样的旅游资源。在转型发展过程中,绵竹市以入列全国第二批国家全域旅游示范区创建名单和四川天府旅游名县候选县为契机,坚持贯彻乡村振兴总要求,以农业供给侧结构性改革为抓手,全域推进乡村振兴,努力走出了具有绵竹特色的乡村振兴道路。在经历过“5·12”汶川特大地震、“8·13”特大山洪泥石流和矿区转型发展数次“阵痛”后,清平镇坚定实施乡村振兴战略,立足生态环境保护,推进全域旅游发展,将乡村振兴与生态治理、产业转型同步推进,乡村环境发生了根本性变化,避暑经济、民宿产业迅速兴起。

1.绵竹市清平镇乡村旅游发展目标定位

清平镇地处绵竹市西北部山区,辖区面积302平方千米,是龙门山国家地质公园、九顶山大熊猫自然保护区、九顶山风景名胜区的重要组成部分,以美丽的山地风光、独特的羌汉风情为亮点,享有“金色清平、世外桃源、避暑山乡”的美誉,拥有良好的乡村旅游发展空间和物质基础。清平镇以“矿区变景区、矿山变青山、矿工变三产从业者”作为转型发展新思路,以塑造“大美乡村童话小镇”,打造高颜值的旅游目的地作为乡村旅游发展的目标定位,始终坚守“绿水青山就是金山银山”的理念,绘就了一幅乡村振兴美丽画卷,走出了独具清平特色的乡村经济复兴之路。

2.清平镇乡村旅游发展史

清平镇的乡村旅游发展史最早可追溯到2003年,2003年第一家“农家乐”在清平镇建起,但游客受众辐射范围较小,多数为零星散客。2004年,清平镇镇政府为促进乡村经济发展,提高农民生活水平,提出“家家户户农家乐”的发展新思路,鼓励、帮扶农民进行“农家乐”建设。因清平镇四面环山,有着丰富的磷矿资源,基于

“靠山吃山”的传统观念,清平镇四分之三的家庭在从事采矿、运输等相关行业。而采矿行业始终是具有一定危险性的,磷矿的持续开采已使清平镇部分地区逐渐成为危险区域,村民生活环境的安全性已然受到威胁。为改善居住在危险区域的村民的居住环境,使村民能够安全、便利地生存生活,清平镇镇政府结合“家家户户农家乐”的发展新思路,在清平镇实行“农家乐试点计划”,拆旧建新、将矿区上危险区域的村民集中搬迁下来,统一修建了58家“农家乐”。当时该批次“农家乐”的主要受众为城市中老年人,“农家乐”休闲功能主要为避暑、疗养,但每户可接待人次数量仍然较小,据介绍,当时的“农家乐”一户一次最多可接待4人次。尽管接待人次不多,但试点“农家乐”村民的经济收入却有了明显提高,生活水平有了明显改善,乡村经济有了明显发展,“家家户户农家乐”发展新思路收获首次成效。于是在政府的指导帮扶下,越来越多的村民自发地开办“农家乐”。截至2005年,清平镇镇政府加大鼓励力度,依据每户新建农家乐建筑面积给予一定的补助,农家乐逐渐在清平镇全面铺开。而后,每年新增“农家乐”30户,至2007年,清平镇“家家户户农家乐”的设想已基本实现,清平镇农民收入日益提高,生活日益改善。

2008年“5·12”汶川特大地震,绵竹市因为和汶川县同处于龙门山地震断裂带上,在强震中遭受重创,清平镇基建设施严重受损,刚刚发展起来的乡村旅游业无疑遭受了“灭顶之灾”,清平镇“农家乐”发展几乎就此停滞不前。“5·12”特大地震灾后重建中,清平镇推动产业转型,期望摆脱资源消耗性发展模式。然而,“8·13”泥石流奇袭清平镇,此后又遭遇连年次生灾害,连接清平镇与外界的汉清路几乎年年在汛期中断,让清平镇的旅游业彻底停滞。故2008—2015年,清平镇村民几乎又投身于采矿行业之中,在磷矿相关行业的支撑下，靠矿为生。

3. 因地制宜，走出清平镇特色乡村经济复兴之路

党的十八大以来，在“绿水青山就是金山银山”理念的指引下，在绵竹市委、市政府的坚强领导下，清平镇党委带领全镇以“宁要绿水青山，不要金山银山”的决心完成了矿权清理工作。矿山关停后，清平镇村民收入途径再次减少。为推动清平镇乡村经济复兴，清平镇决心积极践行“两山”理论，全力打好“全域旅游”发展品牌。2019 年年初，金色清平景区成功实现了矿区变景区的华丽蜕变，村民收入实现稳定增长，生活水平日益提高，成功走出了具有清平特色的乡村经济复兴之路。

4. 清平镇乡村旅游发展模式——政府主导模式

绵竹市清平镇因磷矿储备丰富，是典型的资源开发区，20 世纪 80 年代以来，磷矿产业一直是清平镇域经济的主要支撑。但清平镇先后经历了“5·12”特大地震和“8·13”特大山洪泥石流两次自然灾害，传统支柱产业遭到重创，加之资源约束日益趋紧，环境压力持续增大，粗放式的发展方式日渐走到尽头，寻求新的出路、实现转型发展对清平镇而言，已是箭在弦上。乡村旅游，正是那条被选中的道路。在清平镇镇政府强有力的领导与支持下，清平镇逐步建立起乡村旅游的空间基础、思想基础、基建基础，设立四川金色清平旅游开发有限公司，同时吸引了外来社会资本的加入，促进了清平镇产业的升级转型，加快了乡村振兴步伐。

(1)“集中搬迁，统规自建”提供乡村旅游空间基础

2010 年 9 月，“8·13”特大山洪泥石流灾害主要发生地之一的绵竹市清平镇，结束应急救灾阶段，转向家园重建。作为“社会主义新农村综合体试点镇”，清平镇抓好安居，统筹推进农房重建。以科学规划统领重建，在尊重群众意愿的前提下，采用统规自建为

主的农房重建方式,选择蔺家坎、大湔坪作为统规建设的集中居住点,共统规安置农户 233 户。农房的集中修建,农户的集中搬迁,为后期清平镇打造“金色清平”“童话小镇”“七彩房屋”提供了空间基础(见图 1)。

图 1　清平镇“七彩房屋”一角

(2)“党建引领”提供乡村旅游思想基础

党的十八大以来,在“绿水青山就是金山银山”理念的指引下,在绵竹市委、市政府的领导下,清平镇党委强化党建引领,通过树新思想引领党员群众参与“大转型”,成功走出一条“三变”之路。为带领党员群众、矿企矿工树“绿水青山”理念、立“产业转型”决心、强“坚定发展”信心,清平镇党委树立“党建一盘棋、抱团共振兴”的转型思路,联合五村一社设立景区党委,把党建引领转变思想作为寻求出路、转型发展的基础。通过学思想、学经验、学模范,带领干部群众、矿企矿工凝聚发展共识、找准发展思路、坚定发展决心。“绿水青山就是金山银山”的理念由此深入人心、扎根民心,成为清平镇最鲜明的发展底色,为清平镇打造“金色清平”“童话小镇”提供了思想基础。

(3)“全力推进基础设施项目建设”提供乡村旅游基建基础

2018年以来,清平镇结合地域优势,全面推进旅游产业提档升级,助力乡村振兴。清平镇地处九顶山自然保护区和大熊猫国家公园内,绵茂公路通车后,清平镇成为到九寨黄龙最安全、最便捷的黄金通道。2018年以来,清平镇把握自身区位优势,不断加快旅游基础设施提档升级,着力打造AAAA级景区。清平镇始终坚持高标准、高质量建设景区道路、停车场、游客集散中心、智慧旅游等一批旅游基础设施,全力推进金色大道、大型停车场、天然气站、污水处理厂等基础设施项目建设,为清平镇打造“金色清平”“童话小镇”提供了基建基础。

(4)搭建公司化运营的镇域发展转型平台——四川金色清平旅游开发有限公司

2017年,九顶山自然保护区的矿山企业应环保要求全部关闭,产业转型升级迫在眉睫。为发展生态旅游,实现产业变革,清平镇成立了四川金色清平旅游开发有限公司,采用集体参与、公司化运营方式,负责清平镇旅游资源的开发和乡村旅游业的经营管理与发展。以推进乡村振兴为契机,先后建成、推出萤飞谷、两山湖、矿工广场、大熊猫宣教中心等一批特色旅游项目,并持续推进清平镇旅游配套和基础设施提档升级。

四川金色清平旅游开发有限公司作为清平镇镇政府的平台公司,身兼多项职责,在清平镇镇政府的指导下立足当下,统揽全局,负责清平镇现有旅游资源的开发与潜在旅游资源的挖掘,致力于清平镇景点串联,增强游客体验感,带动全镇民宿和餐饮等第三产业的稳健发展。在清平镇大力发展旅游业的同时,四川金色清平旅游开发有限公司看准了清平镇废旧矿区特点,意识到做矿区文化旅游,必须要复原矿车、铁路,让清平镇的矿车变成观光小火车,是清平镇从矿山产业向旅游产业转型的重要举措。据介绍，清平小火车旅游观光项目由四川金色清平旅游开发有限公司负责，共计投资530万元，在2018年已投入使用。小火车沿线配套景区设计方案，包括白雪公主、功夫熊猫、西游记、阿凡提、冰雪世界以及儿童乐园等特色片区的景点均由旅游公司负责设计。清平镇的金色旅游大道、游客中心、停车场、标示牌、生活服务中心及配套附属等旅游配套设施建设也已在四川金色清平旅游开发有限公司的推动下建设完成。除旅游资源、景点的挖掘、打造以及清平镇旅游配套和基础设施提档升级以外，金色清平旅游公司作为镇域发展转型平台还多次聘请礼仪老师对公司成员及小火车旅游项目服务人员进行专业培训，有力提升了广大旅游从业人员的业务技能，成功引导了乡村旅游业的良性发展。

(5)引入社会资本打造“萤飞谷”

近年来，清平镇全力建设“金色清平·童话小镇”，“萤飞谷”声名鹊起，已然成为清平镇乡村旅游宣传的天然名片(见图2)。为了保护萤火虫的生存环境，吸引更多游客前来观赏萤火虫美景，2021年清平镇在“萤飞谷”内修建了道路、公厕、栏杆等，全面展开景区基础设施建设。据了解，“萤飞谷”是由当时在清平镇开采磷矿的四川绵竹川龙化工有限公司与清平镇共同初步打造，而后广州某公司受吸引从四川绵竹川龙化工有限公司手中接手，再次进行深层次打造并负责经营管理。社会资本的加入，无疑加快了清平镇乡村产业振兴之步伐。

图2　清平镇"萤飞谷"简介

（6）鼓励村民发展民宿产业，制定评级激励制度

清平镇乡村旅游的发展带动了清平镇民宿产业的发展，为确保民宿产业的健康发展，进一步提升旅游服务质量，绵竹市成立了旅游民宿发展管理工作小组（以下简称工作小组），负责旅游民宿统筹发展和协调工作，并积极完善民宿经营管理制度，制定了《绵竹民宿经营管理指南手册》，确立了"住宿登记制度""民宿安全管理制度""民宿应急安全处理预案""民宿食品留样制度""民宿服务工作标准""民宿设施设备维护保养制度""烟道清理管理规定""民宿安全用电管理制度""民宿天然气安全管理制度""生活用水管理制度""物品寄存制度""民宿住宿场所卫生管理制度""厨房卫生管理制度"共计十三个制度，民宿制度化管理体系日趋完善（见图3）。与此同时，为带动民众积极性，刺激民众主动提升旅游民宿服务品质，绵竹市依据相关法律法规和国家文化和旅游部的《旅游民宿基本要求与评价》，制定了《绵竹市等级评定暂行办法》作为激励政策。具体来说，是将民宿评定等级由低到高分为亲宿、

名宿、金宿三个等级，遵循自愿申报原则，按照申报—遴选—审核—批准的程序进行，具体工作由工作小组承担。凡获得等级旅游民宿的，由工作小组颁发证书和标牌，依照《绵竹市服务业发展奖励补助资金管理办法》给予奖励，并在媒体上公布，在绵竹市各类宣传资料和宣传活动中予以推介，从而鼓励民宿业主申报创建等级旅游民宿。

图 3　绵竹民宿经营管理指南手册

5. 清平镇旅游发展现状

(1)政府主导下镇、企、村三方有机联动

清平镇乡村旅游的蓬勃发展，与政府、企业、村民三方的有机联动密不可分，政府的支持引导作用、企业的“领头羊”作用、村民的主体能动作用三者缺一不可。近年来，清平镇认真贯彻落实中央、贵州省委、德阳市委和绵竹市委的各项决策部署，紧密依靠全镇人民，始终将习近平新时代中国特色社会主义思想作为引领清平镇发展的根本遵循，全面加强党的建设，充分发挥党组织战斗堡垒作用，高标准建设“童话小镇党群服务中心”，高水平打造“有事来协商·院坝协商”议事平台，初步实现了党委引领、支部联动、多方参与的发展格局。以乡村振兴大会为契机，优化资源资产配置，通过镇企注资、村组入股等方式，推动旅游产业集中连片开发，打造了大熊猫宣教中心、帐篷营地、矿工创业社区、棋盘文化部落、南北线观光小火车、三生虹桥等一大批旅游项目（见图4）。

图4　清平镇“三生虹桥”

据当地居民所述，2015年左右，受清平镇乡村旅游发展大好前景的吸引，广州某公司决定投资清平镇乡村旅游，从四川绵竹川龙化工有限公司手中接手“萤飞谷”项目，开始进行深层次打造，并在与“萤飞谷”一桥之隔处建起了香颂·云水民宿酒店，成功助力清平镇乡村旅游发展之路。而政府与村民之间，也形成了“群众有所呼、干部有所应”的良性互动。清平镇通过开展校地合作、部门联办，鼓励群众以“地”入股、以“技”转型，邀请大专院校、培训机构等专业人士，组织餐饮服务、民宿管理、礼仪等技能培训。村民由此得以参与发展、主动发展、支持发展，在清平镇乡村旅游发展过程中充分发挥了主体能动作用。

（2）清平镇乡村旅游主要景区

据清平镇相关负责人员介绍，每年的7月、8月是清平镇乡村旅游的旺季，高峰期单日游客能达到1.5万余人，民宿床位一铺难求，年接待游客人数也从最初的3.5万人次增至2020年的20余万人次，游客接待能力大幅上升。2020年，清平镇全镇旅游收入高达2983万元，年增长超过20%。经过清平镇全镇的不断努力，清平镇现今已有六处较为完善的景区，分别是"芳草地"、"萤飞谷"、"羌汉文化"、"观光小火车"、"田园咖啡聚落"以及"观景阁"。

其中，"芳草地"位于清平镇盐井村五组，2016年为更好地发展旅游业，开发了五彩芳草地格桑花园及水上乐园供游客观赏游玩。

"萤飞谷"位于清平镇元包村观景阁一带，又名天井沟，占地1.5平方公里。每年7月、8月，星星点点的萤火虫自然景观吸引了不少游客前去避暑观赏。自2016年7月30日对外开放以来，人气爆棚，每晚有上千名山外的游客到这里避暑，推动了清平镇山乡夜晚的乡村旅游。

清平原称大坝，1951年由茂县划归绵竹县，当地百姓至今都保留着传统的羌族习俗，并在社会发展中融合了汉族文化形成了独具特色的羌汉文化，还树立了以羌汉山歌为代表的民族文化品牌。

"观光小火车"车身一共分为三节车厢，每节车厢可乘坐40名乘客，外形是蒸汽机时代的风格。该列火车从清平镇驶至盐井村，全程2.7公里，观光时间大约半小时。

"田园咖啡聚落"位于盐井村五组，是清平镇由磷矿石开采转型到发展乡村旅游的一个重要经济策略。该景点整条街道大约长200余米，参与农户20余户，在清平镇镇党委政府的支持和四川金色清平旅游开发有限公司的指导和参与下,利用农户现有住房进行改造和扩建而成。现所有参与农户均达到旅游接待能力。通过这一项目的带动,镇内数家农户已向村上和旅游公司申请以现有农房改扩建成特色农家乐。

大湔坪“观景阁”则是一座敞开式仿古观赏性建筑,五层框架结构,集旅游观景、水保观测、森林防火监测功能于一体。六处景区,已为清平镇乡村旅游发展提供了一条完整的旅游线路。

(3)清平民宿发展现状

清平镇乡村旅游的大力发展激活了乡村振兴的“一池春水”,清平镇紧抓乡村旅游发展机遇,依托旅游资源优势,大力发展民宿产业,一批生态宜居、环境优美、独具特色的民宿吸引无数游客慕名而来。据清平镇镇政府相关人员介绍,清平镇总人口6000余人,常住人口2000余人,清平镇从事民宿产业的人次现已达到1300余人,即清平镇民宿产业从业人数现已达到该镇常住人口65%左右,产业覆盖人员范围较大。清平镇民宿多以家庭为单位开办,营业期间集中在旅游旺季,即每年7月和8月两个月份。因各民宿风格不一,距离景点远近不一,受众范围不同,住宿费用标准有高有低,但基本都在80~688元,在极度供不应求的旺季时期,民宿价格还会出现部分上浮。经了解,除却几家大型民宿外,清平镇每家民宿的年收入纯利润均可达6万元,收入可观。但因清平镇乡村旅游季节性较短,多数村民为保证收入的稳定性,还是采取“民宿+外出务工”的方式,村民选择在旅游旺季时回村开办民宿产业,在淡季选择外出务工或者外出学习民宿产业相关技术,如经营管理、民宿设计以及厨艺,旨在提升自身民宿的市场竞争力。

(4)清平乡村旅游拓展特色商品销路

清平镇乡村旅游发展吸引大量游客的同时也为当地特产商品

带来了销路，让清平特产得以走出山谷，如羌绣、腊肉、土蜂蜜和猕猴桃。其中，清平镇猕猴桃种植历史已久，清平镇土质适宜种植猕猴桃而非其他农作物是清平镇村民多年种植经验的总结。据了解，截至 2021 年，清平镇主要有两个村组在种植猕猴桃，种植主体多为留守的老年人。经村民介绍，当下平均每户村民约有两分地，每分地猕猴桃的产量约在 500 斤。依猕猴桃品种的不同，售卖价格也会有所不同，平均下来每斤猕猴桃售价约为 5 元。在清平镇旅游业的助推之下，种植猕猴桃的农民也不愁没有销路，一般每年 10 月每户猕猴桃即可以全部售罄，每户平均年收入可达 5000 余元。较之其他农作物种植收益以及种植强度而言，猕猴桃对于当地留守老年人来说已经算得上是收益良好、劳动强度较低的创收途径。在猕猴桃种植初期，清平镇政府心系种植户的利益，通过组织每家每户前往都江堰猕猴桃基地学习种植经验，有效提高了当地种植户的种植技能，为当地猕猴桃种植提供了技术保障。

(5)“遂德阿”公路通路既是机遇，又是挑战

据清平镇政府工作人员介绍，未来“遂德阿”公路的建设将直接途经绵竹市清平镇，通往茂县，成都市通往九寨沟可不必再绕行都江堰、汶川等地，极大程度上缩短了成都市通往九寨沟、黄龙的距离。提及“遂德阿”公路，清平镇政府工作人员直言，该公路的通线对于清平镇来说既是机遇又是挑战。一方面，交通便利程度的提高，意味着在未来一段时间里清平镇的游客数量将会有大幅提升，而游客数量的上升必然会刺激消费，促进清平镇当地餐饮等产业的收入增长，对清平镇来说是为有“益”。另一方面，交通便利程度的提高也带来了清平镇乡村旅游业是否能够健康可持续发展的挑战。乡村旅游经济始终是需要游客来拉动，如何留住游客始终

是乡村旅游经济的核心问题。清平镇是否有足够的吸引力吸引游客驻足，游客是否愿意留宿清平镇而非径直前往茂县，成为清平镇现今的担忧。游客途经清平镇，若只是驻足几小时后即直接前往茂县，清平镇民宿产业必然因此受到一定冲击。如何提高清平镇乡村旅游吸引力，留住游客，已成为清平镇不得不关注的问题。

(6)清平镇产业转型与乡村旅游典型案例

在清平镇乡村旅游如火如荼地发展时，村民陈某某转变小农思想观念，乘势而为，提高了自身经济效益的同时也为清平镇乡村振兴工作作出了自己的贡献。

新兴事物的出现，总会引起部分人的质疑与踌躇，投资中的风险更是令人望而却步。在清平镇转型后乡村旅游发展初期，民宿产业对于“小富即安”的农民来说始终是具有投资风险的，它不像传统的种植业一样收成稳定；也不像采矿业一样，以力创收，无须成本，不谈亏损，民宿产业是需要村民实实在在地投入成本，且成本不低。在机遇与挑战面前，村民陈某某抢抓机遇，开办“懂你民宿”，收益较好。据陈某某介绍，自己以前也是清平镇众多采矿工人中的一个。“开办民宿是正确的决定，现今生活和以前比起来可是轻松多了，往年挖矿虽然赚钱，但毕竟辛苦，也很危险，现在开民宿一年下来和往年挖矿的年收入相差不大，已经非常满足了”，陈某某说道。“懂你民宿”坐落于清平童话小镇大坝街，装饰古朴典雅，在童话小镇中别具风格，在绵竹市民宿等级评定中，获得绵竹市旅游民宿管理工作小组认可，获选为“名宿”。对于自家民宿评级，陈某某表示还是有些许遗憾，表明接下来会加倍努力来提高自身民宿品质，争取在下一次民宿等级评选活动中再升一级，打造成为更好的“亲宿”。

之所以选取陈某某作为清平镇乡村振兴的典型代表，并非仅仅是因其开办的“懂你民宿”获绵竹市“名宿”称号，更为重要的是，陈某某对自身开办产业的发展目标定位清晰。在清平镇全境鼎力发展乡村旅游，全境村民采取旺季开民宿、淡季外出务工的创收方式时，陈某某独具匠心，除开办民宿产业外，还大力发展种植业，将第一产业和第三产业双轨并行、齐头并进作为发展目标，极大地提高了经济收入。

2021 年年初，陈某某设立“四川懂你农业发展有限公司”，在清平镇临近乡镇以公司名义承包了共计 388 亩的“四荒地”用以谷物、花卉、蔬菜等种植(见图 5)。“四荒地”作为农村较丰富的土地资源，其使用权流转大大提升了“四荒地”资源的开发利用效率，变废为宝，盘活了土地资源。通过“四荒地”的流转，陈某某实现了土地、劳力、资金、技术、信息等生产要素的优化配置和组合，发展起适度规模经营，促进了农业结构的调整和优化，从而提高了农业经济效益。

图 5　清平镇“懂你民宿”一角

除此之外,据陈某某介绍,自家的种植业采取的是“企业 + 农户”的订单模式,销路稳定。经了解,陈某某所承包的388亩土地所种植农作物的种子均系由眉山中法农业科技园开发有限公司(以下简称眉山中法公司)所提供的高品质良种,同时在种植全过程中,眉山中法公司均对口提供相关的专业技术指导。眉山中法公司向陈某某保证高品质良种每年的基本产量数额,不足基本产量的,眉山中法公司承诺予以差价补偿,超过基本产量的,眉山中法公司承诺一并按约定单价进行收购。388亩土地的规模化,加上眉山中法公司技术指导上的专业化以及农用设备的科技化、现代化,辅之以“企业 + 农户”的订单模式,陈某某和眉山中法公司之间已形成了良好的利益联动机制,实现了双方的互利共赢,陈某某表示,“懂你农业发展有限公司”有望进一步做大做强。

同时据陈某某介绍,清平镇政府鼓励金融机构为村民提供贷款,金融机构也愿意为村民提供贷款。为了帮助绵竹市农业经营主体缓解“融资难”“融资贵”的问题,从2019年始,绵竹市转变财政支持方式,与贵州省农业信贷担保有限公司、德阳市政府及绵竹市相关银行进行合作,通过信贷担保的方式,为农业经营主体增信、为合作银行分险,优化审批流程和模式,为绵竹市乡村振兴注入持续发展动力。2018年4月3日,绵竹农商银行正式挂牌开业,在与绵竹经济社会共生共荣中深耕“三农”,助力乡村振兴。助推农业产业转型升级,在全市重点支持农业产业化龙头企业、美丽新村、专业合作社、种植养殖大户、农家乐等产业发展,为清平镇产业转型与乡村旅游发展营造了一个良好的金融政策环境。

三、一二三产业融合发展模式

(一)农业产业是基础

1. 农业产业的兴旺是农村产业兴旺的基础

农业产业指以传统种植业、畜牧业、林业、渔业等为基础的产业,包括现代种养业、现代农业产业园、农产品精深加工、智慧农业。农村产业从单一农业结构转变为农业、农村工业、农村服务业三种产业结合的模式。农村工业是在农副产品加工、农用工业等的基础上发展而来的;农村服务业是以农业为基础在建筑、运输、饮食等行业的基础上发展而来的,包括农业生产性服务、农民消费服务和农村公共服务三大部分。农村工业和服务业均以农业产业为基础,农业产业的发展高度决定了农村工业和服务业的发展高度。

之前因对农村产业发展不够重视,农业产业内部结构发展不协调,农村企业规模小形成不了人口集聚,带动不了第三产业发展,就不可能使第三产业获得合理的利润。第三产业不能随着农村工业快速发展,就不能增加第三产业的就业,就不能把农业人口留在当地。要解决这些问题的关键在于发展农村经济,生产发展的根本就是产业发展,产业健康发展才能促使经济得到更好的发展,提升产业结构,拓展农村农业发展空间,最终带动农业经济发展。

农业产业是农村工业和农村服务业的基础,发展农村第二产业和第三产业的前提是将农业产业做大做强,所以说农业产业兴旺是农村产业兴旺的基础。

2. 农业产业的发展应当坚持因地制宜、政企村三方协同、长期规划三个原则

我国的农业产业发展不均衡,各地的产业基础和经济发展阶

段不同,涉及利益主体多样,应大力培育各类农村新型经营主体,因地制宜地采取多样化的产业融合模式。目前我国农村存在多种类型经营主体,主要是规模经营户、家庭农村和合作社。各地农村正在积极探索以“公司+农户/家庭农村/合作社”形式签订购销合同,购销关系日益稳定。农业领域的各类股份合作形式也在推进,股份合作制的合作社、家庭农场或合作社与涉农企业合作。

地区自然资源是独一无二的生产要素,是乡村振兴中促进经济增长的物质基础,当地政府要对当地自然资源进行考察,结合地理区位、产业发展现状、农民养殖习惯,找到产业发展切入点,吸引社会资本和管理团队、技术团队进入,将本地优势转化为发展动力。

产业融合是新业态,政府应加大扶持,制订长期的发展规划,合理集聚资金、人才、土地、技术等生产要素,实现资源的优化配置,保障产业融合的顺利进行。在条件合适的情况下,推进农业规模化经营,只有适度规模化的农业生产,才能为农业产业链发展提供稳定的原材料,展现出的集聚效应才能更好地促进产业融合模式的发展。

(二)在特色农业产业基础上的进阶发展模式——一二三产业融合发展

1.农业产业是根基

根据现代产业部门划分的理论,整个国民经济划分为第一产业、第二产业和第三产业。第一产业包括农业(含农、林、牧、渔),第二产业包括工业和建筑业,第三产业包括流通部门、服务部门、科技文化部门、公共管理部门。农业是制造业和服务业的基础。农业是人类的食品之源,生存之本。农业是国民经济其他部门进一步发展的基础,为其他产业提供产品和生产资料。

农业对整个国民经济发展、社会稳定的作用非常强，农业为第二产业提供原材料和消费市场，关系国计民生，农业稳定发展，农产品价格稳定，人心就稳定。

一般认为第一产业（农业产业）是国民经济的基础，第二产业是第三产业的核心、对第一产业起到带动作用，第三产业是以第一二产业为条件并促进第一、第二产业的进步。三大产业相互联系、密不可分。我国大部分农村主要从事农业生产活动，需要发挥第二、第三产业的反哺作用，促进一二三产业融合发展。

“农业、农村、农民”（以下简称“三农”）问题是关系到国计民生的根本问题，是全党工作重中之重。自 21 世纪以来，我国政府将“三农”问题在每年的中央一号文件中予以规定，高度重视“三农”问题。一二三产业融合发展模式中要以农业产业为核心，通过广泛利用产业资源整合农村一二三产业，三大产业形成紧密产业链，第一产业参与第二、第三产业发展，第二、第三产业促进第一产业发展。

2. 农业产品深加工业是农业发展的进阶和可持续发展的要素

农村产业融合发展已形成多种不同模式，主要包括农业内部整合、农业产业链延伸、农业功能扩展型融合、多业态复合型融合、新技术渗透性融合、产城融合。农业产业链延伸型融合可促进农业生产、加工、物流、服务等相互融合，逐步产生上下游一系列环节密切互动、紧密衔接的整条产业链将是现代农业的发展方向。农产品加工是推动乡村产业升级的重要载体，农产品加工一头联系着农业、农村和农民，另一头联系着工业、城市和市民。一方面带动农户建设农产品基地，另一方面延伸建设物流和服务网络，是农业高质量发展的要素。

我国农产品加工技术以粗加工方式为主，加工链条较短，附加产品少，加工收益较低。农产品深加工是将初级农产品和最终的成品紧密连接的重要环节,能够改变农产品结构,大幅提高农产品加工附加值,为农户和企业带来更高的收益,还可以延伸企业的产业链,提高企业的市场竞争力,实现农业的可持续发展。

3. 依托于特色农业产业和深加工业的乡村旅游、服务业是外延

2020 年中央一号文件明确提出要发展富民乡村产业,支持各地立足资源优势、打造各具特色的农业全产业链。三产融合是促进农业现代化的主要途径,有助于提升农业增收效益,提高农民收入。未来促进产业融合,一方面要延长农业产业链,另一方面就是要注重拓展农业多功能性,衍生新产业新业态,创造新的增长动力。

农村生态资源、生产资源是乡村旅游业融合发展的基础。乡村旅游业具有产业融合的优势,立足农业产业和农业工业,是发展经济、增加就业的有效手段,可促进乡村产业结构的升级和完善。乡村旅游在拉动农村人口就业方面有突出的带动作用,各地农村纷纷以当地自然资源和文化资源开展乡村旅游,资源变产品,产品变商品,丰富旅游产品供给体系,促进产业链本地化,村民参与旅游经营中,带动餐饮、民宿等服务产业的发展,实现脱贫创收。村民还可以通过游客体验,促进当地农特产品的消费,带动农业朝高级化、定制化、网络化发展,有效推动乡村产业新型服务业发展,加快农业产业化、市场化进程。

(三)绵竹市麓棠镇玫瑰谷产业园

1. 简介

麓棠镇原名土门镇,2019 年 12 月经四川省人民政府同意更名为麓棠镇。麓棠镇位于四川盆地西部边缘,北连鹿堂山,龙门山脉南麓,镇内东南一马平川,西北山峰林立,属龙门山脉,紧靠龙门山国家地质公园。麓棠镇为绵竹市西南片区的中心镇,是全市小城镇建设五大重点镇之一。麓棠镇原下辖 9 个行政村和 1 个社区居

委会，分别为罗荣村、石团村、新乐村、天宝村、麓棠村、三合村、长白村、林堰村、民乐村，以及鼓楼街社区。2020 年，天宝村、麓棠村、合并为麓棠村；罗荣村、古楼街社区合并为古楼街社区；三合村更名为玫瑰新村（见图 6）。

图 6　玫瑰新村

2008 年“5 · 12”地震的前一年，麓棠镇全镇财政总收入达 914 万元。农民人均纯收入达 4702 元。2008 年的“5 · 12”汶川大地震让绵竹市满目疮痍，重灾区汉旺镇 98% 的房屋都倒塌了，剩余的房屋都是危房，全村所有产业都遭到毁坏，直接经济损失达 15 亿元。与汉旺镇相隔仅 20 余公里的麓棠镇同样饱受摧残，原来的农业产业和手工产业毁于一旦。

2009 年，来自北京的银谷控股集团到绵竹市参与灾后重建。绵竹市政府和参与灾后重建的银谷集团均认为，灾后重建住房仅仅是一个开端，要达到长期可持续发展，关键还得发展特色产业，带动一二三产业联动，形成经济发展和新农村建设的良性循环。绵竹市政府与银谷控股集团对土地进行勘查研究后发现，绵竹市的自然条件适合进行大面积玫瑰种植，而玫瑰种养衍生的芳香产业在我国仍然处于起步阶段，具有广大的发展空间。

在麓棠镇政府、银谷集团和村民三方的共同努力下，麓棠镇将常规月季和从保加利亚引进的“大马士革”玫瑰3号在麓棠镇进行小范围种植试验，掌握了在绵竹市大量种植“大马士革”玫瑰的核心技术，在土壤改良、育苗、病虫害防治等方面取得了重大突破后开始将产业进行推广（见图7）。至2021年，在麓棠镇、广济镇、九龙镇等乡镇共有流转土地26,400亩用于推广“大马士革”玫瑰种植，打造芳香产业链，已经开花的超过1.2万亩，成为中国第一、世界第三的“大马士革”玫瑰种植基地。①

图7　麓棠镇月季研发园一角

2020年6月26日发布的《国家发展改革委办公厅关于公布特色小镇典型经验和警示案例的通知》中，在促进产城人文融合领域，绵竹市玫瑰小镇被列为全国优秀典型示范（见图8）。

① 王平：《德阳绵竹麓棠镇玫瑰谷里开出“致富花”》，载四川新闻网2021年5月11日，http://dy.newssc.org/system/20210511/003132933.html。

图 8　麓棠镇中国玫瑰谷一角

2. 政企村三方联动发展模式

(1)规划先行,策划并重

2008 年“5·12”汶川特大地震后,绵竹市作为灾情严重的地区,如何进行灾后重建复兴并实现可持续发展是政府和民众需要考虑的问题。北京的银谷控股集团在灾后来到绵竹市参与灾后重建,考察完毕土地状况并进行产业分析后,政企双方开始探讨利用绵竹市土地适合进行玫瑰种植的特点和优势,因地制宜、有序推进,以大规模玫瑰种养为基础,精油和相关衍生产品深加工的芳香产业为后续,玫瑰观赏和乡村旅游为推手的循环经济发展模式,通过传统农业种植、农产品深加工和乡村休闲旅游的一二三产业融合发展模式,带动新农村建设和灾后重建复兴。

政企双方精准地将国内还处于新兴行业的芳香产业作为麓棠镇未来发展的重点产业方向,而芳香产业发展离不开芳香植物的大规模种养,好的原材料是发展芳香产业的基础,好的原材料也决定了芳香植物提炼的精油的质量水平。芳香植物在中东、欧亚和美洲地区已经被广泛应用于医药行业、食品加工业和其他消费品生产中。中国拥有芳香植物品种达1000种以上，是芳香植物品种最多的国家，但国内800多家香料生产企业中，近九成是中小微企业，具有一定规模的不到百家，更是缺乏“行业龙头”和“独角兽”。

根据绵竹市的土质状况和气候特色，政企双方以中国常见的月季，结合从保加利亚引进的“大马士革”玫瑰3号作为玫瑰产业的主要育种，制订了中长期发展规划。2009—2021年的12年间持续投入和发展，现绵竹市已种植了“大马士革”玫瑰2万余亩，种养基地的规模和产值在国内名列前茅。

在政企的中长期规划中，除大规模开展月季和“大马士革”玫瑰种植外，依托于“大马士革”玫瑰的深加工产业——精油原材料生产也是重点发展的衍生产业（见图9）。同时，大面积大规模的玫瑰种养，也可以因地制宜地推动当地乡村休闲旅游产业的发展，每年花期开放时，独特优美的乡村自然风光、成片绚烂开放的玫瑰也将成为当地乡村休闲旅游的名片之一，真正实现富有当地特色的、可持续循环的农村一二三产业融合发展。

图9　中国玫瑰谷产品——“大马士革”玫瑰精油

(2)土地流转,整体搬迁

在政企双方对于玫瑰产业试点种植取得初步成功后,开展大规模的玫瑰产业种植是实现现代农业产业化、规模化、科学化的必要路径。政企双方根据制定的中长期发展规划,从 2016 年起,在绵竹市下辖的麓棠镇、广济镇、遵道镇三个镇开始实施农用地流转和整体搬迁的相关工作,以实现玫瑰种养业的大面积展开,其中又以麓棠镇为大面积土地流转的重点区域。

根据 2009 年《农村土地承包法》、《农村土地承包经营权流转管理办法》(现已被《农村土地经营权流转管理办法》取代)的相关规定,政企村三方对土地流转的目的、流转方式、发展计划、补偿和安置方案等进行了多次深入沟通,经过村集体组织的决策,最终通过了流转和搬迁方案。以麓棠镇辖下农用土地流转面积最多的两个行政村三合村(现为玫瑰新村)和麓棠村(原天宝村和麓棠村合并)为例,三合村和麓棠村基本实现了整村土地流转,其中,三合村在 2016 年 9—12 月流转土地 7100 余亩,麓棠村流转土地 8100 余亩,流转给企业的土地全部用于种植月季和“大马士革”玫瑰。

三合村通过企业出资、政府补贴、村民少量自筹、政府统规统建的方式实现全村 1595 户的整体集中安置,2017 年 3 月开始搬迁过渡,2018 年年底安置区开始建设,2020 年安置区首期入住。

三合村集中安置区域命名为“玫瑰新村”,玫瑰新村规划占地 600 亩,由政府规划专家、园林专家按景区标准对房屋、景观绿化进行整体规划设计,包括商业街、安置房、广场、道路、绿化景观、公共服务设施等。搬迁后的玫瑰新村将形成集美食、文创、民宿等多类型元素于一体的综合性旅游创意型村落,最终实现集文旅商服于一体的现代化产业发展模式,助力乡村振兴。截至 2021 年 12 月,首批安置点已建成入住,占地 381 亩,安置户数超过 600 户,玫瑰新村的后期建设正在按部就班地进行。

截至2021年12月，麓棠镇、广济镇、九龙镇等乡镇已流转土地约26,400亩用于推广，以月季和“大马士革”玫瑰为主，辅以薄荷、玫瑰香叶天竺葵、洋甘菊、迷迭香、留兰香、意大利腊菊等多种芬芳植物的种植产业。通过土地流转和整体搬迁，实现了政企村三方合作共赢的局面，为玫瑰产业的发展奠定了坚实的基础，实现了政府招商、企业发展、产业兴旺、村民受益、改善人居环境的良好社会效应。

(3)政企联动，打好基础

政企双方通过良性互动确定了发展策略，由政企双方共同制订了中长期发展规划：政府主抓基建配套建设、土地流转、搬迁安置；企业主抓产业规划发展和人才引进。政企双方分工协作，互相配合，截至2021年年中，麓棠镇通过大力发展农业产业和衍生的农产品深加工产业，以玫瑰产业园为主要抓手的新型乡村特色产业带动乡村振兴的战略目标已取得阶段性胜利。

政府主抓基建配套和安置房建设等民生工程，自2017年以来，绵竹市政府牵头完成了农村的大部分水电气改造，基本实现了村镇水电气全通，以玫瑰新村搬迁安置建设和入住作为试点和样本，有序推进搬迁安置房建设和社会主义新农村建设。同时，完成S216、玫瑰大道、月季大道3条主干道建设，实现观光旅游区与成绵复线的接驳，提升了成都、德阳、绵竹等周边城市的旅游通达效率，吸引了大批观光休闲游客的前往，有效地带动了地区经济的发展和当地产业及旅游名片的打造，实现了一二三产业融合发展的阶段性目标。

银谷控股集团自2016年开始，通过品种培育和引进等方式，以麓棠镇、广济镇、九龙镇大规模流转土地为基础，种植了“大马士革”玫瑰2万多亩,种养规模已成为全国第一,农业种植业产业基础已基本形成。村民也依托现代化种植业的发展,从小农经济时代的生产者转型为现代化农业科技时代的农业从业者。同时,依托于月季和“大马士革”玫瑰的种养,银谷控股集团另行成立了银谷芳香科技有限公司,并在麓棠镇建立了生产研发中心,利用农业种养采摘的“大马士革”玫瑰进行精油提炼,提炼的精油作为生产原材料销往国内外各大化妆品公司。公司同步在厂区单独建设了研发检测中心,引进了国内外高端检测和研发设备,由高学历的专业人才负责对产品质量进行检测和监控,确保产品品质,同时针对新型精油原料开展研发工作,确保产品持续创新。银谷控股集团还同步成立了银谷玫瑰食品有限公司,并设立了生产厂区和相应的直营店,主要从事以玫瑰花为原料的食品和伴手礼的研发、生产和销售。目前,银谷控股集团还在扩建中国玫瑰谷研发中心项目(见图10),主要建设内容包括芳香精油检验检测实验中心、芳香植物资源库、芳香药物研发转化实验中心、芳香功能食品研发转化实验中心、芳香科技大数据中心、教育培训中心。该项目的建设,将有效带动我国芳香产业的上、中、下全产业链发展,实现科技成果转化,有利于芳香产品的深度开发,有助于区域产业结构转型升级、形成地方特色支柱产业。

图 10　麓棠镇——银谷集团生产研发中心

在一二三产业有序融合发展的基础上,银谷控股集团进一步在绵竹市深耕文旅产业的发展,提出了“一山一镇五园五村”(玫瑰山、玫瑰小镇、国家玫瑰公园、爱情产业园、康业产业园、艺术产业园、现代金融服务业产业园、五个玫瑰新村)的中国玫瑰谷观光旅游区的总体建设规划。截至 2021 年,国家玫瑰公园一期已建设完成,爱情产业园(月季园)已于 2018 年首次开放,玫瑰新村三期已完工入住,其余产业建设正在有序推进中。

(4)集体转型,拥抱产业

在麓棠镇玫瑰产业的打造过程中,绵竹市通过集体土地的流转实现了专业化、规模化、标准化、科学化种养,对于土地整体流转后村民的收入从何而来、如何持续获益、集体财产如果管理分配的问题,村集体通过尝试设立专业合作社、物业管理公司、集体资产管理公司予以解决。

以玫瑰新村为例。玫瑰新村将集体土地 7100 余亩整体流转给企业后，村民们的生活模式发生了颠覆性变化，一是不用再“日出而作日落而息”地进行零星的农作物种植，可以靠每年的流转费用获取固定收入；二是搬进或者即将搬进崭新的玫瑰新村安置区，生活居住环境大大改善。但现实的问题是，村里的年轻人大多在城市务工，留守的中老年人和儿童如果不再以零星耕种为业，那么原来的务农收入是否还能持续；通过土地流转和安置区建设获得的诸如安置区商业用房等集体资产如何管理和运营。

首先，务农根本不可荒废，但村民从小农经济时代自给自足的耕种者转化为现代农业产业园时代的农业从业者。玫瑰新村 20 多个原生产组组长联合牵头与村干部代表共同成立了“绵竹市众鑫种植专业合作社”。该合作社作为企业余万亩玫瑰种植业的人力合作方，承接企业在种养玫瑰过程中的所需的农业种植协助、除草、采摘、日常打理等工作外，还向村民提供收购、销售农产品和农业种植咨询扶持等技术服务。玫瑰新村常住村民可以通过专业合作社与企业进行合作，为企业提供劳务，实现身份的转变。对村民而言，既可以选择成为全职农业产业工人，也可以在生产旺季兼职，短短几个月的务工收入即超过以往务农一年甚至两年的纯收入。对于留守农村的、文化程度有限的中老年人而言，工作环境和工作时间较为灵活和友好，总体收入也较以往有大幅提高。

其次，村集体中的积极分子和村干部代表共同设立了“绵竹众兴物业管理有限公司”，主要承包玫瑰产业园区和玫瑰新村安置区建设的零散劳务、园区保洁和绿化维护、新村物业管理、花期和旅游季的展区布展和秩序维护等方面的常规工作。村里的劳动力可以结合自身技能、身体状况，合理安排工作时间和强度，既可以通过物业公司从事相关劳务工作，也可以通过农业专业合作社从事相关农业工作，由此获取持续稳定的劳动收入。

最后,玫瑰新村村委会设立了"绵竹市三合集体资产管理有限公司",该公司引入现代商业和经营理念,主要针对玫瑰新村的商业用房进行统一管理、招商、运营。玫瑰新村项目在建设时通过了国家乡村振兴项目申报,利用专项补贴和村集体经济组织的集体财产,修建了玫瑰新村旁边约 1100 平方米的小型商业街,拟规划从事社区餐饮、小型娱乐、超市的商业运营,并拟针对归属于村集体的商业用房的运营收益进行统一管理和分配。随着 2021 年 9 月玫瑰新村的正式成立,依托于麓棠镇玫瑰产业园及玫瑰谷、月季园、玫瑰小镇等休闲度假园区的扩建和开放,玫瑰新村及其周边民宿、餐饮等服务业也将日渐兴旺发展。

2020 年,玫瑰新村年人均可支配收入已超 2 万元,村集体收入 100 余万元,村民收入实现新跨越。[①]

3. 绵竹市大力发展玫瑰产业园带来的三产融合和持续发展

自 2017 年绵竹市麓棠镇、九龙镇、广济镇等主要乡镇完成土地流转并开始大规模发展玫瑰种养产业以来,绵竹市的林业产值和农村人均可支配收入明显大幅提升。

从德阳市统计年鉴的数据[②](见表 2)可以看出,绵竹市自 2016 年以来,地区生产总值呈稳定上升趋势,尤其是 2018 年玫瑰产业大规模开展以来,绵竹市地区生产总值呈现出了飞跃提升状态,同时与玫瑰产业相关的林业产业的产值数据和增速也呈现出同步飞跃状态。

---

① 唐妮:《绵竹:创建天府旅游名县 美丽新村托起幸福梦——直击麓棠镇玫瑰新村的幸福生活》,载四川新闻网 2021 年 4 月 15 日,http://dy. newssc. org/system/20210415/003117094. html。

② 数据源于《德阳统计年鉴》(2017—2020 年),载德阳市统计局官网,http://tjj. deyang. gov. cn/。

表2 绵阳市相关经济数据

年份	2016	2017	2018	2019
地区生产总值/亿元	237.8	260.7	291.8	340.1
总值排序/增速排序(全省)	46/36	48/92	45/74	45/14
林业产值/万元	13,829	14,730	15,591	27,962
农村居民人均可支配收入/元	15,456	16,854	18,396	20,213

绵竹市政府和银谷控股集团通过产业导入带动一二三产业融合发展,实现乡村振兴目标的发展模式,与历年来的支持农村发展的中央一号文件、《"十四五"规划纲要》、《乡村振兴促进法》的指导方向高度一致。政企村三方从精准扶贫到乡村振兴,打造了一二三产业融合可持续发展的示范性案例。

首先,根据当地的土壤特质和气候特色,绵竹市政府因地制宜地选择了玫瑰产业作为主导产业,通过土地流转为规模化、标准化、科学化农业种养创造了前提条件,通过政府搭台、企业主导、村民参与的合作模式,自2016年起大面积开展玫瑰种养产业,为后续发展奠定了坚实的农业产业基础。

其次,完成农产品后续深加工产业链,银谷控股集团以芳香产业和食品加工业为切入点,将农业产业变成后续工业产业发展的基础,通过精油提炼和食品加工的后续产业链植入,确保农业种养业和在此基础上发展起来的深加工产业得以持续和良性循环,玫瑰种养为芳香产业和食品深加工产业提供原材料,深加工产业的不断扩展反哺对农业种养业的生产需求(见图11)。

图 11　玫瑰产业作为主导产业发展方向

最后，在第一、第二产业初步成型的基础上，进一步拓展文旅和休闲旅游服务业，玫瑰的大面积种养和芳香产业深加工，不但形成了第一、第二产业的正向循环，也给文旅和休闲旅游服务带来了商机，每到月季和“大马士革”玫瑰盛开的季节，吸引了周边大批游客，形成了具有一定影响力的旅游和文创名片，有力地促进了附近村镇民宿、餐饮、零售、农庄度假等行业的发展，大大提升了农民的收入。同时，通过一二三产业的融合发展，当地村民的就业和收入渠道也有了拓宽，除每年获得固定的土地流转收入外，村民既可以选择成为企业的员工，也可以选择在企业兼职，又可以选择在闲时参与玫瑰产业园区后期的建设和维护，还可以自营民宿、餐饮、零售、农庄等业务，较之以往单一的小农经济模式下的自耕农模式，村民的就业渠道、职业技能、收入来源、生活和居住条件等都发生了翻天覆地的变化。

四、年画村地方特色产业导入模式

(一)地方特色产业与乡村振兴

1. 准确把握地方特色产业

地方特色产业本质要突出"特色",更要把握其"特色"。"特色"是一个事物或一种事物显著区别于其他事物的风格和形式,是由事物赖以产生和发展的特定的具体的环境因素所决定的,是独一无二的。地方特色产业的"特色",反映的是当地特色产业的固有特征,是区别于其他地区的显著特征。

地方特色产业的本质属性是地方特色产业发展的区域维度。一个地区,尤其是乡村地区的自然与人文资源、乡村地域性特征等因素决定着该地区潜在产业的特色。区域特色是特色产业的基础和灵魂,同理乡村产业特色也是乡村地方特色产业的重要内容。乡村特色资源形成的乡村特色产业,特定乡村产业的经营方式、产业业态、产品特点及服务方式,形成特色产业发展的重要元素,表现产业发展的特点。地方特色产业应紧紧围绕特色的市场需求发展,满足特殊人群或者社会大众的功能化需求,如文化体验、休闲养生,从而相对其他产业而表现出的鲜明的时代特征。

2. 发展地方特色产业的意义

地方特色产业的基本功能是产业功能,表现为提供优质产品。地方特色产业除具有一般的产业功能之外,还具有以下功能:一是促进乡村振兴战略。地方特色产业的生产经营有助于带动农民增收,是增加农民收入的重要来源,是富民产业。地方特色产业的发展必然带动土地、资金等生产要素的合理流动,一方面可以吸纳当地劳动力就业,另一方面又能接收部分外来劳动力就业。大力发展地方特色产业,挖掘当地特色产业发展潜力,有利于加强全产业链建设、促进适度规模经营、推动产业融合发展,有利于产品创新、产生新的经济业态、开发新的发展模式、拓展新的发展领域,有利于完善利益分享机制,拓宽农民增收渠道。地方特色产业的创新发展,能复活并唤醒一批“土字号”“乡字号”特色产品品牌。二是实现多产业的融合发展。融合是创新乡村新型特色产业的方式和手段,其终极目的是挖掘地方特色产业。多产业、多领域、多元素跨界融合,为地方特色产业创新新型资源,乡村旅游产业就是多产融合创新的结果,在城市与乡村之间构筑要素互通、环境共享、联系稳定、良性互动的有机整体,实现城乡统筹发展,为社会资源流向乡村提供通道。三是供给侧结构性改革的具体抓手。地方特色产业必须面向市场,以市场为导向。地方特色产业的创新是推动不同地区传统农业转型升级的重要推动力,也是农业由规模导向向提质导向转型的重要推手。

3. 与乡村振兴战略的交融

2019 年中央一号文件就发展地方特色产业提出了具体要求,还就加快发展乡村特色产业、大力发展现代农产品加工业、发展乡村新型服务业、实施数字乡村战略、促进农村劳动力转移就业、支持乡村创新创业六个方面明确了发展目标和措施方法。各地围绕乡村产业振兴,大力发展乡村特色产业,不断推动业态创新、模式创新、产业创新,为乡村振兴增加了活力,为乡村产业发展丰富了内容,为农民增收拓宽了渠道。

党的十九大提出要实施乡村振兴战略,并确立了“产业兴旺、生态宜居、乡风文明、治理有效、生活富裕”的乡村振兴目标。要实现乡村振兴,立足地方特色产业优势非常重要。乡村振兴,产业兴旺是动力。大力发展地方特色产业,不仅是深化农村改革、推进农业增效、实现农民增收的客观要求,而且是壮大特色经济、推进乡村振兴的现实需要。近年来,各地充分利用自己的自然优势和特色资源大力发展地方特色产业,取得了实实在在的成效。绵竹市年画村也以乡村振兴战略为引领,依托绵竹特色传统文化——年画,大力发展年画特色产业,整合优势资源,在拉动年画村经济发展、助推农民增收致富的同时保护、传承年画文化,形成农文旅融合发展的新模式,推动乡村振兴战略的实施。

（二）绵竹年画村地方特色产业发展现状

绵竹年画村能成为地方特色产业发展的典型案例,离不开绵竹市政府的支持和打造。近年来,绵竹市政府在年画的传承与保护、推陈出新过程中作了很多工作,尤其体现在年画的抢救、保护、整理、研究、宣传和推广方面。在国家乡村振兴战略实施的大背景下,绵竹市政府积极推动年画产业发展,进而助推农民增收致富,创新发展了农文旅融合发展的新模式,将绵竹年画村打造成一处以休闲度假、农业观光体验、美食娱乐、文化体验交流、养老养生、科学教育、年画创意生产加工为主,结合新农村建设的精品型乡村民间工艺文化旅游景区。

绵竹年画村地处绵竹市南大门孝德镇,位于德阿公路与成青公路之间。2010 年 12 月由大乘村和射箭台村合并而成,全村总面积 7.5 平方千米,全村下设 26 个组,2716 户,总人口 5894 人,于 2011 年 4 月 19 日获“国家 AAAA 级景区”称号,2010 年 11 月,被评为“四川省省级文化产业示范基地”以及“国家级非物质文化遗产生产性保护基地”、“四川省文化创意产业基地”。2012—2021 年,更是获得了多项省级荣誉,2018 年顺利通过了“国家 AAAA 级景区”的复核,2019 年 7 月,成为德阳唯一一个入选全国首批乡村旅游重点村名录的乡村,更是在 2021 年被评为“全国民主法治示范村"。通过近几年的努力与发展,年画村已建设成一个村容整洁、环境优美、旅游业态丰富,具有一定影响的美丽乡村。

1. 民俗文化与现代新农村完美融合

提起年画,笔者相信每个人的记忆或许很快会被拉回到充满年味的春节。而在四川省绵竹市孝德镇年画村,年画却不再只定格在春节。走进年画村,木门上、白墙上随处可见的门神、财神、寿星、童子等主题各异、色彩鲜艳的精美年画,让人仿佛置身"千门万户曈曈日,总把新桃换旧符"的春节氛围中。一幅年画把年味揽入四季、锁进人心,让艺术的气息飘散在年画村的每一个角落。

绵竹年画村是国内著名的复合型旅游区,集文化创意产业、新农村建设、乡村旅游于一体,远近闻名的"绵竹木版年画"即源于此。绵竹年画被评为国家首批非物质文化遗产,年画村利用绵竹年画资源,在村内建设完成了年画街坊、年画展示馆,开发形成了年画商品的研发、生产、销售、展示和体验,实现传统文化与现代新农村的完美融合。

2. 特色新业态打造浓浓烟火气

俗话说"民间烟火气,最抚凡人心"。绵竹年画村,作为灾后重建、新农村建设和乡村旅游发展的示范性工程,先后引进了多种旅游新业态,咖啡馆、民宿、客栈入住年画村,形成完整的以绵竹年画为特色的民俗文化村落。

长期以来绵竹市委、市政府非常重视年画这一特色遗产。从2002年起坚持每年农历十二月二十三日举办"绵竹年画节",在历时一个月的活动中再现传统的民风民俗(见图12)。同时,融入了当代的表现内容,使传统民俗活动异彩纷呈,同时将这个从宋代传承至今的千年民间艺术予以发扬光大,每年的年画节场面壮观,就是一幅现代版的《迎春图》,吸引着八方来客,让更多的人知道和了解绵竹年画、了解绵竹。走进年画村,由白墙、灰瓦、龙脊、翘檐组成的独具匠心的川西民居错落有致,墙面上随处可见各式年画:从抱着鲤鱼的送福童子,到神气活现的武将;从风趣的老鼠嫁女,再到娇羞丰腴的仕女……喜庆多姿,丰富多彩,透露着川西民居的朴实和飘逸,也体现出绵竹人对生活的热爱。看着雪白的墙上栩栩如生的人物故事,仿佛置身于时光隧道,深远而悠长。这里除了绿树、草坪、亭台楼阁,还有清清池塘和蜿蜒流水,路灯也很别致,每一根古色古香的路灯杆上悬挂着 2 个方形的年画灯笼。年画绘出了美好生活,让来者在诗情画意里感受这份乡村悠闲惬意的"人间烟火气",抚慰每一位游客的心。

图 12　绵竹年画村——绵竹年画节

3. 景区匹配公益与私人博物馆

绵竹年画博物馆是1993年9月经四川省人民政府同意，四川省编制委员会川编发（1993）94号文件批准建立的专题博物馆。2008年地震后重建了博物馆，新馆于2010年投入使用。绵竹年画博物馆新馆建筑面积3727.3平方米，功能齐全，有文物库房、展厅、爱心画家捐助介绍展示厅、学术报告厅、传习培训厅、接待、纪念品交流中心、办公区等。馆内设施齐全，收藏了大量古代民间年画和新年画，有中国最大的挤粉门神、最长的风俗年画、最大的手绘门票、独一无二的双面年画拓片版和填水脚年画等，客人还可以体验年画制作。

绵竹年画博物馆是从事公益性服务的全额事业单位，主要从事对绵竹年画的搜集、整理、保护、传承、研究、创作、宣传、推广工作。承担着绵竹年画这项国家级非物质文化遗产的收集研究、保护传承、创新发展、宣传推广、教育培训的任务，并对年画产业的发展提供专业技术支持与服务，对全市民间年画艺人及作坊进行专业服务指导。1993年绵竹市被原文化部命名为"中国民间艺术（木版年画）之乡"，绵竹年画被评为"中国民间艺术一绝"；1995年绵竹市经四川省人民政府批准成为省级历史文化名城，绵竹年画博物馆被命名为首批"四川省爱国主义教育基地"；2006年绵竹年画被国务院命名为首批"国家级非物质文化遗产"；2008年绵竹再次被命名为"中国民间艺术之乡"；2021年被国家文化和旅游部授牌为第一批"国家级非物质文化遗产生产性保护示范基地（绵竹木版年画）"；被绵竹市纪委确定为"廉政年画创作基地"。

除公益性的年画博物馆外，目前景区已建有私人博物馆，如明清家具博物馆及中国第一家陶版年画艺术大师——林代辉、绵竹年画传承人——陈兴村后人、绵竹年画博物馆馆长——胡光葵等艺术家的创意工作室。

(三)以绵竹年画为基础伸延的特色产业

自实施乡村振兴战略以来,年画村成功打造了年画街坊、乡遇画里·文创社区等知名景点和10余个知名农家乐品牌。截至2021年,年画村共有年画企业15家,年画作坊20家,年画从业人员400余人,涉及文化、餐饮、休闲旅游等多个产业。

1. 乡村旅游与研学旅游相得益彰

绵竹年画村已建成以年画文化为底蕴的乡村旅游业为主的优势特色产业专业村,2019年被评为四川产业兴旺村,主导产业收入占农民家庭经营性收入的75.2%。年画村依托绵竹年画特色产业,发展乡村旅游,大胆探索,盘旧谋新,匠心打造农文旅融合发展旅游示范区,以特色产业助推乡村旅游蓬勃发展。2020年,年画村景区接待游客130余万人次,实现主导产业收入5500万元,成为全村生产总值的重要支柱,年画村现有年画创意产品2000余种,2020年度销售收入达1500万元。全村有2400余人从事年画相关产品的制售及乡村旅游产业,2019年农村人均可支配收入达26,475元,较2018年增加4184元,增幅达18.75%,2020年农村人均可支配收入达26,898元。

在实地调研过程中,一年画村村民笑着说:"自从发展了乡村旅游,老百姓生活可以说发生了翻天覆地的变化。"依托完善的基础设施建设,年画村形成了以高速公路和骑游道交错的快进内畅的漫游体系;形成了数百个特色文化旅游产品;建成了以绵竹年画博览园为代表的"文化+科技游"载体。年画村景区还设置了专门的年画村旅游线路,从年画村历史纪念展馆出发,经过美术博览馆、明清园、年画陶瓷馆、乡遇画里文创社区、年画展示馆、文创社区、农闲堂,路线规划合理,价格亲民,形成了"历史文化游"、"休闲度假游"、"自然生态游"、"运动康体游"和"特色乡村游"等特色乡村旅游精品，给游客带来“处处宜旅游、行行有旅游、时时可旅游”的全新体验，吸引了越来越多的游客。

除此之外，2017 年年底研学旅行兴起，不同于传统的游学、夏令营、冬令营，研学旅行是由学校组织的集体旅行，集中食宿的研究性学习和旅游体验相结合的校外教育活动（见图 13）。研学活动一个重要的目的在于让孩子们感受乡土风情，体验乡村生活方式。绵竹年画村依托自有的资源优势，形成了以“年画村”“乡遇画里”“三彩画坊”“绵竹年画展示馆”等“非遗”文化项目体验基地为特色的研学乡村游路线；明确研学目的，制定详细的研学课程安排，针对不同年龄段的学生制定有针对性的研学课程，带给学生不同于校园学习的独特体验，让每一个来年画村研学的学生都能了解年画，感悟历史，学习知识，传承“非遗”。提升学生认知能力的同时，让学生初步认识绵竹年画，了解绵竹年画的历史、艺术价值和制作工艺，培养学生热爱祖国传统文化和民间艺术的热情。

图 13　绵竹年画村研学旅行

2. 特色民宿引来外地游客

近年来，绵竹市紧抓乡村旅游发展机遇，依托旅游资源优势，擦亮生态底色，大力发展民宿产业，一批生态宜居、环境优美、独具特色的民宿吸引无数游客纷至沓来，激活了乡村振兴“一池春水”。“民宿提供的不仅是房间，还是一种以民宿为核心的深度休闲体验游”，绵竹市文旅局相关负责人介绍说。绵竹市在打造民宿品牌时，依托自然景观、人文资源、生态环境，积极向客人提供特色住宿、个性化休闲服务和多元化旅游体验，以情怀吸引人，以服务留住人。如今，发展精品民宿正成为绵竹市提升旅游业品质、推动旅游产业转型升级的一个重要突破口。

在此背景下，绵竹年画村以年画乡村旅游为依托，利用丰富的水域资源，小桥、流水、人家有机结合，以人居环境为载体，与文化产业相融和，打造绕湖而居的川西农家特色院落和沿河而坐的生态农家小院。形成了以“明清园”“生态园”“梧桐苑”为特色的民宿，以“花博园”“生态园”为旅游线路的观光农业体验区。绵竹年画村以“特色民宿”为笔，绘就的美丽乡村新画卷已铺展开来，成为绵竹年画主题乡村旅游发展的又一亮点。

3. 休闲农业与农家乐交相辉映

农家乐发展模式主要是农民将自己生产的农产品加工后提供给游客，属于传统意义上的近郊旅游。作为乡村旅游之地，自然离不开美食。绵竹年画村村民在家门口为游客解决餐饮问题，目前已形成以“殷牛排”“八大碗”为特色的乡村美食，游客在感受美景、体验乡村生活的同时也能进一步感受“舌尖上的绵竹”。来到年画村内每处农家乐，都能享受到以“殷牛排”“八大碗”为特色的乡村美食，川西坝子特有的风味美食，盛满幸福甘冽的美酒，小院里随处可见的年画，让游客在诗情画意里感受这份乡村悠闲。

此外，年画村通过开发当地特有的农产品，如孝泉牛肉来实现收益。绵竹年画村已建成具有观赏性的特色农产品采摘基地共计500余亩，其中50亩葡萄园、180亩桃园和梨园、30余亩热带水果园、100余亩贵妃枣园及170余亩的李子、草莓采摘基地，为游客提供休闲农业体验与乡村旅游产品（见图14）。同时，年画村每年都会举办灯光展、葵花节、菊展、郁金香展、荷花展、紫荆花展等节庆活动，每周末都会开展歌舞比赛、钓鱼比赛、自行车骑游、年画体验等活动，做到"四季有主题，月月有活动"，吸引了人气，树立了品牌。

图14　绵竹年画村——特色采摘活动

4. 文创产品开发如火如荼

乡遇画里·文创社区位于绵竹市AAAA级景区孝德镇年画村，这里文化璀璨，既有厚重的德孝文化、丰富的农耕文化，更有独特的年画文化。乡村振兴大潮中，年画村积极发扬优秀文化，以文化振兴带动产业振兴，带动人才振兴。截至2021年，年画村共有年画企业 15 家，年画作坊 20 家，年画从业人员 400 余人；2018 年年画产品销售额达 4000 余万元，年画村村民人均纯收入 18,765 元。

乡遇画里·文创社区位于年画村十九组，这里是年画的发源地，是年画艺人的聚集区，这里有国家级、省级“非遗”传承人 6 人，年画艺人 30 余人。年画村十九组的年画文化深植于农耕文化，民间艺人在农忙时，忙碌于田间地头，在农闲时，放下“锄头”就能拿起“笔头”进行年画创作（见图 15）。绵竹年画村抓住乡村振兴的契机，积极探索出了一条年画文化的创新路子，让乡遇画里·文创社区既能深植于泥土，也能在创新中纷呈。年画街坊 9 家作坊的创意年画产品琳琅满目，2018 年年画创意产品销售额达 2500 余万元。

图 15　绵竹年画村——年画产品制作现场

特色文化引领产业振兴，同时也能积极融入基层社会治理中。乡遇画里·文创社区注重将廉政文化、优秀传统文化和年画创作结合起来，让年画有内容、有创新，实现社会主义核心价值观、移风易俗、家风家训、村规民约等形象地传播。与绵竹年画博物馆合作，开发出刺绣年画、年画服饰、居家产品及十余种绵竹年画与彝绣相结合的文创产品，形成颇具市场竞争力的文旅产品，服务于社会，带动文旅产业发展。

为了满足现代人的审美需求，让绵竹年画更有活力，年画村将年画与刺绣、陶艺、蜡染等工艺结合起来，更在传统题材之外增添了现代元素，开发出了服装、抱枕、丝巾、雨伞、酒瓶等丰富多样的年画衍生品，为绵竹年画的发展打开了一条新路径。如今，年画村的年画产品除了畅销云南、贵州、陕西、甘肃、青海及四川各地，还远销印度、日本。源于民间、根植于民间的年画艺术，滋养和反哺着年画村的一方乡民，这就是艺术点亮乡村的最好方式。

（四）绵竹年画村“五干一分”的基层治理模式

年画村探索试点“五干一分”新治理模式，将传统年画产业发展的主导部门、基层组织、行业协会、经营主体、广大群众“五大主体”连接起来，各司其职、互助共赢，共同协力传承和发展传统年画文化，并通过绵竹年画这个特色产业让集体资产在“两项改革”中“不断弦、不掉链、不贬值、增收益”，铆足力气唱好壮大集体经济的“主旋律”，助推集体经济提质增效。

1. 文化推介部门干

充分发挥党委政府部门的主导作用，提炼绵竹年画文化所蕴含的思想精华和道德精髓，创作出“24 字核心价值观”绵竹年画公益广告、系列主题年画墙体公益宣传、“法律七进”口袋书等，积极推进文化资源优势转化为集体经济发展优势。

以画为媒展魅力。文化部门每年推荐年画企业、年画艺人赴国内外参展评选，参加大型文创活动，加大绵竹年画推介力度，通过传统媒体、自媒体宣传，扩大绵竹年画品牌知名度和美誉度。

引凤筑巢添活力。通过与四川省内文化院校合作，加强年画文化交流,在天一学院成立年画文化研究室,吸引更多文化学者、企业来绵竹市落户创作,在传承传统年画技艺基础上增加创意,丰富内涵。

珠联璧合增实力。推动年画村与成都商报、成都沈晓手电影公司等实力文企合作,共同开发"非遗"研学课目,推动年画文化与其他传统"非遗"文化实现多元文化碰撞交融、一体发展。

2. 平台搭建支部干

注重党建引领集体经济发展,建立年画村产业发展共建机制,党支部牵头搭平台,村民参与谋发展,统筹区域内年画企业、年画协会和年画艺人等多元主体,推进共建共治共享。该支部借"绵竹年画"这个金字招牌和乡村振兴东风,大胆探索发展路径,积极创新发展舞台,建立了"农闲堂"生产组织平台、"大师坊"文化创意平台,独创"党支部 + 协会 + 党员 + 群众"引领模式,以"年画艺人工作室"、"党员艺人孵化室"及"年画微党校"、"年画夜校"、"年画讲堂"等为活动载体,激活文旅资源优势,做精做细年画文化。在支部引领下,年画村艺人达成了发展共识、凝聚了发展合力,零散的年画作坊实现了抱团发展,年画产业走上了集群发展之路,建立起一套年画产、供、销的全产业链模式,让古老的年画元素融入现代生活,迸发出新的生命力。年画村老百姓也乘着文旅融合春风,紧跟支部发展步伐,开拓乡村旅游,建起跑马场、农家乐、花博园、水上乐园。2020 年年画村景区接待游客 190 余万人次,实现旅游收入 5500 万元,农村人均纯收入增至 26, 898 元。

3. 技术培训协会干

绵竹年画与其他"非遗"文化一样,其技艺往往是以"师徒相承""父子相传"方式传承,长期存在"单打独斗""各成一家"的现象，面临传承技艺后继乏人、年画产品结构单一、年画技艺创新不足等问题。近年来，年画村创新“绵竹年画”传承与保护，努力留住“非遗”文化之美。建立年画协会，增进艺术研究，加强探讨交流，让年画艺人走出世家“深闺”，让年画艺术走进百姓生活，让年画遗产活起来、走得远、传下去。依托协会资源，年画村组织年画大师、年画艺人对当地村民开展一对一、上门培训指导，利用农民夜校、年画讲堂等载体，聘请年画传承人担任讲师，组织村民定期开展年画培训，开办“技术微论坛”提升年画艺人创新能力，建立协会与学校合作机制，在学校开设年画课堂，在景区成立年画研习基地，形成了“农忙扛锄头、农闲握笔头”的生产组织方式，带动全村 1500 余人参与年画产业链。

4. 市场运作公司干

充分发挥公司的市场主体作用，建立年画公司联盟机制。年画村 13 家年画公司组建联盟，由联盟负责市场运作，根据订单情况及各年画公司产品特色进行订单合理化分配，采取产品合作、信息共享、抱团发展的方式开拓市场、创新产品，既提高整体竞争能力，又避免无序竞争，促进年画产业的健康发展。2019 年年画村成立村集体公司——年乡画里旅游发展公司，采取公司化运营方式，规范年画文化和旅游产业运行。

5. 订单生产村民干

建立“公司＋农户、公司＋订单”的分工合作机制。公司负责产业前端的设计和后端的推广营销，中端的生产环节由年画公司委托村民实施，公司进行技术指导和质量把关，村民只需按单生产、按件计酬，解决了村民后顾之忧。让村民实现了家门口灵活就业，既照顾了家庭又增加了收入，按人均每小时 1 张画，每张画赚取 8～10 元计算，村民每天工作 8 小时可获得 80 元劳动报酬。

6. 发展收益大家分

发展年画产业、壮大集体经济，助农增收才是出发点和归宿。年画村建立起了完善的公司、集体、个人利益共享机制，按市场原则分配产业发展收益，充分调动村集体经济成员积极性，增强村民发展集体经济的信心，共享集体经济发展成果。村集体公司成立后，年画村积极探索“年画艺人拿手艺换股份，村民拿遵规守约积分换股份，志愿者拿志愿服务时长换股份”思路，完善集体资产管理使用监督制度，用集体收益反哺村民就业、脱贫攻坚、助学助残和人居环境改造等公益事业，力图让村民成为最大受益者，实现了整个区域内的利益共享。

“五千一分”基层治理新模式实施以来，年画村成功创建为“国家 AAAA 级”旅游景区，被文化和旅游部评为“中国乡村旅游模范村”和“中国首批国家级乡村旅游重点村”，被农业农村部评为“中国美丽休闲乡村”，成功创建“四川省文化产业示范基地”“四川省乡村旅游创客示范基地”“四川省生态文明教育基地”。“五千一分”新模式发展壮大了村级集体经济，通过充分发挥部门、支部、公司、协会、村民等诸多社会主体在文化传承、产业发展、乡风文明、基层自治等方面的作用，构建起村域范围内多元化主体参与壮大集体经济发展模式，实现年画产业助推集体经济壮大、农民增收。一是要充分挖掘本土优秀传统文化的教育价值和商业属性，通过规模化生产让文化产业的审美效应转变为经济效应；二是要充分发挥基层党组织的引领带动和统筹作用，将区域内的多元主体、不同群体有机整合，实现最大同心圆；三是要明确制度、形成规范，通过制度和机制整合企业、协会、村民等主体，各司其职，切实形成合力推动集体经济发展和村民个体发展，形成共赢共享的良好局面。

（五）乡村振兴背景下发展年画产业对乡村风貌的改变

1. 经济发展繁荣

（1）推动产业发展。年画村大力发展观光农业和文化旅游，目前已建成 1140 亩葡萄、火龙果观光采摘园，引进成立年画企业 15 家，年画作坊 20 家，餐饮娱乐企业 34 家。2020 年年画村累计接待游客 135 万余人次，实现旅游收入 114, 610 万元。村集体年收入达 50 万元，村农民人均可支配收入达 26, 000 余元，远高于绵竹市农村人均收入，带动建档立卡贫困户 60 户脱贫增收。实现将文化资源优势转化为经济发展优势，形成合力推动村级集体经济发展壮大，村民共享发展成果。

（2）增加农民收入。2020 年，年画村居民人均可支配收入 26, 898 元，家庭经营性收入 13, 980 元，其中批发零售和餐饮业收入 10, 520 元，主导产业收入占农民家庭经营性收入的 75. 2%；全村现有年画企业及画坊 20 余家，乡村旅游企业及个体 200 余家。从事旅游及年画产品相关经营活动的农户有 2600 余人，占全村劳动力的 57. 6%，实现当地农户人均年收入增加 3500 元以上。

2. 文化发展自信

（1）增强了村民的文化认同感。结合时代要求，将厚重的德孝文化、丰富的农耕文化与独特的年画文化融为一体，以绵竹年画为载体，展示独具魅力的乡村文明。深入推进文化惠民，配套完善各类文化娱乐设施，培养文化专业人才。建设文化广场，配套健身锻炼器材、图书馆、阅报栏。从 2002 年起坚持每年农历十二月二十三日举办“绵竹年画节”，在历时一个月的活动中再现传统的民风民俗，同时融入了当代的表现内容，使传统民俗活动异彩纷呈。

（2）提升乡村德治水平。通过“晒家训、议村规”活动，营造浓郁的家风建设氛围，以“小家文明”构筑“大家风尚”，以“星级党员户”“五好文明家庭”等创建活动为载体，评选了一批“最美家庭”和“好媳妇、好孝子、好婆婆”等典范，引导村民群众向上向善、孝老爱亲、重义守信、勤俭持家。以村规民约、家风家规等道德激励约束机制，引导村民自我管理、自我教育、自我服务、自我提高，实现家庭和睦、邻里和谐，实现村规民约全覆盖。

3. 生态环境改善

（1）农村人居环境得到进一步改善，乡村旅游品质和定位得到进一步提升。年画村大力实施环境整治工作，农村生活垃圾收运处理体系得到不断完善，按照“谁污染、谁付费”的原则，落实农村保洁费收取和农村保洁员配备工作，着力治理农村环境“脏、乱、差”问题。打造年画村农村厕所示范点，引导推动农村厕所改造；建设农村污水处理设施，提高农村污水收集处理率。

（2）抓好新农村建设工作。“绿水青山就是金山银山”，年画村在推进生态振兴过程中，强化宣传，加大投入，高标准扎实推进美丽乡村建设。通过科学规划，将年画村建设成美丽新村示范点和乡村振兴经济热点，有效带动周边乡村社会经济发展和村民增收致富。

4. 组织建设完善

（1）加强农村基层党组织建设。选优配强村党组织书记，发挥其带头人的引领作用。将基层党建阵地规范化、制度规范化、服务规范化作为整体进行整体谋划，统筹推进。通过管育结合建队伍、产业党建促发展，常态化开展日常工作，建立保障机制，增强支部引领能力，助推乡村振兴。

（2）加强基层组织思想建设。结合“群众路线教育活动”“两学一做”“不忘初心、牢记使命”等主题教育活动，通过开展“三会一课”“农民讲堂”“微党校”等学习方式，加强农村基层党组织理论学习，提升党员群众的素质，增强党员群众发展生产的内生动力，党员群众“下牌桌、进讲堂、学技能、搞产业”，科学生产技能得到了全面提升，加快了乡村振兴的步伐。

(3)加强基层法治建设。开展特色课堂推动乡村法制教育，大力增强基层干部法治观念、法治为民意识，将政府涉农各项工作纳入法治化轨道。加大农村普法力度，提高村民法治素养，增强村民遵法学法守法用法意识。

(4)创新人才工作，发挥党在乡村振兴中的领导作用。要把好政治方向、建好基层组织、创新人才工作，就要坚持五级书记抓乡村振兴，打造一支高素质带头人队伍，把农村基层党组织建设成为推动乡村振兴的坚强战斗堡垒，培养造就一支懂农业、爱农村、爱农民的“三农”工作队伍。

(六)绵竹年画产业的保护现状

绵竹木版年画是首批国家级“非遗”代表性项目，在四川省有着深厚的文化底蕴和鲜明的地域特色，是绵竹市最亮丽的文化名片之一。绵竹木版年画包括起稿、刻版、印墨、上色等多道手工制作工艺和丰富的表现技法，内容广泛、题材丰富、构图饱满、造型夸张，通过活泼俏皮、诙谐幽默的构思充分反映了村民的精神信仰、文化心理和对未来美好生活的向往。

1. 年画传承保护基地情况

绵竹年画博物馆作为年画的传承、保护基地，建立以来创作了新年画500余件，50余件作品在展览中获奖，380余件作品在省以上报刊发表，年画作品分别由上海图书馆、中国美术馆、法国东方艺术馆等收藏，撰写年画相关论文80余篇。中央电视台等十几家媒体对绵竹年画进行了专题报道；各大出版社也作了广泛宣传，例如，文物出版社出版了《绵竹年画》画册、四川美术出版社出版了

《绵竹年画精品集》、珠江文艺出版社出版了《绵竹木版年画集》、中华书局出版了《中国木版年画集成——绵竹卷》；国家邮政总局还发行了《绵竹木版年画》特种邮票四枚。此外，绵竹年画还先后在美国、英国、法国、日本、我国香港特别行政区、我国澳门特别行政区、我国台湾地区等国家和地区展出，起到了很好的宣传推广效果。

2. 代表性传承人情况

绵竹年画博物馆对绵竹年画进行了系统收集、整理、创作、研究。到2020年，被命名为绵竹年画代表性传承人的国家级艺术家有1人、省级艺术家有2人、市级艺术家有12人、县级艺术家有12人。绵竹年画博物馆作为绵竹木版年画的保护单位，以《非物质遗产法》《四川省非物质文化遗产条例》《德阳市绵竹年画保护条例》为指导，坚持“保护为主、抢救第一、合理利用、传承发展”的指导方针，按照对绵竹木版年画进行全面传承保护的工作思路，开展了大量卓有成效的工作，取得了一定的成果，做到了“抢救有力，保护到位，传承有效”。

3. 对年画的保护措施和成效

（1）成立保护工作机构，完善基础设施

绵竹市成立了“非遗”保护中心、“非遗”工作领导小组、“非遗”文产股等机构，确保“非遗”工作有专人管、有专人抓。进一步建设完善了绵竹年画博物馆、年画传习所、年画大师工作室等基层设施，为绵竹年画的抢救、保护、传承、发展提供保障。

（2）构架传承人才体系，开展传承活动

积极开展各级代表性传承人的推荐、申报、评审和认定工作，构建梯级传承人才体系。大力支持传承人开展传承传习活动，在绵竹部分乡镇、绵竹年画村、绵竹年画博物馆建立传承基地、设立传习所、传习教室,常年开设年画培训班,请国家级、省级年画传承人及省内外专家学者对学员进行免费培训和分类辅导(见图16)。同时给大、中、小学校研学活动提供实习体验场地和服务,将确有天赋、成绩优秀的学员推荐到年画生产单位或年画企业就业。在遵道年画传习所、孝德年画村、年画博物馆建立传习基地,与绵竹市人社局联合进行职业技能培训。鼓励热爱绵竹年画的年轻一辈的优秀艺人,以个人、家庭或企业为单位,传承发展年画文化。通过培养传承人才带动了年画村的村民从事家庭绘画生产,不仅实现了农民的增收致富,而且拓宽了对"非遗"项目保护的途径。

图16　绵竹年画村——年画培训

(3)举办特色民俗活动,促进年画宣传

从2002年起,绵竹市采取政府推动、社会参与、市场运作的方式,成功举办了二十届绵竹年画节。通过开幕式表演、《迎春图》大型巡游、年画精品展销等特色民俗活动,为绵竹年画的保护、宣传和推广提供广阔的舞台(见图17)。2019年第十八届年画节在成都市宽窄巷子设立分会场,浓郁的年画氛围和精彩的展示展演活动充分诠释了"年画重回春节"对于百姓文化生活的重要意义。2020年和2021年,年画节活动也按时按序地开展,绵竹市通过网络直播和互联网线上活动等新媒体方式进行推广宣传年画。

图17　绵竹年画村——端午公益文化晚会

(4)运用法律武器,筑起安全防护网

2017年,绵竹市全面开展版权登记工作,大量绵竹年画作品进入了版权登记保护。同年,绵竹年画立法工作纳入德阳市地方性立法规划,截至2019年,《德阳市绵竹年画保护和发展条例》已经四川省人大审议通过,并于2020年1月1日颁布实施,使绵竹年画的发展得到了有效的保障。同时,"绵竹年画"地理标志申请已提交至国家知识产权局。

(5)推动馆校合作,开展年画进校园

按照文化和旅游部及省市文化和旅游厅的要求,积极与教育部门合作,全面落实"'非遗'进校园活动",组织年画专家、年画传承人及民间艺人编写《绵竹年画》校本教材,培训年画师资;绵竹市中小学专门设置年画课程,年画正式进入课堂。"非遗"进校园活动极大地丰富艺术教育内涵,深挖掘"非遗"育人功能,突出优秀传统文化活态传承。另外,积极与四川大学、北京外国语大学、绵阳师范学院、四川音乐学院等高等学府建立合作关系,提升年画理论研究和艺术水平。

(6)进行理论研究,建立科学体系

通过实地调查,收集田野资料,整理藏品资料,进行保护研究;走访老艺人,进行技艺研究;进行"非遗"方面的科学理论研究,编辑出版传承人传记、中小学校校本教材等10余部书籍。召开"年画与民俗"学术研讨会和绵竹木版年画生产性保护工作会,对绵竹木版年画的"非遗"特征,以及对年画在民俗中的运用、在生产性保护中的运用进行探讨研究,建设绵竹年画的理论体系。

(7)利用年画产业,助力脱贫攻坚

绵竹年画博物馆组织专业创业团队创研、开发出刺绣年画、年画服饰、居家产品等;对民间年画艺人及作坊进行专业的技术支持和指导,使"非遗"项目源于民间,服务于社会;常年开设年画技艺培训班,推荐优秀学员到年画企业就业,鼓励进行家庭式绘画生产,对贫困户进行更多的指导和推荐,大大提高了农村闲置人员就业率。

(8)发展年画产业,带动乡村振兴

按照关于推动中华优秀传统文化创造性转化、创新性发展的重要指示精神,近年来绵竹市依托绵竹年画,大力发展年画产业,助推农民增收致富。特别是通过“五干一分”模式，积极动员四汇斋、三彩画坊、陶板年画、轩辕年画等特色文创企业参与乡村文化振兴，助推特色产业振兴。创建了“农闲握笔头，农忙扛锄头”的农村生产生活新模式。群众通过年画制作生产和销售实现收入增加。

(9)融合乡村旅游，助推乡村振兴

为认真贯彻关于做好中华优秀传统文化传承保护的重要指示精神，深挖“非遗”年画魅力，加快文旅融合步伐，始终坚持把年画文化与旅游融合发展作为高质量发展的转型重点和主攻方向，着力打造了年画村、年俗村、棚花村等一批特色村落社区，形成了以传承德孝文化带动乡风文明，以文化振兴带动乡村振兴为特色的农文旅融合发展的新模式。目前保持了良好态势，取得了可喜的效果。绵竹市全市平均每年共接待游客 100 万人次，实现旅游总收入 50 亿元。年画村相继荣获“国家 AAAA 级旅游景区”“四川省省级文化产业示范基地”“中国乡村旅游模范村”“中国美丽新村”“四川省乡村旅游创客示范基地”等称号，成为“非遗”文化助力乡村振兴的典型案例，得到各级政府部门的充分肯定。

4. 胡光葵馆长针对年画保护提出建议

乡村振兴调研小组实地走访绵竹年画博物馆，与绵竹年画博物馆胡光葵馆长进行了深入交流。胡馆长认为，绵竹年画是绵竹市一张亮丽的名片，是绵竹市绘制美好明天的一个重要元素。绵竹年画博物馆作为绵竹年画保护与发展的基地，作为绵竹对外交流的窗口，在新时代、新起点、新任务的形势下，将担负更多的职责与工作。一个地区的经济若想得到可持续发展，没有文化的支撑和促进是绝对不行的。年画艺术既是传统的也是时尚的，必须在内容、形式、载体、包装、宣传等方面不断创新，不断满足现代人的审美情趣。将年画艺术的符号注入思想观念,使其与现代生活紧密结合。在宣传年画的过程中,加深了和村民之间情感上的交流,提高了村民的文化认同感。胡馆长认为,绵竹年画要发扬光大并深入利用,既不能完全改头换面,也不能照抄照搬,关键要创新、与时俱进,把传统的做成现代化的;重点是找准社会需要,以社会需要为指导,不断开发出具有时代前景的新年画。

针对年画的发展和宣传,胡馆长建议具体做法如下:(1)创新机制,实现年画的艺术创作和生产经营的协调、管理,建立一支懂市场、精管理的营销队伍,形成年画的规模化良性发展;(2)引进人才,加快人才的柔性流动,加强年画创作水平的提高,创作出高水平的艺术作品,提高档次,推向国际;(3)利用各式各样的文化节庆活动,依靠企业的促销宣传,将年画的形式融入企业文化,由政府给予政策性的扶持,加强年画产业的造血功能;(4)保护传统年画的精髓,利用其内涵搞好创新,立足于本地特色,打造独特的文化品牌;(5)增强交流,加强与各年画产地的信息互通,取长补短,开展联合的推介活动,丰富各式品类,满足广大消费者的不同需求,以占领更大的市场;(6)建设统一的大数据管理平台,实现数据共享,创新合作机制,提高积极性。

5. 经验启示

(1)政府的主导作用不可缺失

在绵竹年画的保护工作中,绵竹市人民政府一直将非物质文化遗产传承保护工作纳入本级国民经济和社会发展规划,将传承保护经费列入本级财政预算,并出台《绵竹市特色文化产业发展奖励补助办法》以支持绵竹年画的发展。绵竹市人民政府充分发挥主导作用,将"中国民间文化艺术之乡"建设列入工作规划,投入大量资金建设"绵竹年画馆",打造"中国·绵竹年画村"、年画街坊、年俗村等，举办“绵竹年画节”品牌文化活动，推进年画立法保护等，这些都为绵竹年画的保护和发展提供了有力保障。

(2)创新是保持旺盛生命力的根本

绵竹年画发展历史源远流长，要继续保持其蓬勃的生命力则必须创新发展。多年来，绵竹年画保护工作者、传承人、艺人在传统年画的基础上进行开拓创新，走出了一条创新之路。①在内容、形式、载体、包装等方面不断创新，开发出刺绣年画、陶版年画、年画服饰、年画玩具等系列产品1000余种，获得很大的市场竞争力；②加强绵竹年画与数字化技术、动漫、影视、微电影、新媒体等的合作，制作出连续剧《年画传奇》、社会主义核心价值观动漫片《年画村的故事》、歌曲《竹娃娃，绵妹妹》等作品；③积极与装饰材料、汽车领域、体育运动等跨行业的合作发展；④注重主流价值观的融合，创作出廉政年画、法制年画、弘扬社会主义核心价值观公益年画、宣传党的十九大公益年画等系列作品。

(3)突出人才培养是重中之重

“非遗”的保护和发展离不开人才的培养，青黄不接、人才断代等是“非遗”保护工作中的共性问题。在多年的工作中，绵竹市注重梯级传承人才体系的构架，进行各级代表性传承人的推荐、申报、评审、认定工作，形成“老中青”传承体系；加强传承人群培训，每年开设培训班10余个，培训人数达600人次。

(4)“非遗”保护离不开产业发展

只有加强“非遗”自身的造血功能，根植于特色文化开拓创新，立足产业发展并不断壮大，最后形成产业化，才是推广年画艺术的最佳途径，也是延续其生命力的最好方法。绵竹市打造了“中国·绵竹年画村”、年画街坊、盛世华章年画一条街、剑南老街(以绵竹年画为文化元素)产业发展链，促进了绵竹年画产业的壮大发展。

绵竹年画产值平均每年达 4000 余万元，直接或间接从事年画创作的人员达 1500 余人，带动数千户老百姓增收致富，涌现出以四汇斋、三彩画坊、轩辕年画等为代表的年画企业 30 余家，形成了蓬勃发展的年画产业。

6. 绵竹市人民政府下一步工作计划

为更好地保护和传承绵竹年画，使绵竹年画事业创新发展，2021—2026 年的五年内绵竹市文化体育广播电视和旅游局将展开以下工作：一是主动培养传承保护工作的人才，加强年画博物馆提档升级，进一步完善博物馆保护、传承、整理、研究、创作、宣传、推广的功能。二是进一步加强数字化建设，利用“非遗”专项资金进行代表性传承人抢救性保护记录、传承人口述史记录，加强古版整理复制，建立传承人名录库，建立传统年画、年画古版资料库；坚持创新，促进发展：一方面，从绵竹年画作品本身寻求创新，创作出更多的新年画和年画衍生品，满足现代人生活审美情趣，获得市场竞争力；另一方面，在市场营销、商业模式、科技运用等方面寻找长效发展的可能性，形成年画生产的规模化；再一方面，加强与数字、动漫、新媒体的合作应用，寻求新的发展空间和推广途径。三是坚持办好品牌文化活动“绵竹年画节”，在坚持搞好市域内年画节各项民俗文化活动的同时，要争取开设更多如成都宽窄巷子这样具有重大宣传影响效果的分会场，将活动推广到成都等新一线城市，为绵竹年画发展提供更高的平台。四是加强对外交流合作，与全国其他年画信息互通，取长补短，开展联合推介活动；积极参加各级各类民俗艺术展演活动，寻求更多的合作发展，走出国门，走向国际。

党的十九大提出的重要的国家战略之一——乡村振兴战略，重点在于调整优化乡村人“一地一业”耦合关系和城乡要素配置格局，强化乡村地域系统的功能和弹性。中国特色社会主义进入新时代，新时代对我国社会经济发展提出了新使命和新要求。回顾绵竹市的乡村发展历程，无不是把系统推进乡村建设摆在全市依法治理现代化建设最为突出的位置。绵竹市的发展深化实化乡村振兴战略规划，按照全面建设现代化国家的总要求制定绵竹市乡村振兴发展策略和乡村建设具体行动方案，在乡村基础设施、公共服务、产业发展、人居环境等方面不断投入，激发了乡村的内生动力、发展活力和整体竞争力，从而走出了如今质量高、效益好、结构优的乡村发展道路，也成为其他地方乡村发展学习的典范。年画村在乡村振兴发展过程中不断吸引四方游客，绵竹年画的舞台已经很大，并将变得越来越大。如今，年画村中的村民安居乐业，他们不仅是年画的制造者，也是传统技艺的传承者，更是乡村振兴战略的践行者。目前年画村已经形成了“一街十三景”的繁荣景象。绵竹，不负千年，不负游客，绵远河畔，一方全新的乡村风貌正点亮人们向往的“诗和远方”，成为新时代乡村可持续发展的重要典型。

五、绵竹市九龙镇社会资本与乡村振兴融合模式实证研究

（一）社会资本引入与乡村振兴的融合

党的十九大提出实施乡村振兴战略，要求从根本上解决围绕农业、农村、农民的问题，真正意义上实现“产业兴旺、生态宜居、乡风文明、治理有效、生活富裕”的目标。但实施乡村振兴战略仅依靠财政“输血”不足以维持农村经济持续、快速发展，只有引导社会资本成功进入农村，发挥社会资本作用，才能充分挖掘农村资源，促进农村资源增值，帮助农民增收。《中共中央、国务院关于坚持农业农村优先发展做好“三农”工作的若干意见》中明确鼓励社会力量参与乡村建设，助力农村经济发展。

近年来,社会资本引入一直是社会各界关注的重大问题,社会资本作为乡村振兴的五大要素之一,在乡村振兴战略中具有举足轻重的作用,社会资本的引入情况关系乡村振兴的全局。但综观全国各地社会资本引入情况,社会资本进入农业农村领域的积极性并不高。为助力乡村振兴发展,政府应综合运用财政、金融、税收等手段,破除社会资本下乡的痛点、难点,着力引导社会资本的“源头活水”流向农村农业等相关领域,实现乡村振兴。四川省德阳市绵竹市人民政府在社会资本引入方面开拓创新,积极作为,取得了阶段性胜利,绵竹九龙山—麓棠山景区低空运动小镇是农业农村领域成功引入社会资本的一个典型案例,具有重要的借鉴意义。

(二)绵竹九龙山—麓棠山景区低空运动小镇社会资本引入现状

1. 合理的开发规划与健全的基础设施

九龙山滑翔运动基地位于绵竹市九龙镇新龙村。绵竹市九龙镇是全国特色景观旅游名镇、国家级美丽宜居小镇、国家级生态镇、省级旅游度假区、省级森林小镇、德阳十大魅力、乡镇省级旅游度假区、省级乡村游示范区,是九龙山—麓棠山国家AAAA级旅游景区的核心区域。绵竹市九龙镇下的新龙村将自然和人文资源融合,打造出九龙山—麓棠山景区低空运动小镇,距绵竹市城区6公里,辖区面积4.5平方千米,辖13个村民小组,共1117户,合计2215人。区域内水体洁净、空气清新、土壤肥沃,耕地面积达2575.6亩。村域范围内海拔落差达800米,位于成都平原边缘,与龙门山脉接壤,沟壑水系丰富,植被覆盖率达98%,空气质量远远优于国家标准。新龙村是中国理学大儒张南轩的诞生地,拥有深厚的南轩文化历史底蕴,现有读书台等历史文化遗址。目前已建成国家AAAA级九龙山—麓棠山旅游区、“画境绵竹 · 九龙里”乡村旅游综合体、花宿·花厢九龙山院子轻奢旅游度假酒店、九龙山中国航空飞行营地、九龙山定向运动公园、高科技农业示范园和田园绿道等旅游综合体。通过全域旅游的打造,现已成为全国知名且极具地方特色的农文体旅融合发展的休闲运动村。

新龙村地处绵竹市全域旅游规划的重点区域,现有《四川省绵竹市全域旅游总体发展规划》《九龙山山地运动公园总体规划》《"画境绵竹·九龙里"乡村旅游综合体规划》,发展规划详细合理。新龙村2013年被四川省人民政府评为环境优美示范村庄,2014年被四川省人民政府评为"卫生村"。

全村全部饮用自来水,推广使用天然气,户户通电。邮电通信100%覆盖。环保设施齐全,全村2019年新增垃圾桶100个,垃圾转运车4辆,配专职保洁员6名。新龙村建设有全镇的污水处理厂,负责对全村的污水进行无害处理,定期举行全村大扫除清洁卫生。新龙村现有旅游停车场6处,共有停车位600余个;旅游厕所7处;已建成国家AAAA级旅游景区九龙山—麓棠山旅游区游客中心,中心集游客咨询、景区医疗、景区安全、景区管理等多种功能于一体;根据AAAA级旅游景区要求,完善了各项旅游标识和警示牌系统;修建了杨家老堰、熊猫驿站等5处游客游憩设施,具备停车、休憩、游玩等多种服务。

2. 九龙山滑翔运动基地发展现状

九龙山目前是全国最优质的综合滑翔伞运动基地,是四川航校挂牌的滑翔运动培训基地,也是德阳地区最大的滑草运动中心,2019年被国家体育总局正式命名为中国航空飞行营地,并成功举办过2016年中国滑翔伞定点国家队选拔赛、2017年全国滑翔伞定点联赛、2018年四川省滑翔伞定点联赛。2019年承办了第十届国际航联世界滑翔伞锦标赛国家队集训,在九龙滑翔基地闭关集训的国家滑翔伞运动员们在世锦赛中斩获 1 金 1 银。全年开展滑草休闲运动、滑翔伞飞行体验、教学考核培训和赛事集训广告飞行等活动。

(1)中国九龙山航空飞行营地

九龙山航空飞行营地在建设过程中得到了省体育局的大力支持和指导。2012 年 11 月 9 日,省航协、市体育局、绵竹市委等相关部门领导专门对基地进行了考察座谈,2013 年 3 月,国家航协主任王永利在省航校领导的陪同下也亲临基地进行了实地考察,他们均表示九龙滑翔运动基地十分适合开展滑翔伞运动。自 2011 年以来,九龙山滑翔基地已成功举办 11 场滑翔活动,在滑翔运动界产生了不小的影响。依托滑翔产业的发展,辐射周边多个区域,对当地的经济、文化和社会等各个方面都产生了积极影响。不仅如此,滑翔基地的建设还创造了很多就业机会,极大地缓解了当地的就业压力。

(2)九龙滑草场

九龙滑草场是户外拓展训练基地和中国滑翔伞运动基地(见图 18)。九龙滑草场位于国家 AAAA 级九龙山旅游风景区核心区域,是德阳地区最大的滑草及户外休闲运动中心。滑草场占地 160 余亩,总投资 1300 余万元,紧临绵竹沿山旅游公路,距汉旺地震遗址、剑南春麓堂温泉中心、土门玫瑰谷和中国绵竹年画村都在 15 公里以内。滑草场背靠九龙山跑马岭,前览绵竹平原美景,空气清新,视野开阔,风景秀丽。

图 18　九龙滑草场

现开展有四轮滑草车、履带滑草、草地悠波球等草地运动项目，还开展有真人 CS、水上步行球、热气球、射箭、弹跳飞人、三维太空圈、户外自助烧烤、露营、攀岩、风筝、羽毛球、高尔夫球练习场、棋牌茶水等户外运动休闲项目（见图 19）。为更好地配合旅游，滑草场还开设了滑草场餐厅，能同时接纳 100 余人，并提供时令山野菜和地方特色餐饮。每到节假日，九龙滑草场人满为患，很多家长自驾游带着孩子前来游玩，在这里能感受不一样的亲子关系，吸引了众多游客前来体验。

图 19　九龙滑草场景区——骑马场

3.社会资本引入的开发运营模式

九龙山滑翔运动基地以“国有平台公司+专业合作社+社会投资+村民参与”的特有模式运行，主要投资商有绵竹市金申投资集团有限公司（国有）、绿地博大绿泽集团有限公司（民营集团公司）、上海瀚源文化创意发展有限公司（全国连锁酒店管理公司）、绵竹市九龙跑马岭旅游投资有限公司（集体）、龙门山专业农业种植合作社（合作社），绵竹市九龙跑马岭旅游投资有限公司（集体）负责对区域内旅游资源进行优化整合，充分挖掘旅游资源潜能，不断拓展体育旅游市场，壮大体育旅游产品领域，促进九龙山旅游区又快又好发展。

绵竹市九龙跑马岭旅游投资有限公司下设综合办公室、低空运动产业部、计划财务部、人力资源部、安保部、营销部、规划建设部。公司制定有一整套规章管理制度，特别是对滑翔运动有专门的管理办法和要求。公司拥有一支经验丰富、业务过硬、服务周到的高素质管理队伍和业务人员。凭借良好形象和沟通协调能力、丰富的旅游经验管理经验、专业的行业操作规范，同时还设立了绵竹市九龙跑马岭旅游投资有限公司党支部和工会，进行规范组织管理。除此之外，当地村民也积极参与到九龙镇滑翔运动基地的运营中，“国有平台公司+专业合作社+社会投资+村民参与”的特色运行模式取得了良好的成效。

（三）辐射当地乡村产业发展

1.挖掘当地乡村文化内涵，发展特色民宿产业

民宿的发展充分挖掘了九龙南轩理学文化，在九龙里乡村综合体内设计、修建南轩驿站，把南轩文化精髓展示给游客。利用村集体闲置资产——九阳砖厂窑洞，通过文化创意，打造成为窑洞餐厅和民宿，在窑洞上方修建无边泳池，吸引越来越多的外地游客前

来体验。九龙镇新龙村现有各类民宿 22 家，拥有 500 余个住宿床位，主要分布在新龙村场镇所在地、国家 AAAA 级九龙山—麓棠山旅游区和“画境绵竹 · 九龙里”乡村旅游综合体内，环境优美、空气清新，风格各异。其中较为典型的有：

(1)绵竹 · 花宿

位于四川省绵竹市九龙镇新龙场镇，距离绵竹市区 6 公里，距离德阳市约 37 公里，距离绵阳市约为 54 公里，距离成都约 80 公里，距九龙山旅游景区约 1500 米。项目总建筑面积为 5004 平方米，利用水街现有建筑进行改造，结合地方特色，打造出富有地方特色的主题民宿聚集区，焕发着区域魅力。

(2)花厢 · 九龙山院子

位于“画境绵竹 · 九龙里”乡村旅游综合体，项目总投资为 6200 万元，是一座集绵竹文化展示和传播、主题艺术体验、休闲度假生活于一体的度假型乡村酒店。建设有砖窑餐厅、艺术画廊、田园无边泳池、乡村酒吧、艺术主题客房等，拥有 12 间砖窑亲子客房、46 套庭院客房。项目运营后，从四个层面提升了“画境绵竹 · 九龙里”乡村旅游综合体的服务功能：在品牌层面，花厢将引入全球奢华酒店(Small Luxury Hotels of the World，SLH)、璞富腾(Preferred)、罗兰夏朵三大国际酒店联盟之一，以国际星级酒店服务标准，提升绵竹旅游酒店品牌和市场影响力；在文创层面，九龙山院子将成为绵竹乡村文化艺术体验和文化传播的新客厅；在功能方面，将有效填补绵竹乡村度假、夜间旅游生活的空缺；在区域带动方面，花厢将与子品牌花宿、景区旅游联盟联动发展，共享文化和服务配套。

(3)绵竹绿道①号营地

绵竹绿道①号营地是绵竹市依托绿道系统构建完善生态运营

系统的首批示范营地,面朝九龙塘,背靠九龙山,由三个集装箱拼装式低碳材料组成的住宿休憩系统。采用目前最为流行的微信扫码授权管理服务方式,在为游客提供舒适自然住宿空间的同时确保游客的私密性和安全性。

目前民宿发展存在三种模式。其一,上海翰源文化创意发展有限公司与绵竹市人民政府平台投资公司全资投资的花宿网红酒店和花厢·九龙山院子轻奢度假酒店民宿,采用资产国有、委托管理经营、利润分成景区管委会监管的模式;其二,由外来民宿经营业主与本地村名合作,采用租赁村民房屋,业主投资打造小型民宿,提供住宿餐饮聚会等服务,即采用租赁费用包干,业主自负盈亏,景区管委会与村委会监管的模式;其三,由本地村民自发改造自家房屋或部分房屋,提供定制住宿和餐饮服务,采用村民自负盈亏,村委会监管的模式。在这三种模式下,当地的民宿发展极大地带动了经济的发展。

2.“画境绵竹·九龙里”乡村旅游综合体

“画境绵竹·九龙里”是绵竹市在“农文旅”融合发展中推出的乡村旅游综合体品牌,通过乡村绿道体系建设,将特色小镇、现代农业观光体验园、特色民宿、绿道服务系统等要素集成,形成“特色小镇+农业体验园+绿道系统+田园社区”的发展格局。九龙里段绿道系统以“熊猫骑行”为文化元素,全程3.5公里,投资1100万元,通过田野景观、乡舍景观、花海景观、河道景观、水塘景观、园区景观、民宿景观、营地景观,构建骑行道路的景观特色,营造主客共享的良好氛围,助推乡村振兴和人居环境的改善,响应省委提出的“观光游”向“休闲体验游”的转变。

九龙里驿站是绵竹市建成的首批驿站系统的Ⅰ级驿站,不仅能满足游客餐饮、停车、自行车换乘、休憩、服务咨询需求,还为游客提供购物、医疗、消防、维护等综合服务，大大提升了绵竹旅游的服务质量和档次，提高了“酒乡画境·美丽绵竹”的知名度和影响力，树立了良好的旅游城市形象。

熊猫茶舍是利用原有的集体资产，通过绿道体系和景城一体廊道建设，植入大熊猫元素而构造的一个微生态熊猫主题休憩空间。

杨家林盘位于“画境绵竹·九龙里”绿道沿线重要节点，通过“美丽乡村”项目投入资金50万元，对13户农户住房进行风貌改造。杨家茶庐是利用闲置村集体资产，植入大熊猫元素，注重对花草竹木的运用，结合竹亭、亲水池塘等打造的休闲场所，现已租赁给业主开展旅游配套服务经营，盘活了闲置资产，提高了村集体收入。

3. 高科技农业示范采摘园区

依托四川乡村振兴农民大学落地九龙，以实训基地农业示范园为教学示范点，打造优质农产品品牌，猕猴桃、早熟优质梨等特色农产品享誉四川全省。现村域内还拥有省级农业示范园区，带动周边万亩猕猴桃、葡萄、梨树、竹笋、山药、紫薯特色农业经济种植基地，常年提供农事体验、绿色采摘等旅游产品。

4. 特色美食和节庆活动

新龙村由于地处平原与山区交接地带，物产丰富，形成了以竹笋烧鸡、山药煨汤、山乡野菜等为特色的乡村美食。除国家法定节日以外，每年还举行“中国绵竹年画节”“梨花节”“莲藕节”“消夏避暑啤酒节”，每逢节日，不仅有美食相伴，还有丰富的乡村文艺演出助阵。

（四）特色的利益联结模式

通过充分发挥镇村行政统筹推动作用、龙头企业的示范带动作用、贫困户的积极主动作用，建立以下四种利益联结模式：

1. 订单合同型利益联结。龙头企业通过与村民签订农产品产销订单合同的形式实行联结，包括交售农产品的品种、质量、时间、收购价格，以及承诺的服务内容和项目等实现利益分享。

2. 服务协作型利益联结。龙头企业发挥自身优势，介入村民的生产过程中，自建生产基地，负责为村民提供农资供应、品种技术、市场信息、产品营销等优质服务；村民负责向龙头企业提供农产品，实现双赢。

3. 流转聘用型利益联结。村民将土地经营权流转给龙头企业合作社，每年获得稳定的土地经营权流转租金，龙头企业则通过土地经营权流转扩大生产经营规模。村民在龙头企业务工，成为产业工人，赚取相应的劳动报酬，从而获得比较稳定的收入。

4. 股份合作型利益联结。鼓励贫困户以土地等资源经营权、财政扶贫到户资金、扶贫小额信贷资金以及折股量化到户的集体资源、资产、资金等入股新型农业经营主体，或采取托管、托种、托养、代管、代种、代养等模式，实行“保底收益 + 按股分红”。

（五）成功的经验做法

积极促进就业，组织专业技能培训。为促进村民就业和创业，村委会定期组织村民参加市人社部门和旅游部门组织的厨师和乡村旅游服务人员的技能培训；赴外地学习考察，例如，组织有意投资发展乡村民宿的村民前往德阳、成都等地实地考察学习；与大专院校、旅游企业签订合作协议，例如，以村委会的名义与景区管理公司九龙跑马岭旅游投资有限公司和四川文化传媒职业学院（绵竹校区）签订合作协议，为本村村民和返乡创客提供专门辅导和帮助，包括为网络电子商务销售、旅游农家乐、农业专业种植与养殖等多行业提供指导和帮助。积极鼓励外出务工人员返乡创业，并根据情况给予土地经营权流转、补助资金、金融咨询、政策走向等方面的帮助和奖励。

2019 年全村经济收入达 2000 万元，经济收入近 3 年平均递增 6.0%。村集体经济收入超 100 万元。“画境绵竹·九龙里”乡村旅游综合体以“特色小镇 + 农业体验园区 + 绿道系统 + 田园社区”为核心，形成了以现代农业采摘体验园带动农业和旅游业的发展，以特色驿站和营地系统建立集公益和运营于一体的绿道生态链，以盘活川西林盘资源带动农民增收和集体经济发展等特色亮点，旨在打造一条有机天成、水绿原镶的绿道和一种集大众性、趣味性和运动性于一体的新型运动休闲方式。

搭建智慧乡村旅游平台。开设九龙镇新龙村旅游公众号，推荐新龙村的吃、住、行、游、购、娱等全方位旅游信息，并定期推送旅游节庆活动推文，公布村旅游投诉管理电话，建立旅游投诉管理处理机制，及时回应游客在网络平台的留言和建议。目前智慧旅游建设已经纳入全市的智慧旅游管理平台，通过全市的智慧旅游实时监管重要旅游节点人流量，并根据要求及时处置道路拥堵等突发状况，目前已设立低空运动乐园、游客中心、九龙里三处游客信息监控点。利用 1 年时间建立起九龙镇新龙村民宿服务平台，实时预定和公布剩余民宿房间数量、位置、环境和价格等信息；在主要旅游景点入口设置二维码电子导游讲解，将项目本身的资讯和周边的配套设施一并告知游客。

积极组织市场宣传，注重品牌培育。新龙村地处国家 AAAA 级旅游区的核心区域，由旅游公司宣传营销部统一负责对外宣传推广工作。制作拍摄新龙村宣传视频和图片，积极组织本村的旅游企业参加景区对外营销和宣传。目前在新龙村已培育出“绵竹·花宿”“九龙山院子”“龙门山”“碧丰园”“九龙滑草场”“九龙山滑翔”等一系列本土企业品牌。

从九龙镇乡村发展的过程中可以看出，绵竹市人民政府积极强化政策扶持引导，完善基础设施建设，强化公共服务，为撬动社会资本进入农业农村领域打下坚实的软、硬件基础；积极探索涉农领域相关项目合理回报机制，增强项目对社会资本的吸引力；建立健全激励机制，撬动社会资本投向农业农村；创新社会资本进入涉农领域模式，健全企业与农户的利益联结机制。绵竹市人民政府成功将绵竹市九龙镇打造成当地农民美好生活开始的地方，提高了当地居民的幸福感、获得感和满足感，值得每个地方政府借鉴学习！

第二节　以基层法治治理为依托的探索

一、夯实基层治理基础，促进乡村振兴的实现

实施乡村振兴战略是一篇大文章，要统筹谋划，科学推进。[①]在这篇大文章中，总书记要求“建立健全党委领导、政府负责、社会协同、公众参与、法治保障的现代乡村社会治理体制”。毫无疑问，乡村振兴与现代乡村社会治理体制之间存在正相关关系——乡村治理好即是乡村振兴中的关键篇章。就实质内容或目标而言，要建立健全现代乡村社会治理体制须围绕农业农村现代化的主线展开；就实现路径而言，要坚持党的全面领导，就要将党的路线方针政策转化为国家法律，使之在法治轨道上良好运行，达至善治的治理目标。在法治轨道上如何高效完成乡村治理体系和治理的现代化是我国实现乡村振兴道路上的关键议题，而这既要从法律运行

① 参见《习近平参加山东代表团审议》，中央电视台新闻联播(2018年3月8日)。

的全过程来把握，还要与乡村治理实际相结合。只有符合地方实际，才能产生好的治理效果。就立法而言，2021 年 6 月，《乡村振兴促进法》正式颁布实施，这是党中央关于乡村振兴重大决策部署的法律体现。从地方实际来看，在统一的治理体制下，地方的自主性、积极性既源自上级的工作要求，又来自群众对法治社会的期待。

（一）乡村治理法治化面临的主要问题

就国家全局而言，建立健全现代乡村社会治理体制是建设法治社会的题中之义。2020 年 12 月，中共中央印发《法治社会建设实施纲要（2020—2025 年）》，强调"法治社会是构筑法治国家的基础"，明确要求"提高社会治理法治化水平"。因此，如何有效提升社会治理法治化水平成为当前乡村治理实践的重点问题。

从四川省来看，成渝地区双城经济圈建设不仅是促进治蜀兴川再上新台阶的重大部署，更是具有决定意义的重大国家战略。成渝地区双城经济圈建设是习近平总书记亲自谋划、亲自部署、亲自推动的重大决策。推动社会治理法治化水平显著提高是成渝地区协同发展、营造一流法治环境的重要目标。四川省绵竹市位于成渝地区双城经济圈内，理应是承担着国家重大发展和改革开放战略任务的重要地区，其为创新建设法治社会提供了基本空间与实践环境。四川省绵竹市依法治市的实践中，如何在依法改革的基调下进一步充分发挥"先行先试"的创新作用成为需要理顺、讲透的重大实践问题。

在法治社会建设的背景下，基于四川省绵竹市依法治市乡村治理实践，围绕如何贯彻落实自治、德治、法治的"三治"融合理念，如何在法治国家、法治政府、法治社会一体建设中构建乡村治理法治化的运行、保障及协调的机制体制，如何实现社会治理效果最优化等问题,梳理乡村治理的基本结构与功能,分析社会治理的法治逻辑,解释乡村治理秩序的观念基础与法治制度安排,并尝试提炼国家级新区社会治理实践的中国经验、中国原理、中国理论。

(二)关于基层社会治理的既有研究

从目前国外关于社会治理的研究来看,主要呈现出以国家与社会关系为中心,分析国家治理与社会治理的特点。一方面认为国家治理与社会治理是相对的、各自独立的治理领域,但二者具有本质上的一致性,社会治理实则是强化国家治理。另一方面在国家与社会关系类型中,梳理了国家优先、社会优先及国家社会合作三种理想型关系结构,以此来研究基层社会治理的路径。其中,有些学者通过分析社区内权力结构及其资源分配,将"权力"引入社区治理研究中,并提出了"多元治理"理论,"多元治理"与"精英治理"至此成为社区(社会)治理的基本类型。

我国则以党组织和政府与社区治理的关系为研究重点,较为集中地研究党政主导型治理的作用、功能,通过个案研究社区党组织能力建设、组织功能、组织设置及行动模式等。在法律变革与社会变迁关系中,探寻法治社会建设路径。主要从三个方面展开研究:(1)对法治社会建设进行宏观分析。有学者认为,法治社会是"公权力运作系统之外的社会生活的法治化",并对目标任务、建设路径、行为限度、功能发挥及参与主体等进行研究,从总体上强调了法治社会在法治中国建设中的优先性。(2)通过"枫桥经验",积极凝练基层社会治理中的中国智慧和中国方案。"枫桥经验"集中体现了基层社会治理,"党建统领、人民主体、自治法治德治'三治'结合、共建共治共享、平安和谐等要素构成了'枫桥经验'的鲜明特征和时代内涵”。[①] (3)探索智慧社会的新型基层社会治理秩序。互联网、区块链、大数据、人工智能加速融合发展的同时，也正在塑造一个高风险的智慧社会，要控制好技术理性带来的社会风险，就要维护算法正义等，从而塑造智慧社会的新型基层治理秩序。

(三)乡村治理研究的主要价值

总体来看，对乡村治理实践的研究主要有以下价值：一是与国家战略结合紧密，主要是中央关于乡村振兴、成渝地区双城经济圈建设、西部大开发、“一带一路”建设等；二是推进乡村治理法治化，应以《法治社会建设实施纲要(2020—2025年)》为指导，以《乡村振兴促进法》作为法律依据；三是拓展了研究空间——关注乡村治理法治化实践，并且聚焦西部内陆地区；四是强调了依法改革与创新实践的协调，即“先行先试”必须与党规国法相统一。

1. 学术价值

乡村治理研究有助于拓展我国社会治理问题研究的学术空间：通过对四川省绵竹市乡村治理经验的总结，推动该领域的研究在中国法治话语下展开对中国经验的凝练与提升，以此丰富、发展及完善我国乡村治理乃至整个基层社会治理理论体系。

就学术思想方面而言，乡村治理研究尝试在理论与经验之间，运用传统抽象思辨型的研究范式，通过翔实的经验数据收集、科学的数据分析、谨慎的理论分析来构建可视化、可比较、可量化的理论分析框架，以此来检视区域乡村治理实践的科学性、可行性和合理性。

就学术观点方面而言，从历史经验、中国实践、理论分析三个

① 张文显：《新时代“枫桥经验”的理论命题》，载《社会与法制发展》2018年第6期。

维度来考察乡村治理秩序的问题，是一种集历史与当下、理论与实践、思想与技术于一体的立体式研究，其中，从正当性证成、必要性评估、合理性分析、有效性检验四个维度对乡村治理策略选择展开检视，是一种新视角、新观点。

2. 应用价值

研究乡村治理实践有助于在社会治理方面落实中央有关“打造共建共治共享的社会治理格局”，建立健全党委领导、政府负责、社会协同、公众参与、法治保障的现代乡村社会治理体制，提高乡村社会治理社会化、法治化、智能化、专业化水平等要求，及时总结地方在乡村社会治理的经验，为实现通过创新社会治理加快建设法治社会建言献策。研究乡村治理实践有助于为构建现代乡村社会治理的法治秩序提供系统的理论指导，进而提升地方法治建设水平，促进社会治理能力提升，并进一步促进我国社会治理现代化体系的形成。

通过研究，全面筛选、总结有关我国乡村社会治理实践的基本经验，并结合我国社会治理的现实需要，基于法治理念与原则，提出一套合理、可行的综合分析框架，为我国不同地方开展社会治理的实践提供学理参考，并为跟进修正提供科学依据；为进一步提升社会治理的效能，完善社会治理的法治体系，促进我国形成合理的社会治理秩序、建设法治社会提供智力支撑。

二、乡村治理研究的基本框架

乡村治理研究坚持从法治社会建设的角度来思考乡村治理法治化问题。综合运用法学与社会科学的交叉研究方法，主要包括：(1)文献分析法。全面搜集、梳理、分析域内外相关文献，尤其注重搜集、梳理、分析有关基层社会治理和乡村治理的理念、模式、规则规范以及机制体制等方面的文献。(2)田野调查法。通过实地调研,以参与式访谈、问卷调查及数据收集,试图“深描”出代表性地区乡村的治理实践,勾勒出乡村治理的基本图景。(3)比较分析法。对比分析域内与域外、历史与当下、不同区域、不同规模乡村治理的特征与经验。具体来看,以四川省绵竹市的乡村治理实践为研究对象,以如何率先形成最优的乡村治理秩序为中心议题,在历史与当下、理论与经验的梳理分析下,从政治、法律、历史、社会等不同维度深入探讨,其主要包括以下四个方面:

(一)乡村治理的理论渊源

从时间维度考察乡村治理秩序的发展脉络,就是在历史的长镜头中,试图追问当下中国乡村社会治理秩序的来源,并从经验角度描述当前乡村社会治理秩序的基本情况。具体而言,对改革开放以来中国城镇化进程中社会管理(治理)经验进行梳理,分析其与当下社会治理有何差异、有何关联或有何影响,这也是认识和理解中国乡村社会治理历史演进规律的必然要求和内容,也是构建和实现“最优社会治理秩序”的重要前提和基础。

(二)乡村治理的结构与功能

当下我国以高速城市化为基本发展形态,主要空间载体是城市,具有空间、规模、人口构成三要素的政治经济文化特征。相较而言,乡村的现代化程度明显低于城市,在治理体系、能力及效能上与城市有显著差距。为了有效弥补城乡差距,发展现代农业是基本出路,要为之创造良好环境必然需要构建良好秩序,而依法治理乡村、依法发展农业经济是根本路径。如此,就需要清楚依法治理乡村或者乡村社会治理的内涵是什么?具体而言,乡村社会治理有哪些结构要素?这些结构要素形成了怎样的秩序?当前的秩序具有怎样的特征？此即是从理论角度勾勒出乡村社会治理秩序的基本情况。从研究内容来看，应当聚焦对“主体”的类型化分析与关系分析。首先，指出个人、家庭及组织是乡村社会治理主体的三种形态，重点分析了代际交替中乡村社会治理主体的个人类型；其次，分析了激励型、主动型、协助型、补充型四种主体类型；最后，通过主体间关系的分析，试图回答如何激发主体参与乡村社会治理的问题。

（三）乡村治理的法治逻辑

要从历史来源与现实结构中进一步认识乡村社会治理，就需要理解乡村社会治理的基本逻辑。从经验与理论来看，可以从“一致性与多样性”、“正式制度与非正式机制”及“常态与应急”等方面来分析。首先，不同区域的乡村存在不同类型的治理主体，聚居着不同社会阶层的居民，多样性是社会最明显的特征。“政法”传统是中国法治实践的基本内容，其是理解乡村社会治理的关键维度；同时，正确理解党建引领模式要求的一致性与社区多样性间的关系与协调。其次，从国家与社会关系来看民间的“社会力量”与官方的“建制力量”，分析正式制度与非正式机制，重点研究乡贤、社贤等“贤人治理机制”的治理逻辑。最后，从治理中的制度形态来看，实际存在正常时期的常态制度体系与紧急状态的应急制度体系，重点研究二者运行逻辑的异同。

（四）乡村治理的法治优化路径

现实的乡村治理实践应当指向最优的乡村治理秩序，要回答依法治理乡村所形成的乡村治理秩序是否为“最优”，应从最佳政体、良序社会及良法善治等法治理论入手。以四川省绵竹市乡村治理法治化的实践为基础，探寻“美好生活”“民生法治”等法理意涵，探讨何种原则或条件下可能形成一个最优的乡村治理秩序，最终尝试总结、凝练最优的乡村治理秩序生成的原理。

综上所述，通过认识乡村治理的来源、结构与功能，基于国家级新区的社会治理法治化实践，尝试分析当前乡村社会治理逻辑，解释其治理秩序的观念基础与制度安排，并进一步试图探寻什么是最优的乡村社会治理秩序以及由此生成的原理。乡村治理秩序主要指治理的观念基础与制度安排，其基础为区域乡村社会治理的具体实践。

毋庸讳言的是，要做好当下乡村社会治理研究就需要准确把握乡村社会治理的中国面向，科学总结、凝练社会治理实践经验，推动形成法学研究中社会治理问题的分析框架；合理论证最优的社会治理秩序的法理，尝试总结、凝练最优的乡村社会治理秩序生成的原理。同时，应当注意两个问题：一是我国不同地区对乡村社会治理实践的现状及问题分析的全面性的缺失，针对此问题，应当搜集我国不同地区社会治理实践的经验数据，与绵竹市的实践作比较，确保对绵竹市乡村治理现状及问题分析的全面性；二是乡村社会治理的现实秩序与理想秩序的关系问题，即哪种理论路径或现实途径能够合理并最大限度地促进达成最优的乡村社会治理，换言之，通过怎样的过程以及哪些规范、机制及体制来保障实现乡村社会的最优治理。

三、绵竹市乡村治理实践的基本图景

基层是社会治理的重点。就县域基层治理而言，其难点在村镇，如何治理好乡村自然成为关键。但是，城乡二元结构下，乡村不同于城市，随着“熟人社会”的逐步瓦解，新的乡村社会秩序尚未完全建立，乡村治理必然面临诸多难题，如何化解这些难题，切实提升乡村治理效能就成为建立健全现代乡村社会治理体制，实现乡村振兴的重点。

绵竹市围绕实施乡村振兴战略，积极把握乡村振兴重大机遇，立足破解“转型发展之痛、社会治理之困、内部管理之乱”难题，不断健全完善党委领导、政府负责、社会协同、公众参与、法治保障、科技支撑的乡村社会治理体制，创新实践了“院坝协商”、“三维工作法”、乡村振兴农民大学、“五干一分”模式等。

绵竹市正是通过这些代表性的具体举措，有力推进了乡村治理体系和治理能力现代化，促进了乡村治理效能的提升，有效助力乡村振兴，构建共建共治共享的乡村治理格局，推动建设治理有效、充满活力、和谐有序的乡村社会。

（一）“院坝协商”

绵竹市成立了由市委书记任组长的基层协商民主建设领导小组，建立了由政协主席任主任的指导委员会，下设试点工作办公室。在试点镇（街道）设置了政协专委会兼职副主任，在试点镇（街道）建立了政协委员联络点，市政协成立了“有事来协商”专家人才库；镇（街道）成立以党（工）委书记任主任的工作委员会；村（社区）成立了以政协委员为主体的村民议事会；探索成立了“尚庆荣委员工作室”和“李国平委员工作室”，以此建立了“有事来协商”的试点工作机制。综合来看，主要做了以下四个方面的工作：

一是搭平台。坚持以政协为主导，以委员为主体，试点镇（街道）已由初期的 2 个扩大到 6 个。每个村（社区）成立了由 10 名政协委员为主体，吸纳热心公益、办事公道、村民拥护的村民代表、党代表、人大代表、乡贤、退休教师等 25 ~ 30 人组成的协商议事会（见图 20）。由政协委员负责召集协商议事会会议。建立具有鲜明特色的议事场所，统一悬挂“院坝协商”标识，增强“院坝协商”的严肃性和仪式感（见图 21）。

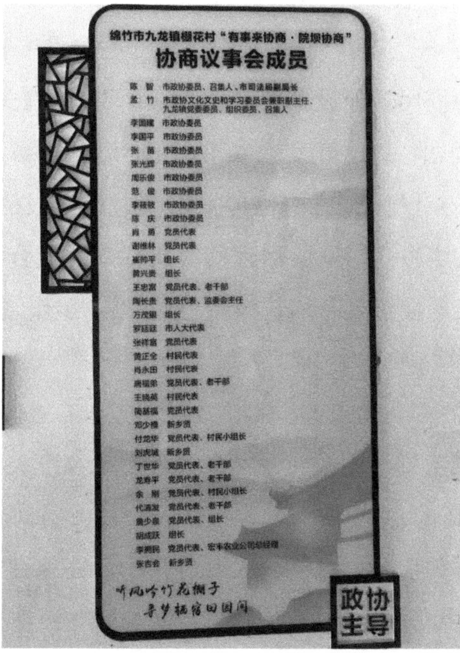

图 20 “院坝协商”——协商议事会成员

图 21 “院坝协商”——村民议事厅

二是建机制。按照“不建机构建机制”的原则，指导镇村搭台子、想法子、找路子，统筹推进基层协商民主建设工作。各镇(街道)成立基层协商民主建设工作委员会，镇(街道)有关负责人担任政协专委会兼职副主任，建立委员联络点，形成联络点、人才库与镇村协商平台的有机结合，构建覆盖市、镇、村三级的政协协商工作网络，实现政协协商与基层治理的有机衔接。结合绵竹市实际，经过积极探索，形成了具有绵竹市特色的“135 工作法”，即聚焦“1个目标”①，提质“3 个平台”②，做实“5 个微协商”③。

三是立规则。准确把握“院坝协商”的定位，选择协商议题坚持“两议三不议”，即议事关村社区发展和群众高度关心之事，不议有悖于公序良俗的、法律明文规定的以及个体利益纠纷之事(见图22)。坚持小事简议、急事快议、大事重议的协商原则，建立调研走访、议事流程、协商规则和协商成果转化运用等制度，形成可操作的“院坝协商”模式。初步形成了较为完善的协商制度流程。绵竹市相继建立了领导小组工作制度、指导委员会工作制度、试点办公室工作制度、委员工作室工作制度和协商活动流程。

四是强培训。按照工作制度和协商流程，对联络点政协委员、市政协专委会兼职副主任[试点镇(街道)分管领导]、人才库专家、试点村(社区)负责人、村(社区)协商议事会成员多次进行了业务培训。

---

① “1 个目标”是指凝聚共识和建言资政“双向发力”。

② “3 个平台”是指全委会、常委会、主席会高质量协商平台。

③ “5 个微协商”是指“院坝协商”、委员工作室协商、专委会对口协商、界别协商、提案协商。

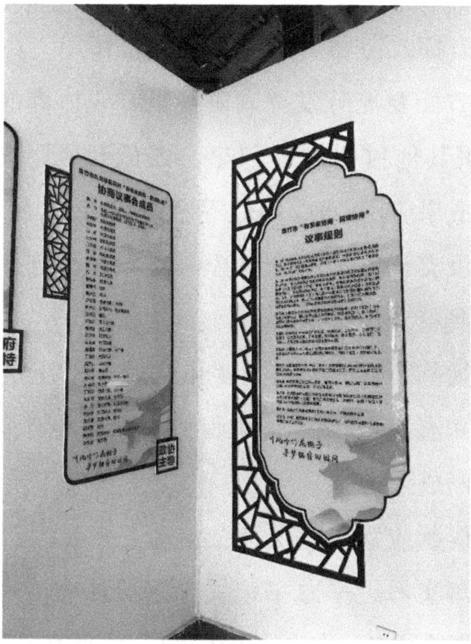

图 22　“院坝协商”——议事规则

自绵竹市试点建立“有事来协商 · 院坝协商”工作机制以来，取得了显著成效，相继开展各类协商活动 50 余次，如 2019 年 11 月，绵竹市首次成功召开了“全省休闲度假目的地”专题议政性协商会议，对该市旅游产业发展产生了良好的助推作用。结合地方实际开展的“院坝协商”工作机制，政协积极参与基层社会治理，不仅使专门协商机构工作水平得到了明显提升，也提高了基层社会治理体系和能力的现代化水平。总体来看，“有事来协商 · 院坝协商”的试点经验有以下几点启示：

一是要进一步明确并把握“院坝协商”的功能定位。政协牵头开展的“院坝协商”，是向下延伸政协履职的重要探索。搭建协商平台的目的是围绕基层社会治理中的热点、难点问题充分协商，达成共识。但是要避免越位、错位，成为“政府现场办公”或“第二信访接待机构”。

二是协调发挥政协委员与群众的议事作用。在开展“院坝协商”工作时,一方面要充分发挥政协委员专职协商的作用,由政协委员牵头,组织其他村(社区)议事会成员开展调查研究、议题筛选、协商讨论、成果应用、跟踪问效等全过程活动;另一方面要政协及政协委员积极支持人民群众发挥解决问题的创造性能力,做到“从群众中来,到群众中去”。

三是建立规范完善的工作制度和流程。开展协商活动必须要有规范的制度和流程,如此才能确保协商活动的有序进行,从而产生高质量的协商成果。

四是协商议题应紧扣基层社会治理。开展“院坝协商”活动,必须认真贯彻落实习近平总书记关于基层社会治理的重要指示,紧扣基层干部群众关心、关注的民生事项,使群众从“院坝协商”中获得实实在在的好处,助力基层社会治理能力的提升。

五是要注重协商成果的转化和应用。村(社区)协商议事会在“院坝协商”活动中及时以《协商成果建议书》的形式报送同级党组织供决策参考。同时参加协商活动的政协委员以社情民意的形式报市政协,市政协以专报的形式报市委、市政府。市政协指导委员会办公室和相关市级部门积极开展跟踪问效工作。

(二)“三维工作法”

绵竹市探索形成符合地方实际的“三维工作法”,始终坚持问题导向和法治导向,积极推进基层社会依法治理,探索创新党委政府、群众性自治组织和社会组织共同参与的“三方联治”社会治理模式,着力提升基层社会治理法治化水平。

一是注重强化党委政府主导作用。持续强化党委政府主导,充分发挥党组织的领导核心作用和政府职能作用,统筹推进基层社会治理各项工作,将基层社会治理列为绵竹市重点工作,加快建设“一核三治”基层现代治理体系,不断开创共建共治共享的社会治理格局,推动法治绵竹和平安绵竹建设。成立了以市委副书记为组长的基层党建和社会治理五年攻坚领导小组,由市委政法委牵头负责,市委依法治市办、市农业农村局、市民政局、市司法局等多个部门协同参与,一体推进全市基层社会治理法治化建设,提升基层社会治理水平。制发《绵竹市加快构建“一核三治”基层现代治理体系工作方案》等文件,明确“1+1+6”①工作思路,深入实施“六强六促”②先锋行动,全面推进基层党组织“1+6”标准化建设,发挥党员在乡村治理中的先锋模范作用,科学统筹推进全市基层社会依法治理工作。

二是着力突出村民自治主体作用。积极健全完善党组织领导的村民自治机制,增强村民自治组织能力,推动基层群众性自治组织更好地依法组织村民开展自治,依法实行自我管理、自我教育、自我服务、自我监督。依法落实民主选举制度,严格按照《村民委员会组织法》的相关规定,选优配强基层自治组织干部队伍,加强群众性自治组织建设。出台《绵竹市关于大力推广和加强自治规范建设的实施方案》《绵竹市关于进一步修订和完善村规民约的实施意见》等文件,进一步规范完善基层民主管理制度,规范民主决策,健全完善村规民约和基层自治等十项制度,强化村级事务公开,推进民主管理、民主监督,加强民主法治建设。例如,板桥镇五星村“竹篱人家”社区以完善村民自治为抓手,通过“凉亭坝坝会”

---

① “1+1+6”是指以党建为龙头,以产业为支撑,以法治、德治、自治、治脏、治乱、治违为抓手。

② “六强六促”是指强担当促效率、强责任促发展、强服务促和谐、强“四好”促富民、强改革促效益、强规范促创新。

“民约大家定”等模式,引导村民积极主动参与垃圾治理,推进污水、厕所、垃圾“三大革命”,探索出了“房前屋后自己扫、公共区域轮流扫、道路沟渠保洁扫、每月一次集中扫”的自治机制,形成了民事民议、民事民办、民事民管的多层次基层协商格局。

三是充分发挥社会参与积极作用。鼓励和支持社会各方参与基层社会治理,充分发动工商联、妇联、团市委等群团组织,开展村企共建、百企联村等活动,引导企业参与乡村治理。建立社会组织孵化基地,引进和培育乡村新型社会组织,培育绵竹市“爱之援”义工协会等服务性、公益性、互助性社会组织,依法引导社会组织参与镇村事务性管理工作或辅助性工作。积极引入第三方参与乡村治理,与西南财经大学法学院签订《共建中国乡村振兴社会治理实践研究基地的合作框架协议》,建立“中国乡村振兴社会治理实践调研基地”,探索基层社会治理新路径。

通过党委政府、群众性自治组织和社会组织共同参与的“三方联治”社会治理模式有效整合了现有力量和资源,契合法治绵竹建设,以普法宣传教育、网格化服务管理、矛盾纠纷化解为重点,探索培育人民群众身边普法员、民情民意收集员、矛盾纠纷调解员“三员共治”新模式,实现知民情、解民忧、纾民怨、暖民心,提升人民群众法治获得感。

一是普法深入民心。依托 21 支普法小分队、231 支法律服务志愿者队伍、203 个村(社区)法律顾问、3000 余名“法律明白人”等组建群众身边普法员队伍,全面实施“七五”普法宣传教育,充分利用“3 · 15”国际消费者权益日、五四青年节、“12 · 4”国家宪法日等多个重要时间节点开展“法律进乡村”普法宣传活动。在全市广泛开展“法律宣讲进院落、进民宿、进乡村”活动,并与“法治文化广场”“农民夜校”建设等相融合,定期开展法律相关知识讲座、电影放映活动，把宣传教育渗入群众文化生活与休闲娱乐之中，切实营造浓厚的法治氛围，让法治深入民心。

二是民情民意收集促和谐。推进农村社会治安防控体系建设，以网格化服务管理为基础，发挥网格员民情民意收集职能，建立民情民意收集机制、研判预警机制、快递报告机制。依托“1+5”乡村社会治理工作平台[①]，整合“雪亮工程”资源和13名专兼职网格员力量，开展民情民意大收集、干部群众大帮扶，做到收集民情在一线、融洽关系在一线、化解矛盾在一线。2019年6月10日17时36分，风雨交加，汉旺镇值班人员接到群众电话反映，81岁高龄的廖姓老人走失，家人万分着急。镇上立即启动“1+5”乡村社会治理工作平台，通过“雪亮工程”监控录像资源寻找老人踪迹，派出民情民意收集员收集线索，开展搜寻，直至23时55分，在群新村山上找到了走失老人，引起社会广泛好评，四川长安网等媒体相继报道。2020年以来，全市通过网格员收集民情民意化解矛盾纠纷2336起，摸清了1350名重点特殊人员群体底数，有力推动平安乡村建设。

三是矛盾纠纷调解纾民怨。注重加强乡村治安综合治理，深化矛盾纠纷多元化解，充分发挥人民调解员、驻村法律顾问、基层法律服务工作者等矛盾纠纷调解员主力军作用，大力开展矛盾纠纷大调处，进一步深化农村法治建设，使法治理念更加深入人心。例如，在土门镇“中国玫瑰谷”建设中，针对涉及四个行政村共1万多人的征地拆迁、搬迁、村组资产纠纷等问题矛盾，通过调解员积极引导、有效协调、依法处置，妥善化解了三合村六组与村委会之

---

① “1+5”乡村社会治理工作平台是指“一个中心”综治中心，搭建“公共法律服务工作平台、矛盾纠纷调处平台、信访涉稳处置平台、网格化服务管理平台、社会治安综合治理平台”五大社会依法治理平台。

间资产归属和收益分配纠纷等村组之间的纠纷3起、村民个人与村组关于土地使用权的纠纷5起、村民与建设施工方的纠纷9起。

绵竹市通过构建党委政府、群众性自治组织和社会组织共同参与的“三方联治”社会治理机制,着力打造共建共治共享的现代社会治理新格局。在落实“三维工作法”中,绵竹市注重弘扬社会主义法治精神,积极推进乡村振兴法治保障机制建设,立足强宣传、优服务、重治理的工作理念,全面构建共建共治共享长效机制,全面提升乡村治理能力。

一是结合地方民俗文化,创新法治宣传教育形式。深入挖掘本地年画资源,在创新普法载体和形式上精耕细作,推动法治宣传教育与传统文化融合发展,建立健全年画释法普法宣传长效机制。近年来,绵竹市创作了《党的十九大年画宣传读本》《依法治国年画》等10余种法治宣传年画手册,创编了《法律七进:绵竹年画释法》读本一套,共6册,在全省已公开发行2.4万套,总计14.4万册,得到了上级肯定和群众认可。以四汇斋、三彩画坊、南华宫、轩辕年画等年画作坊为载体,搭建群众参与平台,以参观年画、亲手绘制法治年画等方式,寓教于乐。目前,开设法治年画创作培训课堂进行授课37次,参训3000余人次,有力提升群众法治文化素养。将法治年画和绵竹市城市建设提档升级融合,拓宽绵竹市法治年画内涵和外延,全市法治年画上墙4000余平方米。同时,创编了“年画娃娃”微信表情包,上线了《法律七进:绵竹年画释法》电子书向微信用户推广应用,阅读量达50余万人次,实现法治的社交化传播,助推乡村法治建设取得新成效。

二是全面落实村民自治,推行村民议事理事。充分运用法治思维和法治方式,着力推进基层社会治理创新。坚持“依法依规、事前协商、尊重民意、注重实效”的原则,结合“院坝协商”试点,积极探索建设开放式村民议事厅，制定村民自治“一事一议”制度、乡贤理事制度，搭建村民自治的新平台，搭建重大事项协商平台，围绕“四公一热”①组织村民进行民主协商、平等议事，并及时向群众宣传解读党委政府各项政策，让村民了解政策、支持政策，实现群众“说事有地方、说事有对象、说事有结果”。例如，遵道镇棚花村经村民议事厅协商，成立集体资产管理公司、专业合作社，持续壮大村集体经济，并引入“三书”②模式处理各类交易事项，助推农村产业发展。

三是强化整体联动。充分调动多方力量，创新工作载体，形成全方位、立体式、无死角、零距离的服务模式，建立基层社会治理整体联动工作机制。以综治中心和网格化服务管理中心为载体打造综合治理联动平台，按照“综治中心＋信息化＋组团”的服务模式，整合公安“雪亮工程”视频监控资源以及市级部门相关力量，通过信息化手段，建立协作配合、精干高效、便民利民的实体化工作平台，实现信息互通、优势互补、工作联动。以司法所、便民服务中心、人力资源和社会保障服务所为载体打造便民服务平台，深化宣传教育活动，广泛开展惠民帮扶，并对各类民生诉求、意见建议等集中收集和会商处理，切实做好维权服务。以大群团服务中心、社会组织服务中心为载体打造社会参与平台，强化群团组织服务职能，不断增强基层党组织的凝聚力、感召力、向心力、影响力。通过深化整体联动，有效改变“唱独角戏”的工作格局，大大提升了依法治理工作效率，实现社会面管控能力增强、社会治理水平提高、社会治安持续向好、群众幸福感和满意度明显上升。

① “四公一热”是指重大公共事务、公共决策、公众利益、公益事业和民生热点难点问题。

② “三书”是指《律师法律审查意见及见证书》《公证书》《交易鉴定书》。

（三）四川乡村振兴农民大学

要推进城乡区域协调发展，全面实施乡村振兴战略，实现巩固拓展脱贫攻坚成果同乡村振兴有效衔接，改善城乡居民生产生活条件，加强农村人居环境整治，培育文明乡风，建设美丽宜人、业兴人和的社会主义新乡村。要建成社会主义新农村，关键在于培养社会主义新农民，而四川乡村振兴农民大学正是在此背景下应运而生。

乡村振兴农民大学位于绵竹市九龙镇高效农业示范园内，占地面积 266 亩，由四川省科学技术协会、德阳市人民政府、绵竹市人民政府三方共建，西南财经大学法学院在该校设立了“中国乡村振兴社会治理实践研究基地”。

四川乡村振兴农民大学以涉农人才培训为立足点，服务全省“三农”发展大局，将打造全省乡村振兴农民培训实训基地和科普教育基地作为目标，旨在培养一批“有文化、懂技术、善经营”的新型农民人才，建设一支“懂农业、爱农村、爱农民”的干部人才队伍。学校遵循“党政领导讲政策、专家教授讲理论、基层干部讲经验、典型人才讲做法”的办学方式，围绕“五大振兴”，以绵竹市高效农业示范园作为实训基地，坚持“做给农民看、带着农民干、帮助农民销、实现农民富”的原则。

四川乡村振兴农民大学自 2018 年 5 月揭牌成立以来，始终秉承“永久不停课、永远在实践、永续在探索”的办学理念，构建了“个十百千”[①]的教学体系，统筹院校高端师资力量，优化人才培养方案和课程体系，积极搭建实践经验交流平台，致力打造一支强大的乡

---

① “个十百千”是指 1 个理论教育教学本部、10 个特色规模实训基地、100 个全省实施乡村振兴战略工作推进特色村、1000 个农民夜校示范教学点。

村振兴人才队伍，为实施乡村振兴战略提供坚实的人才支撑。通过“三个纳入”[①]“三级培训”[②]助力乡村振兴法治队伍建设。

截至2021年8月，已储备高校老师19名、党政领导干部10名、优秀企业事业专业技术人才4名、农村专业技术能手13名、法治专业人员20人，自2018年6月12日挂牌成立以来，学校已先后举办各类培训班75期，培训基层干部、职业农民、新型农业经营主体负责人等8000余人次。

总体来看，乡村振兴农民大学办学以来，有以下几点启示：

一是要准准确确把握中央精神，实实在在践行中央要求。在取得脱贫攻坚的伟大胜利后，习近平总书记指出，“让农民成为有吸引力的职业”，如何落实习近平总书记要求成为摆在实现乡村振兴面前的一项重大课题。绵竹市通过开展扎实的调查研究，从实践中找问题，打开视野，向全社会要答案，最终基于本地实际，联合优质资源，共同打造了乡村振兴农民大学，为培养职业农民奠定了基础。

二是深化农业供给侧结构性改革，重点是提高农民综合素质，为农业发展、乡村振兴培养人才、蓄积人才。2017年3月8日，十二届全国人大五次会议强调：“重视农业，夯实农业这个基础，历来是固本安民之要。我国农业农村发展已进入新的历史阶段，农业的主要矛盾由总量不足转变为结构性矛盾，矛盾的主要方面在供给侧，必须深入推进农业供给侧结构性改革，加快培育农业农村发展新动能，开创农业现代化建设新局面。”农业供给侧结构性改革的关键是激发农民积极性，主动把控好生产质量和规模，其核心在

---

① “三个纳入”是指将乡村振兴社会治理的法治队伍培养纳入教学计划、乡村振兴人才的法治理念培育纳入教学目标、将乡村振兴涉及的政策法律纳入教学内容。

② “三级培训”是指市级培训乡村振兴法治指导员、县级培训乡村振兴法治辅导员、乡镇培训乡村振兴法治明白人。

农民。而要实现对质量与规模的科学把控,必然离不开让农民了解、熟悉中国特色社会主义市场经济规律、现代农业发展规律。一方面,可以依靠专业技术人员或团队来协助;另一方面,更重要的是提升农民自身综合素质和能力,在日常经营中潜移默化地形成科学生产的意识和方法。乡村振兴农民大学正是由此而生,它既是农民教育培训的平台,更是农民提升格局、开阔眼界、掌握现代农业和经济能力的枢纽。

三是法治是农民应当具备的重要素质。市场经济就是法治经济,在市场经济中提高农业的质量与规模,发展现代农业,最终促进乡村振兴,法治自然不可或缺。农民大学搭建了普及法律常识、学习法律知识的平台,学法应当是参训农民的必修内容。加强农民的法治宣传教育,好处显而易见:有助于打造法治乡村、和谐乡村,在乡村形成尊法、学法、守法的良好氛围,为法治社会建设奠定基层力量;有助于矛盾纠纷化解及权益维护,农民拥有足够的法律意识,不仅能使之处理好内外关系,同时在市场经济中能够有效维护自身正当权益;有助于构建良善的乡村治理体系,实现从而促进乡村振兴,农民自身能够遇事找法、凡事守法、依法办事,实际上减轻了基层治理压力,对于促进乡村治理体系和治理能力现代化奠定了一定的法治基础。

四、农村闲置房屋使用权流转中的“三书”模式

(一)“三书”模式简介

“三书”模式是于2018年3月由德阳农交所牵头,德阳市司法局组织指导创新的一款公共法律产品(见图23),主要是指农交所在办理农村闲置房屋使用权流转中引入律师事务所和公证处的法律服务,并对流转的整个程序进行规范设计,对交易双方主体资

格,交易标的闲置房屋的真实性、合法性进行法律审查,在此基础上完善相关程序和文件资料,由律师事务所出具《律师法律审查意见及见证书》,公证处出具《公证书》,农交所出具《交易鉴证书》,用此“三书”以确保闲置农房的依法规范流转的公共法律产品。其核心内容是以法治思维,整合各方力量形成的一项制度创新,符合司法部要求通过创新公共法律产品服务乡村振兴的指导方向。绵竹市在农村闲置房屋使用权流转中充分运用“三书”模式,极大地提高了流转成效,有力推进了城乡二元结构的改革,为乡村振兴提供了典型的、可复制的绵竹经验。

图 23　“三书”模式——商标注册证

(二)“三书”模式法治背景

1. 国家推动

2014 年出台了《中共中央办公厅、国务院办公厅关于农村土地征收、集体经营性建设用地入市、宅基地制度改革试点工作的意见》,提出要“探索进城落户农民在本集体经济组织内部自愿有偿退出或转让宅基地”。

2018 年中央一号文件进一步指出，要“深化农村土地制度改革”。系统总结农村土地征收、集体经营性建设用地入市、宅基地制度改革试点经验，逐步扩大试点，加快《土地管理法》修改，完善农村土地利用管理政策体系。扎实推进“房地一体”的农村集体建设用地和宅基地使用权确权登记颁证。2018 年 9 月，中共中央、国务院印发《乡村振兴战略规划（2018—2022 年）》，再次强调“盘活农村存量建设用地。完善农民闲置宅基地和闲置农房政策，探索宅基地所有权、资格权、使用权‘三权分置’，落实宅基地集体所有权，保障宅基地农户资格权和农民房屋财产权，适度放活宅基地和农民房屋使用权”。

2. 部委指导

2019 年，《农业农村部关于积极妥善开展农村闲置宅基地和闲置住宅盘活利用工作的通知》中指出，“在充分保障农民宅基地合法权益的前提下，支持农村集体经济组织及其成员采取自营、出租、入股、合作等多种方式盘活利用农村闲置宅基地和闲置住宅”。

2019 年，《中央农村工作领导小组办公室、农业农村部关于进一步加强农村宅基地管理的通知》中提出，“鼓励村集体和农民盘活利用闲置宅基地和闲置住宅，通过自主经营、合作经营、委托经营等方式，依法依规发展农家乐、民宿、乡村旅游等”。

3. 省、市支持

2017 年，《四川省自然资源厅关于服务保障农业供给侧结构性改革加快培育农业农村发展新动能的意见》中要求，“激活农村土地财产属性”，“探索农村宅基地所有权、使用权、占有权‘三权分置’办法，培育农村房屋（含宅基地）租赁市场，引导城乡资本利用空闲农房及宅基地发展乡村旅游等新产业新业态，促进农村经济社会发展和农民持续增收”。

2018年《中共德阳市委、德阳市人民政府关于实施乡村振兴战略加快推进农业农村现代化的意见》中提出，“完善农民闲置宅基地和闲置农房政策，探索宅基地所有权、资格权、使用权‘三权分置’，落实宅基地集体所有权、保障农户资格权和农民房屋财产权，适度放活宅基地和农民房屋使用权”。

2018年中共德阳市委办公厅、德阳市人民政府印发《德阳市实施乡村振兴战略十大行动实施方案及十项重点改革实施方案》，明确要“完善农民闲置宅基地和闲置住房政策，探索宅基地所有权、资格权、使用权‘三权分置’。2018年争取纳入省级试点。总结经验，适时推广”。

(三)“三书”模式的实践经验

1. 农村闲置房屋使用权流转存在的现实问题

(1)违反禁止性规定导致的合同无效

最高人民法院于2016年11月30日发布了《第八次全国法院民事商事审判工作会议(民事部分)纪要》，其中第19条规定：“在国家确定的宅基地制度改革试点地区，可以按照国家政策及相关指导意见处理宅基地使用权因抵押担保、转让而产生的纠纷。在非试点地区，农民将其宅基地上的房屋出售给本集体经济组织以外的个人，该房屋买卖合同认定为无效。合同无效后，买受人请求返还购房款及其利息，以及请求赔偿翻建或者改建成本的，应当综合考虑当事人过错等因素予以确定。”根据该会议纪要，本集体经济组织以外当事人签订的农村房屋买卖合同，一般认定为无效；反之，本集体经济组织成员之间的农村房屋买卖合同，可以认定为有效。宅基地的所有权是归村集体享有的，村民只有使用权，基于“房地一体”的原则，村民在处分其房屋时，必然也涉及宅基地使用权的处分，而宅基地使用权具有特定的身份属性，我国法律和政策禁止宅基地使用权在集体经济组织以外流转，所以，在司法实践中，村民与城镇居民间的农村房屋买卖合同通常被认定为无效。

(2)流转合同未经共有权人确认、签字，影响合同效力

基于“一户一宅”的原则，农村以家庭为单位共同拥有一套农村房屋是常态，《民法典》第三百零一条规定：“处分共有的不动产或者动产以及对共有的不动产或者动产作重大修缮、变更性质或者用途的，应当经占份额三分之二以上的按份共有人或者全体共同共有人同意，但是共有人之间另有约定的除外。”实践中，大量流转合同的农房流转方主体仅有户主一人签名或部分共有权人签名，或共有权人的签名并非本人亲笔签写，以上情况既导致合同效力待定，又损害了农房共有权人和农房转入方的利益。

(3)因农房可能存在违建、债务、拆迁等问题，也可能导致合同双方发生纠纷，影响合同效力和合同履行，损害农房转入方利益。

2.“三书”模式主要做法

第一，根据流转人的意向，梳理双方法律关系，确定流转性质，避免违法流转的发生，如错误认为流转即买实房产，或可以任意改变农房使用性质，随意改建、修造。第二，明晰流转主体资格，厘清是否多处占地建房，集体内成员以户为单位，共有情况是否明确，是否存在主体错位或遗漏情况。第三，规范交易行为，保证流转程序规范性。双方若为直接交易且需要委托的，则应完整传达沟通意愿，可通过远程视频沟通取证，并对交易现场进行录像保全。第四，产权交易所现场勘察房屋现状，借助土地集体所有人主体身份，由该集体村组织出具证明，确认流转房屋的真实性、客观性，通过影像设施，对流转房屋状况进行完整证据保全，并对该农房拟流转的情况在房屋周边、村社区予以公示，提示债权人、债务人提出

异议。第五，充分地提示告知，通过律师现场解读《闲置农房使用权流转合同》及《风险告知书》，公证“询问笔录”等形式，准确无误地提醒各方应享有的权利和应承担的义务，以及可能出现的情势变化、风险事项和各自承担的责任等。第六，由律师事务所及公证处和农交所分别出具和发放律师法律审查意见及见证书、公证书、交易鉴证书（见图24）。

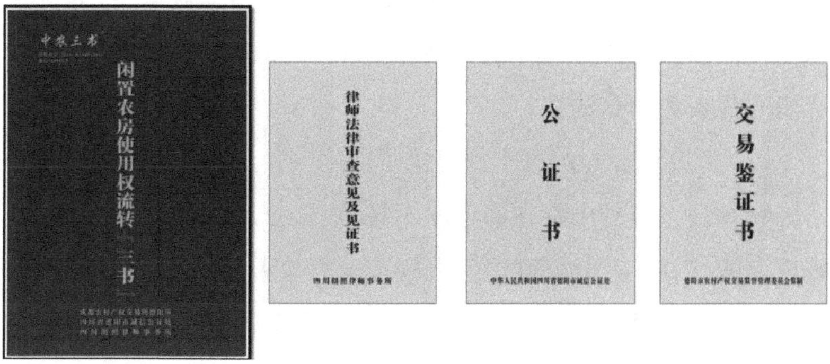

图24　“三书”模式中的“三书”

3.“三书”模式主要成效

（1）为流转合同的合法性提供了保障

针对自主交易合同中存在的主体资质不清，标的物产权不明，易致交易合同无法律效力、事后产生产权及债务纠纷等问题，可以通过律师、交易所的审查来保障流转合同的合法性。一是房屋权属审查。对转让方向农交所提交的房屋产权、建房手续、村委会证明和公示等佐证资料，由律师对拟流转农房的基本情况、权属关系进行审查。对存在房屋“产权纠纷、房屋边界纠纷、与房产有关的债务纠纷、涉嫌违规占地建房、一户多宅、农房流转后自身无居住保障条件”这六种情形一律不予受理。二是转让方资质审查。对转让方提交的农房流转交易委托合同、审查申请和个人（法人）基本情况三项资料，由律师对其民事权利、民事行为能力进行资格审查。审查通过后，再由律师对转让方全部家庭成员流转真实性进行调查，确保转让方各项条件符合法律规范要求。三是转入方资质审查。转让方条件及房屋权属情况审查通过后，由农交所在产权交易平台公开发布交易信息，广泛征集转入方意向，转入方通过平台提供个人（法人）基本情况及征信记录，并由律师进行审查。在此基础上，由律师及公证员共同见证流转合同签订事实，为流转双方分别出具律师法律审查意见及见证书和公证书，以确认流转合同的客观性和合法性。

（2）为流转合同的真实性提供了保障

针对自主交易中存在的程序不规范、证据缺失、告知不及时导致事后毁约、产生纠纷等问题，以规范流转交易行为和完善服务功能为重点，公证处全程参与农房流转交易各环节，确保交易过程受到全程监督。一是程序履行监督。由公证处对转让方和转入方资料的提交、委托合同的签订、律师审查、农交所信息的发布等程序进行全程监督，确保交易各环节法定程序得到全面正确履行。二是证据收集监督。由公证处对律师审查环节涉及的交易主体资质审查、房屋现状及权属证明、家人真实意愿表达等情况进行全程监督，依法录音录像，并形成光盘资料进行证据保存。三是规范告知监督。交易合同签订前，由律师事务所、公证处与转让房屋所有权人或委托代理人签订《农村闲置房屋使用权流转风险告知书》，在此基础上签订《农村闲置房屋使用权流转合同》，并依法出具公证书。

（3）为流转合同的公平性提供了保障

绵竹市依托德阳市产权流转交易服务平台，将农房流转交易全部纳入平台管理，极大程度上解决了农房流转中供需信息不畅、效率不高、矛盾调处困难等问题。一是交易鉴证服务。律师事务所出具律师审查及见证书，公证机关出具公证书后，由农交所为流转双方办理流转合同签订、流转款项支付等具体手续，向流转双方出具交易鉴证书，确认交易完成。二是纠纷处置服务。依托德阳市区域协同发展法律服务中心农交所工作站和德阳仲裁委农交所联络点，为绵竹市农房流转交易提供法律服务以及涉及产权、债务等纠纷的调解和仲裁，为交易双方提供事前、事中、事后全程服务，依法保障流转双方的权益实现。三是农村产权金融保险服务。将信息发布、资产评估、融资担保、资产处置等配套服务统一纳入流转交易平台，为农利产权抵押贷款业务提供“一站式”服务。积极探索建立农房流转多元化风险补偿机制，探索建立农房流转履约保证保险制度，增强金融机构开办农房抵押业务的意愿，保障参与各方的主体权益，为农房流转及农村产业发展提供强有力的金融支持。截至 2021 年 4 月 2 日，绵竹市通过“三书”模式流转闲置农房使用权 63 宗，金额达 890.39 万元（见表 3、图 25）。

表 3　“三书”模式流转分布（截至 2021 年 4 月 2 日）

	序号	区域	宗数	金额/万元
闲置农房使用权	1	什邡	177	2863.19
	2	旌阳	18	324.69
	3	罗江	8	185.32
	4	绵竹	63	890.39
	5	广汉	21	319.26
	6	中江	4	83.64
安置房合同权利转让	7	旌阳区	63	2084.18
	8	中江县	2	73.10

续表

	序号	区域	宗数	金额(万元)
商品房合同权利转让	9	旌阳区	3	141.60
资产处置“三书”模式	10	广汉市	1	1.20
合计			360	6966.57

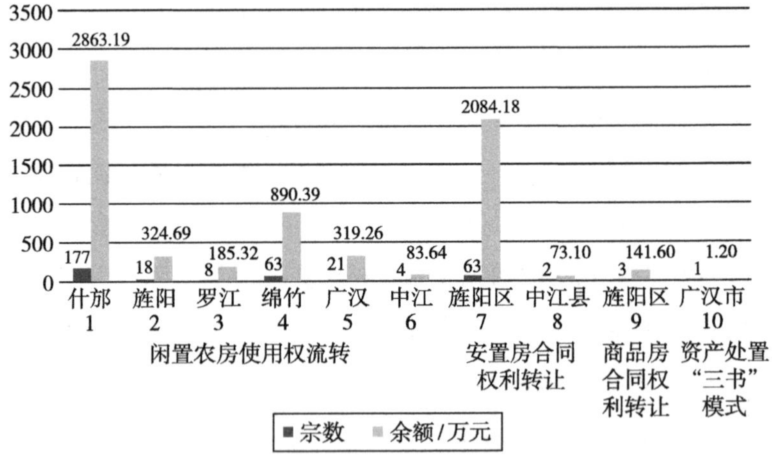

图25 “三书”模式数据统计

2018年10月24日,农交所工作人员、公证处公证员、四川朗照律师事务所律师到绵竹市汉旺镇白果村十组拟流转农房现场,为出让方和受让方进行法律解读和政策引导,辅导双方主体行为确保流程的合法性与交易的顺利开展,通过“律师法律审查意见及见证书+公证书+交易鉴证书”的“三书”模式完成了闲置农房的转让,从法律的角度规范了农房使用权流转的程序和资料要件,规避了可能产生的各类纠纷风险,使交易双方都吃下“定心丸”(见图26)。

图 26　“三书”模式——流转现场

2019 年 6 月 19 日，绵竹市遵道镇两例闲置农房“三书”模式规范流转签约仪式在棚花村村委会举行，四川朗照律师事务所、德阳市诚信公证处、成都农交所德阳所绵竹交易中心现场进行了办理。绵竹交易中心工作人员、德阳市诚信公证处公证员、四川朗照律师事务所律师在之前就对两例农房所有权合法性、农房所有权人的流转意愿进行了核实，确保农房所有权合法且无纠纷，农房所有人自愿流转并保证不会影响今后的生产和生活。签约仪式上，律师对《农村闲置房屋使用权流转合同》进行了严格的审查，并根据两处农房的实际情况，就出让方和受让方的权利、义务在《农村闲置房屋使用权流转合同》中进行了详细约定；公证员向流转双方再次解读了农房使用权相关的政策和法律，告知了双方签订农房流转合同后未诚信履约的风险。最后，农房流转交易双方在部分村民代表、村组干部等多方见证下签订了《农村闲置房屋使用权流转合同》(见图 27)。

图 27 "三书"模式——签约仪式

(四)"三书"模式的典型意义

"三书"模式围绕助力乡村振兴,进一步健全完善农村闲置房屋使用权流转机制,针对交易双方主体的适格性、履约能力、征信状况以及流转产权的所有权或使用权的有效性、合法性,建立健全农村产权流转全过程风险审查制度,强化风险审查,有效防范农村产权流转风险,有力推动了农村产权交易体制建设和稳步发展,为乡村振兴战略的实施起到积极的风险防范作用,推动了农村闲置资产合法有效的盘活用好,提升农民收入水平,进而提升农民幸福感、获得感,并在更大的层面上推进了农村公共法律服务体系的健全,让农民的法律意识、风险意识得到进一步提升,从根本上推动了基层治理的法治化建设。

第四章　乡村振兴战略发展方向的优化与展望

第一节　乡村振兴战略全国“一盘棋”的基本纲领和重要制度指引

我国农业农村工作在党的十八大以来取得了历史性成就,发生了历史性变革,粮食生产能力迈上新台阶,农业供给侧结构性改革迈出新步伐,农村民生全面改善,农民收入稳定增长。到 2020 年年底,已实现现行标准下农村贫困人口全部脱贫,贫困县全部摘帽,消除了绝对贫困和区域性整体贫困,近 1 亿贫困人口实现脱贫,取得了令全世界刮目相看的重大胜利。在脱贫攻坚实践中,党中央坚持人民至上、以人为本,把贫困群众和全国各族人民一起迈向小康社会、一起过上好日子作为脱贫攻坚的出发点和落脚点。各级党委和政府以及社会协同发力、合力攻坚，东部西部守望相助、协作攻坚，广大党员、干部吃苦耐劳、不怕牺牲，充分彰显了共产党人的使命担当和牺牲奉献。但也要清醒地认识到，我国发展不平衡不充分的问题仍然突出，巩固拓展脱贫攻坚成果的任务依然艰巨。因此，再次领悟乡村振兴的纲领，梳理乡村振兴的政策脉络，在脱贫攻坚目标任务完成后，将“三农”工作重心转向全面推进乡村振兴显得尤为必要。

一、乡村振兴的基本纲领

党的十九大提出实施乡村振兴战略，并写入党章。2018 年 1 月 2 日，中共中央、国务院发布 2018 年中央一号文件，这是改革开放以来第 20 个中央一号文件，也是进入 21 世纪以来连续下发的第 15 个中央一号文件。该文件全面贯彻党的十九大精神，以新时代中国特色社会主义思想为指导，围绕实施乡村振兴战略定方向、定思路、定任务、定政策，坚持问题导向，对统筹推进农村经济建设、政治建设、文化建设、社会建设、生态文明建设和党的建设作出全面部署，明确了三个阶段目标任务：到 2020 年，乡村振兴取得重要进展，制度框架和政策体系基本形成；到 2035 年，乡村振兴取得决定性进展，农业农村现代化基本实现；到 2050 年，乡村全面振兴，农业强、农村美、农民富全面实现。

（一）乡村振兴战略的总体要求和主要任务

2018 年中央一号文件明确提出产业兴旺、生态宜居、乡风文明、治理有效、生活富裕的总体要求和主要任务，即以产业兴旺为重点，提升农业发展质量，培育乡村发展新动能；以生态宜居为关键，推进乡村绿色发展，打造人与自然和谐共生发展新格局；以乡风文明为保障，繁荣兴盛农村文化，焕发乡风文明新气象；以治理有效为基础，加强农村基层基础工作，构建乡村治理新体系；以生活富裕为根本，提高农村民生保障水平，塑造美丽乡村新风貌。同时，强调以摆脱贫困为前提，打好精准脱贫攻坚战，增强贫困群众获得感。

（二）乡村振兴战略的重大政策举措

2018年中央一号文件提出要突出“四个强化”，即以完善农村产权制度和要素市场化配置为重点，强化制度性供给；畅通智力、技术、管理下乡通道，造就更多乡土人才，强化人才支撑；健全投入保障制度，开拓投融资渠道，强化投入保障；制订国家乡村战略规划，强化规划引领作用。要解决“钱”的问题，就要健全投入保障制度，创新投融资机制，加快形成财政优先保障、金融重点倾斜、社会积极参与的多元投入格局。要解决“地”的问题，就要深化农村土地制度改革，建立健全土地要素城乡平等交换机制，加快释放农村土地制度改革的红利。要解决“人”的问题，就要畅通智力、技术、管理下乡通道，创新乡村人才培育引进使用机制，大力培育新型职业农民，加强农村专业人才队伍建设，造就更多乡土人才，发挥科技人才支撑作用，鼓励社会各界投身乡村建设。

（三）乡村振兴战略要发挥党的领导的政治优势

2018年中央一号文件提出要把实施乡村振兴战略作为全党的共同意志、共同行动，做到认识统一、步调一致，把农业农村优先发展原则体现到各个方面，在干部配备上优先考虑，在要素配置上优先满足，在资金投入上优先保障，在公共服务上优先安排，确保党在农村工作中始终总揽全局、协调各方，为乡村振兴提供坚强有力的政治保障。要建立实施乡村振兴战略的领导责任制，实行中央统筹、省负总责、市县抓落实的工作机制，党政一把手是第一责任人，“五级书记”抓乡村振兴，县委书记是“一线总指挥”，对党政领导班子和党政干部推进乡村振兴战略实施绩考核制度，将考核结果作为选拔任用领导干部的重要依据。

二、乡村振兴战略的重要制度指引

(一)《乡村振兴战略规划(2018—2022年)》

2018年中央一号文件作为乡村振兴战略的纲领性文件,为实施乡村振兴战略定方向、定思路、定任务、定政策,明确长远方向,搭建起乡村振兴的"四梁八柱"。中共中央、国务院根据2018年中央一号文件制定的《乡村振兴战略规划(2018—2022年)》则对5年的主要任务作出了具体安排。

1. 定方针、建体系

《乡村振兴战略规划(2018—2022年)》围绕农业农村现代化的总目标,坚持农业农村优先发展的总方针,围绕推动乡村产业、人才、文化、生态和组织振兴,抓重点、补短板、强弱项,对加快农业现代化步伐、发展壮大乡村产业、建设生态宜居的美丽乡村、繁荣发展乡村文化、健全现代乡村治理体系、保障和改善农村民生等作出明确安排。按照分三个阶段实施乡村振兴的战略部署,设定了阶段性目标,明确了5年的重点任务,部署了82项重大工程、重大计划、重大行动,提出了22项具体指标,首次建立了乡村振兴指标体系。

2. 明确基本原则

《乡村振兴战略规划(2018—2022年)》明确提出要遵循坚持党管农村工作,坚持农业农村优先发展,坚持农民主体地位,坚持乡村全面振兴,坚持城乡融合发展,坚持"人与自然和谐共生",坚持改革创新、激发活力,坚持因地制宜、循序渐进的基本原则,推进乡村振兴。

3. 重点推进方向

一是坚持规划先行。推动各地抓紧编制完善县域的乡村布局规划和村庄建设规划，要体现农民群众所思、所想、所盼，体现出乡村千差万别的环境和农民群众生产生活之间的关系，引导特色乡村建设。二是强化督导考核。坚持中央统筹、省负总责、市县抓落实的工作机制，建立农村人居环境整治工作的评估体系和办法，奖优罚劣，推动各地把农村人居环境整治工作纳入党委政府目标责任考核范围。组织开展农村人居环境整治专项督导，压实地方责任。三是抓好示范引领。启动“百县万村示范工程”，着力打造一批示范县、示范乡镇和示范村，进一步发挥示范带头作用，让基层干部群众学有榜样、干有遵循。

4. 产业带动振兴

以乡村振兴为基础，《乡村振兴战略规划（2018—2022 年）》围绕着乡村产业振兴提出了 26 项重大工程、重大计划和重大行动。围绕“三个重大”在四个方面推动落实。一是夯实农业基础，扎实推进“藏粮于地、藏粮于技”的战略，进一步优化农业结构，提高农业的国际竞争力，不断增加农民收入。二是质量兴农，启动实施农业高质量发展八大行动，完善乡村产业标准体系，加强质量安全监管，不断创新符合乡村产业振兴的组织形式，进一步构建现代农业产业体系、生产体系和经营体系。三是产业融合，将更多要素导入县域经济发展平台上来，为乡村创造更多能够满足农民需要、适合各方面人才展示才华的广阔天地。四是抓特色产业，推动特色农产品优势区建设，开展产业兴村强县行动、“一村一品”示范创建，发展具有民族和地域特色的乡村手工业。

（二）“三权分置”法定

“三权分置”改革的核心问题是家庭承包的承包户在经营方式上发生转变，即由农户自己经营，转变为保留土地承包权，将承包地流转给他人经营，实现土地承包经营权和土地经营权的分离，农户保留土地承包权。

2018 年 12 月 29 日，十三届全国人大常委会七次会议表决通过了关于修改《农村土地承包法》的决定，土地经营权的概念首次在法律中得到明确。

2019 年 9 月修正的《土地管理法》发布。《土地管理法》提出坚持土地公有制不动摇，坚持农民利益不受损，坚持最严格的耕地保护制度和最严格的节约集约用地制度，在充分总结农村土地制度改革试点成功经验的基础上，作出了多项重大突破，例如，破除集体经营性建设用地进入市场的法律障碍，改革土地征收制度，完善农村宅基地制度等。

2020 年 5 月 28 日，十三届全国人大三次会议表决通过《民法典》。《民法典》第三百三十条规定，农村集体经济组织实行家庭承包经营为基础、统分结合的双层经营体制；农民集体所有和国家所有由农民集体使用的耕地、林地、草地以及其他用于农业的土地，依法实行土地承包经营制度。《民法典》第三百三十二条规定，耕地的承包期为 30 年；草地的承包期为 30 ~ 50 年；林地的承包期为 30 ~ 70 年。前款规定的承包期限届满，由土地承包经营权人依照农村土地承包的法律规定继续承包。《民法典》第三百三十九条规定，土地承包经营权人可以自主决定依法采取出租、入股或者其他方式向他人流转土地经营权。

（三）《中国共产党农村基层组织工作条例》

2019 年 1 月，中共中央印发了《中国共产党农村基层组织工作条例》，该条例对坚持和加强党对农村工作的全面领导，打赢脱贫攻坚战，深入实施乡村振兴战略，推动全面从严治党向基层延伸，提高党的农村基层组织建设质量，巩固党在农村的执政基础，具有十分重要的意义。《中国共产党农村基层组织工作条例》有六个方面的主要内容：一是强调了农村基层党组织的领导地位。二是规范了农村基层党组织设置。三是规定了乡镇党委和村党组织的主要职责。四是明确了农村基层党组织领导经济建设、精神文明建设、乡村治理的重点任务。五是提出了加强农村基层党组织领导班子和干部队伍建设，加强党员队伍建设的明确要求。六是强化了各级党委特别是县级党委要认真履行农村基层组织建设主体责任。

（四）《中共中央、国务院关于坚持农业农村优先发展做好“三农”工作的若干意见》

2019 年 1 月，《中共中央、国务院关于坚持农业农村优先发展做好“三农”工作的若干意见》发布。该意见指出，必须坚持把解决好“三农”问题作为全党工作重中之重不动摇，进一步统一思想、坚定信心、落实工作，巩固发展农业农村好形势，发挥“三农”压舱石作用，为有效应对各种风险挑战赢得主动，为确保经济持续健康发展和社会大局稳定、如期实现第一个百年奋斗目标奠定基础。

（五）《国务院关于促进乡村产业振兴的指导意见》

2019 年 6 月出台《国务院关于促进乡村产业振兴的指导意见》，该意见在以往政策的基础上进行了集成、延伸、拓展、细化和实化。一是乡村产业定位更加准确。乡村产业概念有了明确的界定，是姓农、立农、兴农的产业，主要包括现代种养业、乡土特色产业、农产品加工流通业、休闲旅游业、乡村服务业等，具有产业链延长、价值链提升、供应链健全以及农业功能充分发掘、乡村价值深度开发、乡村就业结构优化、农民增收渠道拓宽等一系列特征。二是乡村产业振兴的路径更加清晰。以科学布局优化乡村产业发展空间结构，以产业融合增强乡村产业发展聚合力，以质量兴农、绿色兴农增强乡村产业持续增长力，以创新创业增强乡村产业发展新动能,更多依靠科技创新支撑,培育创新创业主体,拓宽创新创业领域。三是促进乡村产业振兴要求更加具体。《国务院关于促进乡村产业振兴的指导意见》再次强调各地要落实“五级书记”抓乡村振兴的工作要求,把乡村产业振兴作为重要任务,摆在突出位置。要建立农业农村部门牵头抓总、相关部门协同配合、社会力量积极支持、农民群众广泛参与的推进机制。

(六)《中国共产党农村工作条例》

2019 年 8 月,中共中央印发《中国共产党农村工作条例》,对坚持和加强党对农村工作的全面领导作出系统规定,是新时代党管农村工作的总依据。中共中央专门制定关于农村工作的党内法规,在中国共产党历史上还是首次,充分体现了党中央对农村工作的高度重视。《中国共产党农村工作条例》提出党的农村工作必须遵循坚持党对农村工作的全面领导等六项原则,这是结合党管农村工作的长期实践经验、把握新时代农村工作规律确定的六项原则。该条例把党管农村工作的总体要求细化成具体的规定,实现了有章可循、有法可依,从制度机制上把加强党的领导落实到了“三农”各个方面、各个环节。

(七)《中共中央、国务院关于抓好“三农”领域重点工作确保如期实现全面小康的意见》

《中共中央、国务院关于抓好“三农”领域重点工作确保如期实现全面小康的意见》,即 2020 年中央一号文件,共五个部分,包括坚决打赢脱贫攻坚战、对标全面建成小康社会加快补上农村基础设施和公共服务短板、保障重要农产品有效供给和促进农民持续增收、加强农村基层治理、强化农村补短板保障措施。2020 年中央一号文件将 2020 年确定为全面建成小康社会目标实现之年和全面打赢脱贫攻坚战收官之年,要达成该目标任务,脱贫攻坚这个最后的堡垒必须攻克，全面小康“三农”领域的突出短板必须补齐。2020 年中央一号文件明确，务必对标对表全面建成小康社会目标，以持续抓好农业稳产保供和农民增收为抓手，推进农业高质量发展，保持农村社会和谐稳定，全面提升农民群众获得感、幸福感、安全感，确保脱贫攻坚战圆满收官，确保农村同步全面建成小康社会。

（八）《中共中央、国务院关于全面推进乡村振兴加快农业农村现代化的意见》

《中共中央、国务院关于全面推进乡村振兴加快农业农村现代化的意见》，即 2021 年中央一号文件，聚焦于新发展阶段的“三农”工作，对全面脱贫攻坚战之后的农村发展制定新的任务和目标。

2021 年中央一号文件围绕实现巩固拓展脱贫攻坚成果同乡村振兴有效衔接，明确设立衔接过渡期，提出持续巩固拓展脱贫攻坚成果、接续推进脱贫地区乡村振兴、加强农村低收入人口常态化帮扶等重点举措。围绕提升粮食和重要农产品供给保障能力，提出实行粮食安全党政同责，明确要求“十四五”时期各省（区、市）要稳定粮食播种面积、提高单产水平。围绕推动农业农村现代化开好局、起好步，提出解决种子和耕地两个要害问题、强化现代农业科技和物质装备支撑、构建现代乡村产业体系、推进农业绿色发展、推进现代农业经营体系建设等重点举措。以实施乡村建设行动为抓手，部署一批重点工程、重大项目和重要行动。围绕加强党对“三农”工作的全面领导，对健全党的农村工作领导体制和工作机制、加强党的农村基层组织建设和乡村治理等方面提出明确要求。

2021 年中央一号文件将巩固拓展脱贫攻坚成果摆在首要位置，守住防止规模性返贫底线。对摆脱贫困的县，从脱贫之日起设立 5 年过渡期，过渡期内保持现有主要帮扶政策总体稳定。健全防止返贫动态监测和帮扶机制。加强农村低收入人口常态化帮扶,对有劳动能力的坚持开发式帮扶,帮助其提高内生发展能力,发展产业,参与就业,依靠双手勤劳致富;对脱贫人口中丧失劳动能力且无法通过产业就业获得稳定收入的人口,以现有社会保障体系为基础,按规定纳入农村低保或特困人员救助供养范围,并按困难类型及时给予专项救助、临时救助。做好易地搬迁后续帮扶,确保搬迁群众稳得住、有就业、逐步能致富。同时,加大对脱贫县乡村振兴支持力度。在西部地区的脱贫县中确定一批国家乡村振兴重点帮扶县,从财政、金融、土地、人才、基础设施、公共服务等方面给予集中支持。

2021 年中央一号文件坚定解决乡村振兴中农民群众急难愁盼的问题。对农村的地自己用不上、用不好的问题,提出完善盘活农村存量建设用地政策,实行负面清单管理,探索灵活多样的供地新方式等。针对乡村振兴资金需求量大的问题,2021 年中央一号文件提出支持地方政府发行一般债券和专项债券用于现代农业设施建设和乡村建设行动、支持以市场化方式设立乡村振兴基金等。针对农村贷款难、贷款贵问题,提出大力开展农户小额信用贷款业务,鼓励开发专属金融产品支持新型农业经营主体和农村新产业、新业态,加大对农业农村基础设施投融资的中长期信贷支持。

(九)《国民经济和社会发展第十四个五年规划和 2035 年远景目标纲要》

十三届全国人大四次会议通过《国民经济和社会发展第十四个五年规划和 2035 年远景目标纲要》,首次将乡村建设摆在社会主义现代化建设的重要位置。第七篇提出坚持农业农村优先发展,全面推进乡村振兴,制定了乡村振兴的“十四五”远景目标纲要,确定了“提高农业质量效益和竞争力”“实施乡村建设行动”

“健全城乡融合发展体制机制”“实现巩固拓展脱贫攻坚成果同乡村振兴有效衔接”四大方向建设规划。强调要走中国特色社会主义乡村振兴道路，全面实施乡村振兴战略，强化以工补农、以城带乡，推动形成工农互促、城乡互补、协调发展、共同繁荣的新型工农城乡关系，加快农业农村现代化。

（十）《中共中央、国务院关于实现巩固拓展脱贫攻坚成果同乡村振兴有效衔接的意见》

2021 年 3 月 22 日发布《中共中央、国务院关于实现巩固拓展脱贫攻坚成果同乡村振兴有效衔接的意见》，指出未来 15 年将通过六大方面共 24 项措施推进脱贫攻坚成果与乡村振兴有效衔接，强调脱贫摘帽不是终点，而是新生活、新奋斗的起点。打赢脱贫攻坚战、全面建成小康社会后，要在巩固拓展脱贫攻坚成果的基础上，做好乡村振兴这篇大文章，接续推进脱贫地区发展和群众生活改善。

脱贫攻坚后设立了 5 年的过渡期，到 2025 年，脱贫攻坚成果巩固拓展，乡村振兴全面推进脱贫地区农民收入增速要高于全国农民平均水平。到 2035 年，要实现脱贫地区经济实力的显著增强，乡村振兴要取得重大进展，在促进全体人民共同富裕上取得更为明显的实质性进展。

（十一）《乡村振兴促进法》

2021 年 4 月 29 日，十三届全国人大常委会二十八次会议表决通过《乡村振兴促进法》，自 2021 年 6 月 1 日起施行。

制定《乡村振兴促进法》，是在充分总结“三农”法治实践的基础上，完善和发展中国特色“三农”法律体系的重要成果，将维护农民主体地位、尊重农民意愿、保障农民合法权益摆在突出位置，贯穿法律始终，有利于充分调动农民的积极性、主动性、创造性，真正使广大农民群众成为乡村振兴的参与者、支持者和受益者。

第二节 乡村振兴背景下集体建设用地流转法律问题研究

土地是农民最重要的财产和生产、生活资料，是农民的基本生活需求的保障。近年来，中共中央提出了乡村振兴战略，大力发展乡村经济。习近平总书记在十八届中央政治局集体学习讲话时特别指出："要完善立法规划，突出立法重点，坚持立改废并举，提高立法科学化、民主化水平，提高法律的针对性、及时性、系统性。要完善立法工作机制和程序，扩大公众有序参与，充分听取各方面意见，使法律准确反映经济社会发展要求，更好协调利益关系，发挥立法的引领和推动作用。"①因此，如何建构集体建设用地流转的法律运行机制，充分发挥集体建设用地的土地资源优势，成为当下亟须解决的问题。

一、乡村振兴战略与集体建设用地流转的含义

（一）乡村振兴战略

2017 年 12 月 29 日，中央农村工作会议首次提出走中国特色社会主义乡村振兴道路，让农业成为有奔头的产业，让农民成为有吸引力的职业，让农村成为安居乐业的美丽家园。因此，实施乡村振兴就必须对农村土地的流转问题进一步探讨。2018 年中央一号文件足以显示党和国家高度重视乡村振兴战略的实施，为乡村振

① 《习近平谈治国理政》（第一卷），外文出版社 2014 年版，第 144 页。

兴战略的实施提供了政治保证。2018年中央一号文件中不仅制定了乡村振兴战略的总体目标,还制定了阶段性目标,土地制度是制度框架和政策体系中的重要组成部分。之前的农村土地政策法规在保护农村土地和维护农民利益的层面发挥了举足轻重的作用,但在当前乡村振兴战略的要求下,以往的政策法规已不能满足当前发展的需要,制约了农村经济的发展。因此,我们要重视并研究农村土地经营权流转的法律问题,推动乡村振兴战略的实施,确保农民利益的实现。

(二)农村集体建设用地流转的含义

农村集体建设用地是指乡(镇)村集体经济组织和农村个人投资或集资,进行各项非农业建设所使用的土地。主要包括乡(镇)村公益事业用地和公共设施用地以及农村居民住宅用地,即农村集体建设用地分为三大类:宅基地、公益性公共设施用地和经营性用地。

农村集体建设用地流转是指集体建设用地在符合规划和用途管制的前提下,将农村集体经营性建设用地的使用权进行出让、租赁、入股等。集体建设用地流转的是使用权,所有权仍然归农村集体。

二、乡村振兴背景下集体建设用地流转的意义及必要性

(一)意义

乡村是农民活动的主要空间,乡村的发展程度影响农民的生活质量,也影响着国家全面建设小康社会、实现社会主义现代化强国的步伐。乡村承载着生产、生活、生态等多种功能,具有重大的价值,但当前乡村的生活、经济、需求等出现矛盾,制约着国家和农村的发展。因此,要大力实施乡村振兴战略,改革土地经营权流转

制度，其制度的改革对乡村振兴战略主要有多方面意义：

第一，发展乡村振兴战略应以土地制度改革为基石。土地作为一切生产、生活和文化的载体，是实施乡村振兴战略的出发点，发展乡村振兴战略必须以土地制度改革为基石。

第二，土地制度的改革必须要明确且匹配乡村振兴战略的发展。以往的土地法律法规以及政策制度有效保障了农民的基本权益，使农民的生活有保障，有利于社会的稳定和农村的发展。但在新时代乡村振兴战略的要求下，农民不仅要有保障，还要求富起来。因此，必须建立新的土地制度，特别是集体建设用地的流转、征收等土地流转政策法规的建立，必须与乡村振兴战略相匹配。

第三，乡村振兴战略的重要组成部分之一就是要深化土地制度改革。土地作为农民的根基，在乡村振兴战略中占据重要的地位。《农村土地承包法》中确定家庭承包经营是农户对土地的承包经营形式；确定土地制度与集体产权制度；确定土地制度与农业支持保护制度等，对土地的使用、转移进行了规定。

（二）必要性

随着城市化进程的加快，越来越多的农村人口涌入城市，使农村土地大量闲置。随着乡村振兴战略的实施，农村土地作为重要载体，面临着机遇和挑战。乡村振兴战略要求建立与完善农村集体建设用地的流转制度，其必要性主要体现在以下两个方面：

1. 农村宅基地流转的必要性

随着大量人口向城市聚集，农村人口在城市落户并购置房屋，农村逐渐成为“空城”，导致大量的宅基地被闲置，这种现象十分普遍。一方面，大量宅基地被闲置导致农村土地资源的浪费；另一方面，乡村的振兴亟须引入外来资本来发展旅游、养老、娱乐等产业。因此，农村宅基地流转是很有必要的，在充分利用宅基地土地资源的同时,也能大力支持农村发展。

2. 农村公益性公共设施用地和经营性用地流转的必要性

农村中的学校、医院、政府等基础设施用地属于公益性公共设施用地,一般来说,流转的可能性小;经营性用地的流转需求大,很多地方存在“隐形市场”,但缺少法律的监管。2019 年 8 月 26 日修正的《土地管理法》规定,土地利用总体规划、城乡规划确定为工业、商业等经营性用途,并经依法登记的集体建设用地,允许土地所有权人通过出让、出租等方式交由单位或者个人使用,并应当签订书面合同,明确用地供应、动工期限、使用期限、规划用途和双方其他权利义务;集体建设用地使用权的出让、出租、转让、互换、出资、赠与、抵押,其最高年限、登记等参照同类用途的国有建设用地执行。

三、农村集体建设用地使用权流转的形式

(一)宅基地使用权的流转形式

1. 出租

随着农民纷纷进城就业并在城市购置新房,越来越多的宅基地处于闲置的状态,一些农民会选择将自家的宅基地出租,用于商业或居住。

2. 转让

当前的政策法规并不允许宅基地在公开市场交易,因此宅基地的转让仅限制在集体内部成员之间,转让价格也往往只是房屋的成本价,目前这种流转方式并不多。

3. 退出

宅基地的退出是指农民放弃宅基地的使用权,将宅基地退回集体或者政府。在当前宅基地资源闲置、“双栖”人口增多的现状下,完善宅基地退出机制十分必要。在 2019 年修正的《土地管理

法》实施之前，我国没有关于宅基地退出的相关规定，目前也没有完善的保障机制以及退出补偿机制来保障农民权益，因此农民退出宅基地的积极性并不高。同时，政府与农民缺乏深入沟通，没有广泛听取意见，一味地推行宅基地退出机制，工作成效不明显，还可能与村民产生矛盾。

（二）集体经营性建设用地的流转形式

集体经营性建设用地的流转需要符合2019年修正的《土地管理法》的规定，针对不同的流转形式，具体问题具体分析。一般来说，集体经营性建设用地的流转主要有以下几种形式：

1. 出售

出售就是流转集体用地使用权，由于集体建设用地使用权不允许单独进行流转，一般都是连着地上建筑物一起流转。这种形式的流转存在很多“隐形市场”。

2. 改制过程中的出让

改制过程中的出让主要是由乡（镇）政府主导，将其企业建设用地进行出让，乡镇集体向受让者收取相应的土地出让金。

3. 出租

将集体经营性建设用地使用权进行出租是指将集体经营性建设用地一定年限的使用权出租给土地使用方，使用方按相关约定交付一定的租金，并享有优先续租权。

4. 入股

农村集体经济组织一般为集体经营性质建设用地的所有者，其将集体经营性建设用地的使用权作价入股，向企业让与使用权，并通过股份定期从企业那里获得收益分红。

5. 抵押

抵押是将农村集体建设使用权进行作价，抵押给金融信贷机构,从而获得金融信贷机构贷款的融资行为。目前我国很多地区在开展集体建设用地抵押试点工作。

6. 参照国有土地使用权方式进行出让

这是一种新的流转方式。2019 年《土地管理法》的修正,允许集体建设用地参照国有建设用地出让方式进行出让,出让的年限参考国有建设用地使用权。这种流转形式是将集体建设用地使用权以一次性方式进行流转,其使用权的流转不可超出国有土地使用权出让年限。

四、农村集体建设用地流转制度存在的法律问题

一直以来,我国土地实行二元制度,城市的土地归国家所有,农村的土地归集体所有。随着市场经济的发展,城市土地经营权流转市场已比较成熟,作为推动城市化发展的重要媒介,国家出台了多部法律和政策规范城市土地经营权流转。但农村的土地政策与农村当前的发展要求不匹配,出现了诸多矛盾和问题,主要体现在以下几个方面。

(一)集体建设用地征收制度存在的问题

集体建设用地是农民生产生活的基本保障,因此要落实对农民集体建设用地权利的保护。《宪法》第十条第三款规定:“国家为了公共利益的需要,可以依照法律规定对土地实行征收或征用并给予补偿。”同时《土地管理法》规定,按照土地原有用途给予补偿金,并且对土地的征收只能是国有土地。因此,在此种情况下,征收城市土地与农村土地并不相同。城市的土地归国家所有,国家可直接征收,但需要给予补偿金。由于城市的经济发展和土地资源的稀缺,征收的补偿金往往十分丰厚,例如,拆迁建造公共交通轨道,一部分城市人群以此发家致富。

与城市土地征收不同的是,农村土地属于集体所有,因此必须将集体土地转化为国有土地才能进行征收。而土地性质转变时,土地就离开了农民,补偿金也在此刻确定。根据“土地原有性质给予补偿”的法律规定,给农民的补偿金按原有用途确定,然后再出让用于修建公共设施、商业住宅用地等城市建设,出让金远远高于补偿金。在城市的发展进程中,大量的土地源于对农村土地的征收,为城市化发展注入了资金,而乡村振兴战略的实施也需要注入大量的资金,而最好的资金来源仍然是对土地的利用。土地应用于大量地吸收外来资本。因此,有必要对《土地管理法》中关于土地补偿金以及农村集体用地的回收方法作出相应的改变。

(二)集体建设用地流转中存在的问题

多年来,相关的法律、法规、政策一直限制农村集体建设用地的流转。宅基地使用权的流转比较困难,农民一般不愿流转宅基地的使用权;集体经营性建设用地的流转存在“隐形市场”,导致“小产权房”的出现,存在各种隐患。主要存在以下几个方面的问题:

1. 集体建设用地流转缺乏完善的法律机制

我国2019年修正前的《土地管理法》规定,农村集体用地不得出让、转让或出租,不得用于非农业建设。该法条在城市化的进程中保护了农民的土地不被随意征用或转让,维护了农民的利益和农村社会的稳定性,但同时也限制了农村的发展。大量的集体建设用地被闲置,无法充分利用其价值。而在农村中需要大力开发的养老、休闲、文化等产业无法得到土地政策的支持,发展缓慢甚至停滞不前,使农村极富价值的土地资源不能得到充分利用。

2019年8月26日修正的《土地管理法》明确了集体建设用地使用权允许上市。2019年修正的《土地管理法》第六十三条第一款规定，土地利用总体规划、城乡规划确定为工业、商业等经营性用途，并经依法登记的集体建设用地，允许土地所有权人通过出让、出租等方式交由单位或者个人使用，并应当签订书面合同，载明土地界址、面积、动工期限、使用期限、土地用途、规划条件和双方其他权利义务。第六十三条第四款规定，集体经营性建设用地的出租，集体建设用地使用权的出让及其最高年限、转让、互换、出资、赠与、抵押等，参照同类用途的国有建设用地执行。但是集体建设用地流转的一些具体实施细则还需要相关政策的进一步出台。

2. 宅基地流转意愿低，土地闲置现象严重

随着城市化的快速发展，农村人口大量移居城市，在城市逐渐壮大的同时，农村却在萎缩，城乡发展不平衡，出现了"空心城"的现象。农民在城市购置房产的同时，农村的宅基地规模也并没有减少，大量的土地资源被闲置。由于农民只拥有宅基地使用权，宅基地所有权归集体所有，并且退出机制不完善，导致农民不愿退出宅基地，宅基地流转意愿低，使土地资源不能被充分利用，也无法达到增加农民收入的目的。

3. 农村集体建设用地利用效率低下

农村"一户多宅"的现象比较严重，闲置的宅基地过多，宅基地土地利用过于粗放。由于以往体制的原因，很多乡镇为了招商引资，把集体土地以很低的价格作价入股，导致乡村企业浪费土地现象严重。一些乡镇企业倒闭，农村集体用地不能进入市场，导致土地闲置。

4. 农村集体建设用地流转市场不规范

2019 年修正前的《土地管理法》中明确规定集体建设用地使用权不可直接进入市场，必须先转为国有土地才能进入市场进行流转。由于法律上不允许集体建设用地进行流转，长期以来集体建

设用地流转一直存在“隐形市场”。这些“隐形市场”不规范,缺少市场监督机制,市场秩序混乱,不仅对交易双方存在较高的隐患,而且在很大程度上干扰了国家对土地市场管理的秩序,导致国有资产的大量流失,侵害了农民的利益。

五、乡村振兴战略下农村集体建设用地流转制度的完善

(一)完善农村集体土地征收制度

探讨农村集体建设用地的流转问题,必须先聚焦土地的征收制度。土地征收制度在城市化发展过程中发挥重大作用的同时也一直存在诸多争议。土地征收由政府主导,加快了城市化进程,增加了政府的财政收入,为国家宏观经济的发展提供了土地支持,但农民获益甚微,甚至在土地被征收后,没有明确的措施保障其利益。因此,应出台相关的法律法规政策对土地的征收去向、土地征收的补偿以及土地征收后的农民安置问题加以明确。

第一,将《土地管理法》中关于农村集体建设用地不得用于非农用途的规定进行修改,允许农村集体以村集体的名义将集体建设用地向社会外界流转,用于商业开发,所得收益在集体成员之间按照投入多少进行分配,以便充分利用闲置的土地,并使农民通过土地实现增收。

第二,修改关于土地征收的补偿标准。依据征收的土地用途进行定价,然后确定适当的比例对农民进行补偿,提高农民补偿金标准,帮助农民通过土地增收,这也是乡村振兴战略的目标之一。

第三,完善土地征收后的保障措施,从住房、就业、医疗等方面对农民予以妥善安置,使农民不至于因为土地被征收而得不到保障。

总之,放宽土地征收政策是一把“双刃剑”。一方面对农村经

济有正面的促进作用，另一方面也可能导致农业用地迅速流失，土地资源过度开发，不利于农村社会的稳定，也使国家根基受到影响。因此，应采取试点措施，对土地征收比例进行合理控制，做到既不闲置也不过度开发土地资源，同时保护生态环境，大力发展绿色产业。

（二）扩大农村集体建设用地权益

在乡村振兴战略中，应对农村集体建设用地的权益进行扩充，以解决发展新产业所面临的资金问题和用地问题。农村集体建设用地包括三个方面，分别是集体公益性设施建设用地、集体经营性建设用地以及宅基地，这三个方面分别被赋予了不同的功能。2019 年修正前的《土地管理法》规定的农村土地不能用于出让、租赁、转让等规定，以及不得用于非农业用途等，使农村集体建设用地不能与城市建设用地接轨。在实践中，2015—2018 年，全国推行了 33 个试点地区，实行扩大农村集体建设用地权利的政策，在这些试点地区的集体建设用地可以进行流转，并且与城市建设用地享有同等的权利，调整为同等的价格。这一政策对乡村的发展带来了积极作用，刺激了乡村各产业的发展，吸引了外来资本进入农村发展农家乐、生态园等，增加了当地政府和当地农民的收入。另外，在全国 13 个城市试点实行此政策，利用农村集体建设用地建设租赁房，大大缓解了一部分城市人群的住房压力，同时也促进了农村的发展。这些实践为农村集体建设用地的开发利用提供了借鉴意义，也证明允许农村集体建设用地流转是可行的。

因此，2019 年修正的《土地管理法》中对有关农村集体建设用地性质的条款进行修改，有利于集体建设用地利用方式的多样化，通过出让、抵押、出租、入股等形式实现土地流转，将土地资源转化为资金，推动乡村振兴的发展。另外，将《土地管理法》中有关限制农村集体建设用地作为非农用途的条款进行修改,使大量闲置集体建设用地可以用于娱乐、旅游等商业领域,提高了土地利用率,也增加了农民的收入。

宅基地作为集体建设用地的一种土地类型,《土地管理法》中一方面规定不能用于非农业用途,另一方面规定按照"一户一宅"的原则进行分配,农民只拥有宅基地的使用权,没有用益物权。因此,应对宅基地的相关法律法规进行修订,允许农村集体建设用地用于非农业用途,允许农民对土地拥有用益物权,可通过土地和房屋的流转取得收益。

2018 年中央一号文件明确指出,应"适度放活宅基地和农民房屋使用权",这里提到的使用权应不仅指居住权,还可以看出乡村振兴战略要求对宅基地赋予更多的权益。这就要求从法律上明确农民对宅基地不仅拥有居住权,还拥有经营宅基地及其房屋的权利,可以对其进行转让、担保、经营等。这样不仅使农民可以不依赖于耕地生活,寻求多元化的增收方式,而且还吸引了青壮年返乡就业,在缓解就业压力的同时还振兴了乡村经济,减少了农村人口的流失。

当然,在开放宅基地权益的同时也应有一定的限制措施,否则一味地开放可能会导致过度开发,导致农村公益性公共设施建设面积被侵蚀。因此,应对农村集体建设用地的宅基地面积进行统计,合理地规划宅基地流转面积。

(三)尽快出台《土地管理法》的实施细则及完善相关的法律法规

虽然 2019 年修正的《土地管理法》已经出台,但相关的实施细则还没有出台,社会各界也在关注有关农村集体建设用地上市的有关政策和制度。进一步完善征地制度、集体建设用地流转入市制度、农村宅基地退出机制等一系列法律制度，才能对农村集体建设用地的流转提供法律支撑，才能推动土地资源的优化配置，建设有序的集体建设用地流转市场，避免出现集体建设用地流转市场混乱的局面。

（四）构建城乡统一的建设用地市场

要打破城乡二元土地制度，建立统一的城乡建设用地交易市场，实现“同等入市、同价同权”，农村集体建设用地与城市建设用地不仅享有同等的权利，也承担同等的义务，集体建设用地流转和国有建设用地流转同样需要履行纳税义务，建立城乡统一的建设用地增值收益分配机制。同时，征收集体建设用地也应按市场价格予以补偿，使农民真正得到土地的利益。建设城乡统一建设用地市场，还需要促进土地流转主体的多元化以及土地供给方式的多元化，保证城乡土地平等流转。

（五）完善宅基地有偿退出机制

目前，农村大量的宅基地被闲置，农民退出意愿不强，造成土地资源的浪费。导致这种局面的重要原因之一是宅基地退出没有完善的补偿机制和保障机制，农民担心退出后利益得不到保障，政府的补偿不够到位。因此，如果由政府单方面号召是达不到理想效果的，必须深入广大农民，从他们的需求制定宅基地退出机制，完善保险补偿、政策性住房等机制，政府、集体、农户三方共同合力，宅基地的退出工作才能顺利进行，才能促进乡村面貌的改善和乡村振兴战略的实施。

（六）建立农村集体建设用地使用权流转评估制度

在以往的实践中，一些村集体为招商引资，低价流转土地，损害了农民集体的利益。2019 年修正的《土地管理法》使集体建设用地可以依法流转上市成为不争的事实。如何确定农村集体建设用地的流转价格成为一个难题。因此，应建立集体建设用地流转评估制度，降低流转风险，避免因低价流转损害农民集体的利益。

(七)建立市场监督机制

首先，应加大对集体建设用地流转市场的监督与管理，健全相关的流转体制与管理机制；其次，建立评估制度，防止土地资产的流失，严惩逃税现象；再次，合理规划土地用途，政府加大监管力度，严禁不符合规划的土地进入市场流转；最后，严格监督流转程序和过程，严格控制农用地转为建设用地。

六、结语

为顺利实施乡村振兴战略，亟须进一步完善农村集体建设用地的相关法律、法规、政策，建立起城乡统一的土地流转市场，优化土地利用结构，优化资源配置，合理利用土地，解决用地矛盾，促进乡村振兴战略的实施。

第三节　农村宅基地“三权分置”问题研究

宅基地一直在保障农村经济发展和维护社会稳定中起着重要作用，但在经济高速发展的当下，大量农民进城购置房屋，宅基地被大面积闲置，宅基地所承载的传统居住功能已不能满足农村经济发展的需要，以往的政策、法律、法规也不能满足当下的需要。要抓住提高立法质量这个关键，深入推进科学立法、民主立法，完善立法体制和程序，努力使每一项立法都符合宪法精神，反映人民意愿，得到人民拥护。[①] 所以，从农民切身利益出发，完善宅基地相关立法，实施宅基地"三权分置"，完善宅基地流转和退出机制势在必行，以此增加农民收入，落实乡村振兴发展战略。

一、问题的提出

一直以来，农村宅基地作为农民安身立命的根本，在保障我国农村经济发展和维护社会稳定方面扮演了十分重要的角色。我国《宪法》《民法典》《土地管理法》等法律在很多方面都对宅基地使用权流转作出了规定。例如，《宪法》第十条第四款规定："任何组织或者个人不得侵占、买卖或者以其他形式非法转让土地。土地的使用权可以依照法律的规定转让。"《民法典》第三百六十三条规定："宅基地使用权的取得、行使和转让，适用土地管理的法律和国家有关规定。"《民法典》第三百九十九条规定："下列财产不得抵押：……（二）宅基地、自留地、自留山等集体所有土地的使用权，但是法律规定可以抵押的除外……"《土地管理法》第六十二条第五款规定："农村村民出卖、出租、赠与住宅后，再申请宅基地的，不予批准。"

在当前城镇化、农业现代化进程加快的社会背景下，大量的农民进城务工，农村宅基地被大面积闲置。因此，如何建构宅基地使用权流转的法律运行机制，充分发挥宅基地的经济资源优势，成为当下亟须解决的问题。

二、完善宅基地流转制度过程中的探索

2013 年 11 月 12 日，中国共产党第十八届中央委员会第三次

---

① 参见中共中央文献研究室编：《习近平关于全面依法治国论述摘编》，中央文献出版社 2015 年版，第 47 页。

全体会议审议通过《中共中央关于全面深化改革若干重大问题的决定》，提出要“改革完善农村宅基地制度”，“慎重稳妥推进农民住房财产权抵押”，以“赋予农民更多财产权利”。在接下来的几年内，党中央、国务院以《中共中央关于全面深化改革若干重大问题的决定》为出发点，针对农村宅基地流转出台了许多制度。例如，中共中央、国务院印发2014年中央一号文件，要求“改革农村宅基地制度，完善农村宅基地分配政策，在保障农户宅基地用益物权的前提下，选择若干试点，慎重稳妥推进农民住房财产权抵押、担保、转让”，“做好承包土地的经营权和农民住房财产权抵押担保贷款试点工作”。中共中央、国务院印发2015年中央一号文件指出，要“做好承包土地的经营权和农民住房财产权抵押担保贷款试点工作”。在政策方面对农村宅基地流转加以确认和支持。

2018年中央一号文件指出，要“深化农村土地制度改革……探索宅基地所有权、资格权、使用权‘三权分置’”。2020年6月30日，中央全面深化改革委员会第十四次会议审议通过《深化农村宅基地制度试点改革方案》，进一步明确深化农村宅基地制度改革，就是要“探索落实宅基地集体所有权、保障宅基地农户资格权和农民房屋财产权、适度放活宅基地和农民房屋使用权的具体路径和办法”。2020年10月29日，中国共产党第十九届中央委员会第五次全体会议通过的《中共中央关于制定国民经济和社会发展第十四个五年规划和二〇三五年远景目标的建议》和2021年中央一号文件也再次重申，要探索宅基地所有权、资格权、使用权“三权分置”的实现形式，保障农民的土地承包权、宅基地使用权、集体收益分配权，依法有偿流转宅基地，促进农村发展和社会稳定。

在我国以往对农村宅基地管理过程中，侧重于对其社会保障功能的维护，没有充分发挥其财产属性，以上政策则为完善宅基地流转制度提供了政策指导和依据。在《民法典》编纂过程中，众多学者都希望在物权编中对宅基地使用权的流转作出具体规定。但《民法典》物权编仍没有彻底解决此问题，而是将此问题的解决指向《土地管理法》等公法规定，[①]延续了《物权法》[②]的做法。此做法为进一步深化改革留有空间，以适应未来发展的需要。同时，2015年，第十二届全国人民代表大会常务委员会选定了33个县（市、区）作为试点，暂停实施《物权法》《土地管理法》等法律，探索宅基地"三权分置"改革。但无论在实践中宅基地"三权分置"呈现怎样的形态，由于宅基地使用权属于私权范畴，因此宅基地的流转具备正当性的前提是能够与《民法典》所构建的私权体系相兼容，这样才能将此实践经验在全国推广，甚至是上升到立法的高度。因此，要求我们在《民法典》的体系下对宅基地"三权分置"的实践经验进行审视，一方面是对实践经验的理论性总结，另一方面也是推动土地制度改革的必由之路。

在全国人大常委会确定的33个试点地区中，比较有代表性的是浙江省德清县的宅基地"三权分置"实践。《德清县农村宅基地管理办法（试行）》（德政发〔2018〕31号，以下简称《德清办法》）明确了农村集体经济组织及其成员为村股份经济合作社及其社员，农村宅基地所有权由村股份经济合作社统一行使，村股份经济合作社享有占有、使用、收益和处置宅基地的权利。《德清办法》中规定宅基地使用权的流转主要包括抵押、出租和转让三种形态。宅基地使用权抵押时，奉行"房地一体主义"，应当一并抵押其地上房屋。在抵押权实现时，一方面，抵押人仍保有宅基地资格权和房屋

① 参见陈小君：《我国农村土地法律制度变革的思路与框架——十八届三中全会〈决定〉相关内容解读》，载《法学研究》2014年第4期。

② 现为《民法典》物权编。

所有权;另一方面,抵押权人按30年计算宅基地及其地上房屋的使用期限。抵押权一旦实现,受让人可以申请宅基地房屋使用权登记,原宅基地使用权人(宅基地资格权人)对宅基地使用权和地上房屋不再享有抵押权能,但仍可基于宅基地资格权在30年期限届满后收回宅基地使用权和地上房屋使用权,并可再次进行流转。

三、宅基地“三权分置”的法理诠释

在传统的农村宅基地所有权和使用权“两权分离”的模式下,宅基地的使用和分配重公平、轻效率。[①] 而“三权分置”则是在“两权分离”的基础上,保持宅基地所有权的主体、客体以及权能不变,将宅基地使用权拆分为资格权和使用权。资格权和使用权分别承载着宅基地的社会保障功能和经济价值,在此的使用价值不同于以往使用价值的内涵。可以通过抵押等方式进行流转。

2021年1月26日,农业农村部公布了《农村土地经营权流转管理办法》(中华人民共和国农业农村部令2021年第1号,以下简称《土地经营权流转办法》),对土地经营权的流转作出了较为细致的规定。虽然宅基地与承包地属于不同的用地类型,但两者存在可以相互借鉴对照的地方。

(一)落实宅基地集体所有权

在落实宅基地集体所有权的实践中,出现虚置权利主体以及部分权能不能被很好地发挥等问题。这是由于在现有的公有制土地制度下,集体所有权的归属主体与行使主体分属于两个不同的主体。

① 参见高飞:《农村土地“三权分置”的法理阐释与制度意蕴》,载《法学研究》2016年第3期。

一方面,《宪法》第十条第三款、《民法典》第二百六十一条、《土地管理法》第九条第二款、《土地经营权流转办法》第二条等法律都将“农民集体”这一虚化的概念当作集体所有权的主体;另一方面,《民法典》第二百六十二条、《土地管理法》第十一条又规定,由农村集体经济组织、村民委员会或者村民小组代为行使集体土地所有权。同时,我国也出台了相关政策,将宅基地集体所有权通过推进确权登记加以落实。例如,《关于农村集体土地确权登记发证的若干意见》(国土资发〔2011〕178 号)要求,进一步规范和加快对农村集体土地所有权和使用权的确权登记工作,并明确了农村集体所有权的归属主体为乡(镇)、村、村民小组三类农民集体,集体所有权的行使代表包括集体经济组织、村民委员会、村民小组或乡(镇)政府。

但是,在具体的确权登记实践中,大部分地方存在以私人所有权概念来理解集体所有权概念的问题,不对农村集体经济组织和农民集体两个不同的概念进行区分,产生了将集体所有权归属主体确认为农村集体经济组织、农民集体,甚至认为两者都是归属主体。① 集体所有权根本上不同于私人所有权,前者产生于社会主义公有制背景下,而后者则源于个人自由主义,不能用私人所有权来解释集体所有权。无论是《物权法》还是《民法典》物权编,均将宅基地使用权定性为一种用益物权,但在我国土地公有制背景下所定义的“宅基地使用权”与传统大陆法系国家所定义的用益物权不是同一概念。后者所承认的用益物权以承认所有权的完全性、整体性与恒久性为前提。

---

① 参见姜红利、宋宗宇:《集体土地所有权归属主体的实践样态与规范解释》,载《中国农村观察》2017 年第 6 期。

所以,尽管《民法典》第二百四十条将占有、使用、收益和处分作为所有权的法定权能,但并没有充分体现在集体所有权中,这就使宅基地所有权和使用权确权登记仅仅是一种对占有状态的追认,①是一种静态层面的意义。若要增加农民的财产收入,则应思考如何在动态层面盘活利用宅基地,使其充分显现其价值意义。

集体所有权权能无法彰显的原因之一是“农村集体”概念的虚化,但当下所采用的确权登记工作无法彻底解决这一难题。或许充实农村集体经济组织,赋予农民对集体经济组织的“参与管理权”才是更具实效的做法。因此,我们应推动农村集体经济组织立法,明确乡(镇)、村、村民小组三类农民集体如何“依法”取得集体经济组织法人资格,完善集体经济组织法人的内部治理机制和外部运行规则,从而使农民能更好地通过农村集体经济组织法人行使集体所有权。

(二)保障宅基地农户资格权

2018 年中央一号文件首次提出宅基地“资格权”这一表述,但对“资格权”的具体内容并没有作详细说明。在关于宅基地“三权分置”的改革实践中,不同地区的做法也存在不同。学界围绕资格权性质与内涵所展开的讨论主要可总结为以下几种观点:第一,类承包权说;第二,成员权说;第三,宅基地使用权说;第四,剩余权说;第五,资格说。

以上观点都是从资格权是否符合民事权利构造的角度来对其进行定义,但前四种观点都认为是一种民事权利,而资格说则认为,资格权只是一种获得宅基地的资格,是农户基于集体经济组织

---

① 参见温世扬:《〈土地管理法〉与民法典物权编的衔接》,载《中国不动产法研究》2019 年第 2 期。

成员的特定身份而享有的可以申请在该集体土地上建造住宅及其附属设施的一种资格，其中不包含宅基地使用权持有资格，也不包含通过转让、继承等方式继受取得宅基地使用权的资格。

王利明教授认为，民法上的“资格”是指民事主体参与具体法律关系时所具有的抽象的法律地位，不能单纯用权利或权限来概括。[①] 因此我们要准确界定资格权的性质，应思考资格权究竟赋予了农民何种可能性。

第一，宅基地资格权是指农村集体经济组织成员可以初始取得宅基地使用权的预期利益。宅基地使用权在产生之初就带有一定的身份性和福利性，并且这种资格权具有一定的必然性，根据《土地管理法》第六十二条第四款，农民初始取得宅基地使用权实行“申请—审批”模式。因此，农民需向集体经济组织提出申请，由村民代表大会表决通过后，再报乡政府批准，就可以取得宅基地使用权。这种资格权也就意味着集体组织以及国家机关有义务为符合条件的农户提供宅基地，以保障其基本生活。

第二，资格权也是农户持有宅基地的合法性基础。2014 年中央一号文件指出，推进农民住房财产权抵押、担保、转让的前提在于“保障农户宅基地用益物权”。《国务院关于开展农村承包土地的经营权和农民住房财产权抵押贷款试点的指导意见》（国发〔2015〕45 号）明确指出，金融机构处置抵押物也应当以保障农户基本居住权利为前提，也就是说，宅基地“三权分置”是为了通过资格权和使用权的分离而分别设置保障功能和财产功能。资格权的设置能避免农民因流转房屋导致的失地风险，是宅基地使用权的

---

① 参见王利明：《民法总则研究》（第 3 版），中国人民大学出版社 2018 年版，第 32 页。

基本保障底线。

综上所述,本书认为,资格权是一种身份利益,不可转让、抵押和继承。资格权使农民有权初始取得宅基地使用权,当宅基地使用权进行流转时,农民基于资格权也有权取回宅基地使用权。《土地管理法》第六十二条第五款规定,"农村村民出卖、出租、赠与住宅后,再申请宅基地的,不予批准",可以解释为宅基地之上的房屋的使用权已由他人暂时取得,而基于"房地一体"主义,农民也不能在此期间占有和使用该宅基地。但由于农民保有宅基地资格权,仍有权利取回该宅基地。

(三)适度放活宅基地和农民房屋使用权

《民法典》物权编所使用的宅基地使用权与"三权分置"之下的宅基地"使用权"具有不同的权利内涵。前者是限于集体经济组织内部成员以及合法继承权利的社会主体,后者则是由社会主体享有。[①] 但作为新型权利的"使用权"在《民法典》所构建的私权体系中应当置于何种地位?本书认为,将"使用权"解释为物权比较契合其经济价值的功能取向。

首先,在宅基地"三权分置"之下,"使用权"无论是租赁权抑或是有期限的用益物权,其在法律效果上并没有太大差异。

其次,对宅基地使用权进行债权型利用也并未被现行法律所禁止,自无必要通过"三权分置"而特别创设"使用权"以促进宅基地使用权的流通。赋予"使用权"以物权效力可以使其受到强度更高的保护,从而进一步实现"放活宅基地使用权和农民房屋使用权"的政策目标。

---

① 参见高圣平:《宅基地制度改革与民法典物权编编纂——兼评〈民法典物权编(草案二次审议稿)〉》,载《法学评论》2019年第4期。

最后，将“使用权”设定为物权，并不会违反“一物一权”原则。农民将“使用权”流转出去后，对宅基地进行占有、使用和收益的权利已由该受让社会主体所单独享有，但农民享有基于资格权取回的权利。因此宅基地使用权和“使用权”之间并不矛盾。

四、宅地基“三权分置”之制度完善

（一）宅基地使用权应设置一定期限

根据2020年7月《自然资源部办公厅关于印发〈宅基地和集体建设用地使用权确权登记工作问答〉的函》（自然资办函〔2020〕1344号）的规定：“非本农民集体经济组织成员（含城镇居民），因继承房屋占用宅基地的，可按规定确权登记，在不动产登记簿及证书附记栏注记‘该权利人为本农民集体经济组织原成员住宅的合法继承人’。”我国现有立法并未规定本集体成员取得宅基地使用权的存续期限。这意味着宅基地使用权可以在农民及其合法继承人之间无限制地继承，没有权利到期的问题。这样的做法虽然使宅基地使用权的财产属性得到确认，但可能会造成“一户多宅”的局面，使稀缺的土地资源不能最大限度地发挥其价值，也违背了保障农民“户有所居”的立法初衷。

《土地经营权流转办法》中反复强调土地经营权的流转应当附有一定期限。[①] 在宅基地流转过程中，“使用权”的权利主体通常为本集体经济组织内部成员以外的社会主体，不可能允许其取得无期限限制的“使用权”。因此，我们应着重考虑是否有必要对原始取得宅基地使用权作出期限限定。

本书认为，有必要对宅基地使用权进行一定的期限限制，并且

① 参见《土地经营权流转办法》第六条、第十条、第十九条、第三十四条第二款。

参照国有住宅建设用地使用权“固定期限＋自动续期”的模式进行。这样做有以下几种原因：第一，农村宅基地和国有住宅建设用地的设立都是为了保障集体成员或城镇居民的居住利益，没有必要区别对待，应当设定宅基地使用权的期限为70年。第二，“固定期限”到期后，“自动续期”通常有无偿和有偿两种形式。若资格权人仍属于本集体经济组织成员且仍符合宅基地申请（持有）条件的情形，则可以无偿续期。

除此之外，有下列几种情形之一的，在宅基地使用权期限届满后均应有偿续期：(1)农民已进城落户并购买城镇房屋，且不愿退出宅基地资格权；(2)集体经济组织内部成员通过继承取得宅基地所有权，但同时也持有其他宅基地；(3)非本集体经济组织内部成员通过继承取得宅基地使用权等情形。在以上几种情况下应有偿续期，这样才能使土地资源利用最大化。

（二）明确宅基地使用权流转之运行机制

由于《土地经营权流转办法》已对土地经营权的流转作出比较详细的规定，因此建立宅基地使用权流转机制时可予以借鉴。

在流转主体方面，毋庸置疑的是在宅基地使用权流转中的转让人应是宅基地使用权人（资格权人），而是否应对受让人的资质作出限制，这值得我们探究。《土地经营权流转办法》第九条规定，“土地经营权的受让方应当为具有农业经营能力或者资质的组织和个人”，可以看出土地经营权的流转存在一定的准入条件。因此有学者认为：“从目前情况看，农民住房抵押的抵押权人应当限制为金融机构……以防止出现城镇居民通过抵押方式变相购买农民住房或者其他意想不到的情况发生。”①

① 房绍坤：《农民住房抵押之制度设计》，载《法学家》2015年第6期。

而针对流转方式,《土地经营权流转办法》并未作严格限定,而是在列举出租(转包)和入股两种方式的基础上,也允许通过"其他符合有关法律和国家政策规定的方式流转土地经营权"。

本书认为,对宅基地使用权之流转施加诸多限制并无必要。毕竟无论何人通过何种方式受让取得"使用权",也只是在一定期限内取得了使用宅基地及其地上构筑物的权利。由于"使用权"存在期限限制,只要使农民保有资格权,即使受让人通过各种方式流转"使用权",都不会对农民的利益造成威胁。

(三)坚持集体经济组织法人作为特别法人的立法定位

在宅基地"三权分置"改革中,集体所有权改革的重心应更多倾向于如何完善集体经济组织法人的制度构造。这是由于集体所有权的主体是农民集体而不是集体经济组织,而集体所有权不等于私人所有权,因此应坚持集体经济组织法人作为特别法人,完善集体经济组织法人的内部治理机制和外部运行规则,从而使农民能更好地通过农村集体经济组织法人行使集体所有权。

对农村集体经济组织法人"代表"农民集体行使所有权,学界存在以下几种学说:代表关系说、代理关系说、投资关系说、信托关系说等,这些学说都是从集体经济组织对农民的经济功能方面思考的,但其对农民基本生活的保障以及维护农村社会稳定的功能遭到了忽视。

因此,我们应对这一法律关系进一步思考,在确认集体经济组织所具有的法人市场主体的经济功能的同时,也要确认其具有的管理功能,以便在立法上针对其所具有的这两种功能进行规范配置。

集体经济组织法人所具有的主要权利有初始分配权、流转入市后的监督权、入市后的收益分配权、使用期届满时的收回权。其中，分配权、监督权和收回权是管理功能的体现，而收益分配权是其经济功能的体现。其中，监督权是指确保农民的居住利益没有受到侵害。收益分配权是指集体经济组织法人可以向集体成员分配在宅基地流转过程中向社会主体收取的利润。除此之外，农村集体经济组织还应不具备破产能力，这也是与其他一般法人的重大区别之一。

另外，农村集体经济组织还有一些其他的区别于一般法人的特征，如财产构成、成员资格认定等。这就意味着农村集体经济组织不具有参加高风险商事活动的能力，一般局限于低风险的民事交易活动中。

（四）构建宅基地自愿有偿退出机制

第一，明确区分宅基地退出和宅基地流转。既有研究和实践中均存在对两者不予区分的情况。在很多地方将宅基地的退出和流转混为一谈，这无疑不利于对宅基地制度的研究。《土地管理法》第六十二条第六款规定："国家允许进城落户的农村村民依法自愿有偿退出宅基地。"从该法条可以看出，宅基地的退出特指的是宅基地资格权的退出，也就是农民一旦退也出宅基地便不再是集体组织的成员，也不再拥有宅基地使用权等权利。因此，宅基地流转指的是资格权人将占有和使用宅基地的权利交由他人，自己在一定时间内不拥有此权利；而宅基地退出则是宅基地资格权的永久退出。区分这两者的概念是构建宅基地自愿有偿退出的前提。

第二，明确宅基地退出的程序机制。有些农民在短期利益的驱动下，冲动退出宅基地资格权，但进城后又无法在大城市维持生计。为尽量避免这种情况，应明确宅基地的退出机制，完善退出程序。例如，农民在申请退出宅基地资格权时应在城镇有自有房屋、稳定的工作以及稳定的收入；老年农民还应该参加职工养老保险和实地农民养老保险，以便农民即使退出宅基地资格权也能维持基本生活。

第三，允许被退出的宅基地转化为经营性集体建设用地。《土地经营权流转办法》强调要保证耕地的用途不改变，防止耕地“非粮化”。但与耕地承担着保证粮食安全、保障粮食供给的任务不同，宅基地本就是用于建造建筑物及其相关设施的。农民退出后，农村集体经济组织重新取得对宅基地占有和使用的权利。因此，为将农民已退出的闲置宅基地盘活，增加农民的财产收入，应允许被退出的宅基地转化为经营性集体建设用地。通过宅基地的流转，增加集体经济组织的收入，并在成员之间进行分配。

第四节　社会资本与乡村融合发展模式

实施乡村振兴战略仅依靠财政“输血”不足以实现可持续发展，更重要的是如何引导社会资本成功进入农村，进而使先进的理念、科学的管理和高端的技术在农村带来持续收益。发挥社会资本作用，充分发掘农村资源，促进农村资源增值，给农民带来很大的收益。《中共中央、国务院关于坚持农业农村优先发展做好“三农”工作的若干意见》明确鼓励社会力量参与乡村建设。拉动和撬动社会资本进入乡村，必将成为乡村振兴的重要手段，而能进能退的成熟机制则是社会资本敢于进入乡村的制度保障。

一、社会资本的概念

社会资本自法国社会学家海尼凡提出之后，引起许多学者研究界定,但至今还没有形成统一的结论。社会资本实质上包含了社会网络、社会参与、社会信任和社会规则。基于主体层次,社会资本可分为个体社会资本、集体社会资本、区域社会资本;基于社会资本内涵,社会资本分为认知型社会资本、结构性社会资本类。[①]社会网络结构和资源,是一种社会资本,其含义有两种:(1)个体或集体,通过其社会网络,在成员之间建立互信、合作、协调的关系,为此产生相互的社会支持,减少冲突,增强凝聚,和谐共存。这是社会资本的非工具性含义。(2)个体或集体,通过其社会网络,提高各自的相对竞争优势,获取实惠和收益。这是社会资本的工具性含义。以上两种含义得到了学界认可。2013 年中央一号文件提出,鼓励和引导工商资本介入乡村产业发展。从乡村振兴的角度出发,为使社会资本概念更为简单,易于接受,本书将社会资本、工商资本和人力资本等概念均作为社会资本加以概括,并探讨社会资本在乡村振兴中的进入和退出路径。

二、社会资本进入乡村的主流渠道

《乡村振兴促进法》第五十五条第三款规定,国家鼓励社会资本到乡村发展与农民利益联结型项目,鼓励城市居民到乡村旅游、休闲度假、养生养老等,但不得破坏乡村生态环境,不得损害农村集体经济组织及其成员的合法权益。《社会资本投资农业农村指引(2021 年)》明确指出,"社会资本是全面推进乡村振兴、加快农业农村现代化的重要支撑力量,需要加大政策引导撬动力度,扩大农业农村有效投资",鼓励社会资本与政府、金融机构开展合作,充

① 参见边燕杰、王文彬:《跨体制社会资本及其收入回报》,载《中国社会科学》2012 年第 2 期。

分发挥社会资本市场化、专业化等优势,加快投融资模式创新应用,为社会资本投资农业农村开辟更多有效路径,探索更多典型模式。鼓励和引导社会资本在现代种养业、现代种业、乡村富民产业、农产品加工流通业、乡村新型服务业、生态循环农业、农业科技创新、农业农村人才培养、农业农村基础设施建设、智慧农业建设、农村创业创新、农村人居环境整治和农业对外合作十三大领域进行深耕细作,为社会资本进入乡村指明了方向。

(一)农村集体经济组织与社会资本的合作

1. 合作领域

社会资本可与集体经济组织合作,统筹乡村基础设施和公共服务建设、高标准农田建设、集中连片水产健康养殖示范建设、产业融合发展等,对其进行整体化投资,加快全产业链开发和一体化经营、标准化生产。同时,充分利用乡村文化财富,发展乡村旅游,带动农产品和手工制品销售、农村康养、民宿等项目,强化乡村一二三产业融合发展,因地制宜探索区域整体开发模式。以传统文化复兴为导向,打造山水田园综合体,将虚拟文化价值转换为客观经济收益,把乡村文化以及青山和绿水变成经济和社会效益,为当地农业农村发展提供区域性、系统性解决方案,实现资本功能升级、农民增产增收,促进农业提质增效,带动农村人居环境显著改善、农民收入持续提升。

2. 合作方式

乡村特色产业发展的立足点是生态资本与文化资本,它们决定着产业发展的基本方向;乡村特色产业发展的动力是经济资本,资金、技术、信息、理念等是促进农业转型升级的重要生产要素,能够引导和组织乡村内部资源;乡村特色产业发展的关键是解决资本下乡的融合困境,既要利用乡村本土社会关系和人情网络,也要最终服务于本土社会资本的转型增能,增强农民的主体性,推动乡村自主发展。① 同时,《土地管理法》及其实施条例的修订,为集体经营性建设用地的流转入市提供了法律依据。因此,以土地为基础的社会资本与乡村农旅融合发展之路可考虑以下途径。

(1)"国有建设用地+流转农用地合作开发"模式

基本做法:基层政府与村集体组织通过土地整理、征收,将农用地征收为国有建设用地,通过"招拍挂"的方式将国有建设用地出让给开发企业,并同时将周边农用地流转给开发企业作为配套景观或农业产业用地,由开发企业负责运营。开发企业可投资参与前端土地整理,获得合理投资回报。此种做法常用于城市近郊周边的住宅或文旅产业用地开发(见图28)。

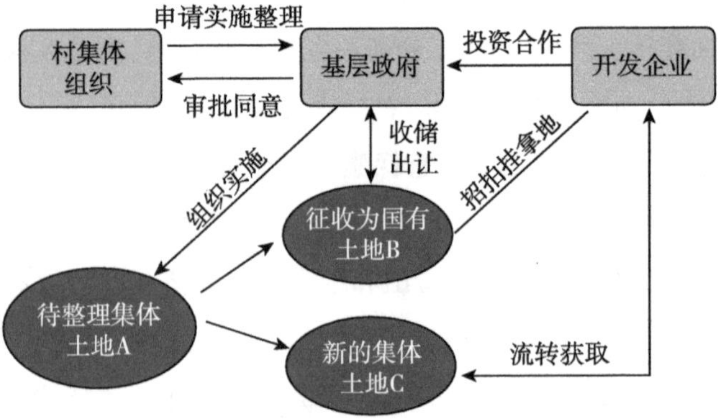

图28 "国有建设用地+流转农用地合作开发"模式

优势:建设方的社会资本可在前期投资进行土地整理,解决农村集体经济组织土地整理资金缺乏的问题,能够有效改善农村集体经济组织的生活环境和农业生产配套设施,提升农民生活质量;

① 参见陈云、朱莹莹:《多重资本运作下乡村特色产业发展路径——以宣恩伍家台村茶产业为例》,载《中南民族大学学报(人文社会科学版)》2021年第9期。

取得项目用地后，农村集体经济组织基本不介入，建设方决策效率高，开发建设周期可控；流转农用地在不改变用途的前提下，主要作为景观和公共公园使用，提升了周边居住舒适度，改善了社区环境。

问题：农村集体经济组织难以持续性共享发展红利，难以持续提升农民就业和提高农民收入；成片土地整理前期土地整理投资较大（涉及拆迁补偿、农民安置、征收等），开发周期较长，资金需求量大；农业产业打造力度极小，无法形成长效、可持续发展的农业产业发展集群；与农村集体经济组织关联性极低，无法为村集体创收和进行产业培育。

（2）"集体建设用地＋流转农用地合作开发"模式

合作方式1："社会资本独立开发＋产业联营"模式

基本做法：社会资本与基层政府和集体经济组织根据现有土地状况（主要依据可整理出来的建设用地指标）共同确定开发片区、建设规模、产业模式，基层政府和集体经济组织共同实施土地整理，将集体建设用地挂牌出让，并将配套农业产业用地（农用地或四荒）挂牌流转，开发企业独资设立投资公司SPV1（Special Purpose Vehicle）和SPV2。SPV1摘牌集体建设用地，SPV2摘牌配套产业用地。SPV1按房地产开发流程对集体建设用地进行开发（需按照规划用途进行开发）。SPV2可与集体专业合作社合作，进行农业、乡村旅游开发等产业运营，由专业合作社提供服务、农产品生产或者劳务，共享发展红利。此类合作模式的核心在于由建设方对项目进行总体规划和运营规划，对农旅基础设施进行独立开发建设并获取收益，同时与农村集体经济组织一并对农旅项目和农业产业进行后期的持续运营合作（见图29）。

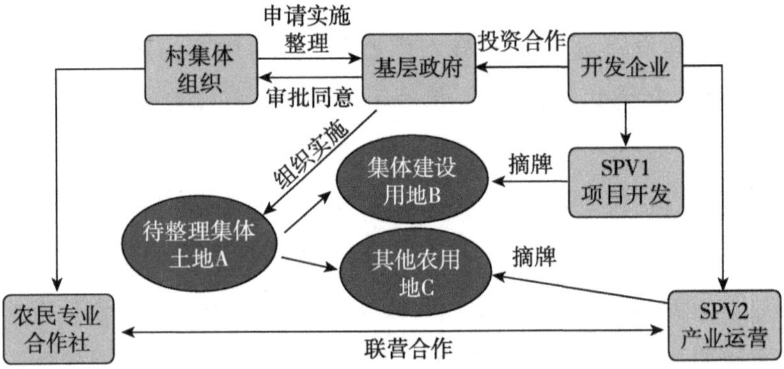

图29 “社会资本独立开发+产业联营”模式

优势:建设方对集体建设用地基础设施部分的开发和运营相对独立,开发效率较高,能快速实现开发和收益目标;农业产业方面与集体经济组织深度合作,具有一定的可持续性,可申请政策和产业性补贴;集体建设用地开发结合农业产业扶持和农业产业的可持续发展,能够建立农民就业、创收提升长效机制;政策扶持力度较大,可充分利用集体建设用地入市的政策红利期。

问题:可能涉及村民集中安置和土地整理款需要先行投资;成片土地整理前期土地整理投资较大,开发周期较长,资金需求量大;集体建设用地指标全部取得需要一定周期,可能涉及前期投资与集体建设用地摘牌脱节等问题。

合作方式2:“社会资本与集体经济组织共同开发和运营”模式

基本做法:农民股份合作社或资产管理公司将集体建设用地和可流转的农用地(需先从承包人处流转到集体经济组织)分别作价;集体经济组织以集体建设用地入股,与投资公司共同组建SPV1;集体经济组织以流转农用地经营权入股,与投资公司共同组建SPV2;投资公司均现金入股。SPV1对集体建设用地进行开发运营,SPV2对农业产业用地进行开发和运营。按照投资公司控股和主要决策模式，依照《公司法》和公司章程共同投资、共担风险、共享利润。此种合作模式的核心在于由建设方与集体经济组织对项目（包括基础设施建设运营和后期产业运营在内的）全流程进行合作开发，共同投资、共同管理、共享收益、共担风险（见图 30）。

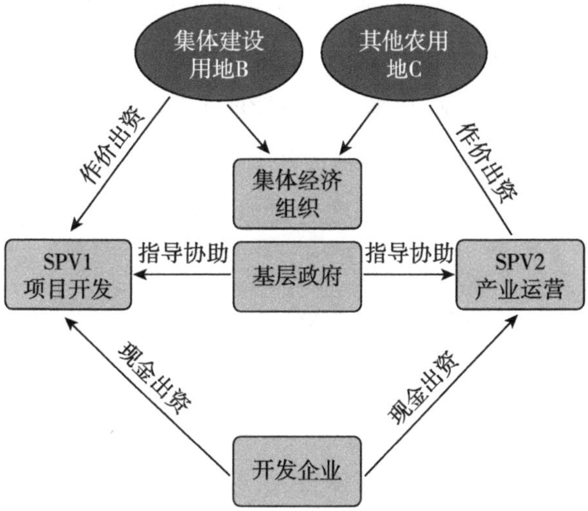

图 30　“社会资本与集体经济组织共同开发和运营”模式

优势：集体经济组织利用现成的建设用地和农用地承包经营权作价入股；建设方前期土地整理和获取成本投入较小，主要投入后期建设开发资金并进行总体规划和建设；适合小体量、小片区开发，资金总量占用较小，可申请政府农业产业补贴；集体经济组织对建设用地开发和农业产业运营介入程度较深，如合作顺畅则对农村集体成员收入的提升和乡村发展的推动有更强的作用。

问题：集体经济组织作为 SPV1 和 SPV2 的股东，必然要参与开发和运营决策，故运营效率可能降低；合作过程中可能会出现分歧与冲突，双方需深入沟通，耐心处理；由于双方基于现有土地进行合作，欠缺对土地的整理和整合，故区域规划未必是最优方案，开发和运营规模有限;常用于小型农旅项目的开发运营,并不适合打造成片并长期运营的农旅田园综合体项目等问题。

(3)"国有建设用地+集体建设用地+流转农用地"模式

基本做法:将上述"国有建设用地+流转农用地合作开发"模式和"集体建设用地+流转农用地合作开发"模式相结合,需要提前进行长期开发运营的产业布局,以成片的住宅或者产业开发为基础获取现金流,反哺后期持续的大型农旅产业田园综合体的持续运营。适用于超大型、成片开发、具有长期规划运营方的田园综合体项目,适合资金实力雄厚或以文旅开发为主的开发企业。

优势:基层政府和农村集体经济组织深度介入片区城镇一体化整体规划,产业打造力度巨大,可能重塑当地产业集群,建立农民就业和创收提升长效机制,同时政策给予产业性补贴支持。

问题:投资周期长,投资体量大;政策跨度和政府换届跨度大等风险。

(二)政府与社会资本合作模式

政府和社会资本合作模式,又称PPP模式,主要有BT模式(建造—移交)、BOT模式(建造—运营—移交[①])、BOOT模式(建造—拥有—运营—移交)、BTO模式(建设—移交—运营)、BOO模式(建造—拥有—运营)、O & M模式(运营与维护合同)、TOT模式(移交—运营—移交)等。

国家鼓励各级农业农村部门按照农业领域政府和社会资本合作相关文件要求,对本地区农业投资项目进行系统性梳理,筛选并

---

① 建造—运营—移交是指社会资本被授权在特定的时间内融资、设计、建造和运营,期满后转交给政府部门。

培育适合采取PPP模式的乡村振兴项目，优先支持农业农村基础设施建设等有一定收益的公益性项目。2015年4月25日，国家发改委、财政部、住建部、原交通部、水利部、中国人民银行联合发布《基础设施和公用事业特许经营管理办法》，鼓励和引导社会资本参与基础设施和公用事业建设运营，提高公共服务质量和效率，保护特许经营者合法权益。[①] 明确PPP项目的主要合作范围在于需要政府投资主导的基础设施建设领域，由政府采用竞争方式依法授权境内外的法人或者其他组织，通过协议明确权利义务和风险分担，约定其在一定期限和范围内投资建设运营基础设施和公用事业并获得收益，提供公共产品或者公共服务。此类项目可由政府或企业提出特许经营项目实施方案，特许经营项目应当符合国民经济和社会发展总体规划、主体功能区规划、区域规划、环境保护规划和安全生产规划等专项规划、土地利用规划、城乡规划、中期财政规划等，并且建设运营标准和监管要求明确。2015年5月19日，《国务院办公厅转发财政部、发展改革委、人民银行关于在公共服务领域推广政府和社会资本合作模式指导意见的通知》明确提出，在公共服务领域推广政府和社会资本合作模式，是转变政府职能、激发市场活力、打造经济新增长点的重要改革举措。[②] 围绕增加公共产品和公共服务供给，在能源、交通运输、水利、环境保护、农业、林业、科技、保障性安居工程、医疗、卫生、养老、教育、文化等公共服务领域，广泛采用政府和社会资本合作模式，对统筹做好稳增长、促改革、调结构、惠民生、防风险工作具有战略意义。

---

①　参见《基础设施和公用事业特许经营管理办法》。

②　参见《国务院办公厅转发财政部、发展改革委、人民银行关于在公共服务领域推广政府和社会资本合作模式指导意见的通知》。

三、结语

《土地管理法实施条例》第四十一条明确了集体经营性建设用地可以通过招标、拍卖、挂牌或者协议等方式进行流转，为社会资本与乡村融合发展提供了法律保障。无论是社会资本独立开发，还是与集体经济组织共同经营，都是合法有效的合作模式。社会资本依据法律法规、政策文件，充分结合当地乡村实际情况选择开发模式，更好地满足乡村振兴多样化、多层次的发展需求，实现社会资本和乡村、农民的双赢。

第五节　农村集体经济组织的治理转型升级

现阶段我国农村集体经济组织在很多方面取得了很大成就，明显推动了我国农村经济社会的发展。农村集体经济组织的发展既是我国农村发展与市场经济融合的结果，也是农村经济具体发展的表现。有利于提高我国农村居民的收入，推进农业的现代化、市场化、产业化、集约化发展。乡村振兴战略对农村集体经济组织的发展提出了更高的要求，在此背景下必须不断壮大集体经济组织，保护农民的财产权益，深化农村集体经济组织的改革，构建完善的符合新时代要求的农村集体经济组织体系。因此，有必要重新审视农村集体经济组织治理现状，发现目前运行中存在的问题，提出有针对性的治理思路和改革策略。

一、农村集体经济组织的发展现状及现实意义

早在 20 世纪 50 年代农村集体经济组织就出现在了合作化运

动之中，从人民公社化、乡镇集体企业到被民营经济超越，新中国成立以来我国农村集体经济的发展历经曲折。[①] 农村集体经济组织是对集体土地拥有所有权的经济组织，是依托农民集体并以集体成员为基础成立、代表农民集体行使集体财产权益的经济组织。所谓行使集体财产权益，即为经营、管理集体财产。[②] 这一组织形式的出现具有其历史的特殊性，农村集体经济组织是在特殊历史背景之下出现的具有政治性质和法律性质的特殊组织，其既不同于社会社团，也不同于行政机关。

（一）农村集体经济组织的发展现状

集体经济组织对土地拥有所有权，是除了国家以外拥有所有权的唯一组织，农村集体经济组织的出现是社会主义公有制改革的结果，由农民自愿联合在农村范围之内，将所有的农业生产资料归集体所有，农村集体经济组织应用生产资料进行集体组织生产劳作，农民是农村集体经济组织的成员，在农村集体组织领导之下农民各展其能，参加农业劳动，并按劳分配，在农村集体经济组织内部从事生产生活。[③] 从目前的整体发展状态来看，我国农村集体经济发展处于历史的低潮期，究其原因，一是个别经济发展落后地区基层党组织对经济发展的带动作用越来越不明显，在发展集体经济方面思路固化、办法不多。二是政策和心理变化。随着义务教育的“撤点并校”和农业税的取消，村集体在乡村治理中的作用不断弱化。由于集体经济长期发展缓慢，集体经济组织在村民内部的影响力不断下降。集体经济组织内部成员家庭收入多以外出

---

① 参见蔡继明、李蒙蒙：《城乡融合发展的制度保障和政策体系搭建》，载《经济研究参考》2019 年第 8 期。

② 参见《土地管理法》第十一条。

③ 参见刘娟：《农村集体经济组织立法问题研究》，载《农业经济》2018 年第 6 期。

务工为主,在经济上和心理上与集体经济组织逐渐疏远。

近年来,国家针对农村集体经济组织发展制定了很多法律规范,上海、江苏、浙江、广东等地也对农村集体经济组织立法进行了有益探索。国家对农村集体经济组织发展确定立法规划,并出台专门法律,对农村集体经济组织发展相关问题予以明确。同时还应当启动相关立法调研工作,深入农村集体经济组织之中,针对责任产权等相关问题予以明确,并在调研基础上形成相应的法律草案,对农村集体经济组织结构设定成员确认登记制度、资产财务管理制度、监管制度、法律责任制度等相关制度予以明确,这样才能够为农村集体经济组织的治理提供法律保障。同时,也加快推进了农村集体经济组织身份确认工作,在改革过程中通过向集体经济组织颁发登记证书,让集体经济组织也有了自己的身份。按照时间表推进,2019 年针对农村集体经济组织的清产核资工作基本完成,到 2021 年针对农村集体经济组织的股份制合作改革基本完成。可见当前国家非常重视农村集体经济组织发展,并按照国家相关政策对其进行了具体工作指导,确保农村集体经济能够成为新时期农村经济发展的重要主体。①

同时,城乡融合的发展推动了农村集体经济组织的发展壮大,国家制定了专门的乡村振兴战略以推动城乡融合发展,增加农民收入。乡村振兴战略有力地推动了公共资源在城乡之间的公平分配,实现资源利用的最大化,有力促进了城乡之间公共服务的互联互通。近年来,农村地区的人居环境不断改善,基础设施不断健全,推动了乡村地区治理体系和治理能力的现代化,为农村集体经

---

① 参见陶爱萍:《新时期农村集体经济组织治理转型升级问题研究》,载《农业经济》2021 年第 2 期。

济组织的发展奠定了坚实的基础。农村集体经济组织是贯彻国家宏观调控政策的重要载体和媒介，在城乡融合大背景下，城市和乡村之间的交流日益密切，例如，人流、物流、信息等数据的交流。农村经济在我国国民经济发展中的重要性逐渐凸显且不断提高，国家整体经济的发展与农村地区经济发展方向和发展水平息息相关。农村集体经济组织作为农村地区经济社会发展的重要主体，与国家和政府的关系最为密切，是在农村地区贯彻落实国家宏观政策的重要载体。

（二）农村集体经济组织的现实意义

提升农村集体经济组织发展质量必须提升农村集体经济组织治理手段和方式。增加农民收入，切实保障农民的合法权益是壮大集体经济组织最有效的方式。通过农村集体经济组织治理是减少农村集体经济组织运行腐败问题，实现农村经济健康可持续发展的有效方法。

首先，农村集体经济组织治理有助于壮大农村集体经济规模。农村集体经济组织作为推动农村经济发展的重要力量，其发展水平直接决定了农村集体经济的规模。农村集体经济组织治理水平的高低，一方面决定组织内部的运行流畅性，另一方面与农村集体经济的收入直接挂钩。因此，为了实现集体经济组织更好地发挥功效，必须加强农村集体经济组织的治理能力，确保农村集体经济组织高效稳定运行。这样才能带领广大农村集体经济组织成员充分利用自身的优势资源，因地制宜地寻找到创业致富之路，实现农村集体经济组织的壮大。农村经济得到发展，农民的收入自然就会不断增多，共同富裕的目标必然可以实现。

其次，农村集体经济组织治理有助于实现民主自我管理与自我监督。我国农村地区法制化建设进程相较于城市比较滞后，农村地区农民的法治观念相对保守和薄弱，特别是部分地区农民还深受陈旧思想的影响，真正懂法的农民在农村凤毛麟角。在农村民主建设和农村集体事项监督方面，农民很少有自觉意识主动用法律武器维护自身的合法权益。创新农村集体经济组织治理方式将有助于引导农民参与到农村集体经济管理之中，真正让农民成为农村集体经济组织的所有者和参与者，为农村集体经济组织的重大事项提供协助，对农村集体经济组织的未来发展进行表决建议。同时，在参与农村集体经济组织治理过程中，集体经济组织还将配合政府对农民进行系统培训，进一步提升农民的综合素质和法律意识。① 农村集体经济所有者是集体经济组织成员，而农村集体经济组织成员就是农民，要切实保护农民的权益和权利就必须发展好农村集体经济。只有充分激发农民对农村集体经济的主人翁意识和权利意识，提高农民的法治思想，才能达到这一目标。内外合力就需要对农村集体经济组织进行治理，构建起更为科学合理的监督机制，用规章制度来规范农村集体经济发展。

最后，农村集体经济组织治理有利于减少农村基层腐败现象。经过多年发展，农村集体经济组织在名称、内容、形式上虽然出现了变化，但作为推动农村经济发展的重要力量，在发展过程中其意义不能磨灭。农村经济社会发展是一个漫长的过程，很多经济落后的农村地区与经济发达的城市之间在管理观念上存在很大的差距，而原因就在于农村管理滞后，基层腐败问题频发。因此，明确各个岗位和部门的权力义务，规范农村经济活动，并将农村经济组织运行放置于广大农民的视野下，让农村集体经济组织成员成为

---

① 参见臧昊、梁亚荣：《农村集体经济组织破产制度研究》，载《农业经济》2018 年第 10 期。

监督农村经济组织管理者的主力军,将有效解决农村集体经济组织的内部腐败问题,实现对农村集体经济组织内部成员的有效管理,促进农村集体经济发展,更好地为农民创收。

二、农村集体经济组织面临的问题及困境

我国城乡之间经济发展水平存在较大差距,是城乡融合发展战略实施的前提。[①] 我国农村集体经济组织发展到目前确实取得了一些成绩,但不可否认,仍存在许多不合理的地方,在很大程度上影响了集体经济组织的健康可持续发展。当前,我国集体经济组织的发展仍存在法律定位不明确、组织管理不善、缺乏民主管理氛围、土地改革发展滞后及资产流失监管不严等问题。

(一)农村集体经济组织的法律地位不明确,成员身份模糊

根据我国《宪法》《民法典》等法律规定,农村集体经济组织作为一种特殊的经济组织,与农民专业合作组织公司或企业不同,农村集体经济组织代表成员行使权利,承担农村集体资产经营管理事务,在管理过程中农村集体经济组织的股权只能进行内部流转,同时,农村集体经济组织不能破产。[②] 除此之外,我国还没有针对农村集体经济组织出台专门的法律,对农村集体经济组织的组织框架、法律关系、权利与职责、成员身份等明确定位,导致农村集体经济组织在发展过程中自我定位模糊,对农村集体经济组织的内部发展和运行产生了一定的影响。在城乡融合的大背景下,我国农村集体经济不断发展扩大,农村集体经济组织在农村经济发展

① 参见崔日明、韩渊源:《乡村振兴战略下农村集体经济的发展路径研究》,载《农业经济》2019 年第 5 期。

② 参见韩俊英:《农村集体经济组织成员资格认定——自治、法治、德治协调的视域》,载《中国土地科学》2018 年第 11 期。

过程中的地位越来越突出。因此,亟须对农村集体经济组织进行立法,以满足农村集体经济组织在市场竞争中发挥作用的紧迫需要。目前法律地位不明确的现实状况影响了集体经济组织资源的流转和生产要素的公平流通。因此,十分有必要通过立法形式,切实保障农村集体经济组织平等、公平、公正地参与市场竞争。

(二)农村集体经济组织管理不善,发展思路不清

当前农村集体经济组织法人治理结构还没有形成,在管理和监督过程中农村集体经济组织内部管理不规范,问题依然存在。[①]农村集体经济组织问题之一在于其治理模式没有契合农村集体经济组织职能的转变。要厘清中国农村集体经济组织的历史变迁,必须从人民公社谈起。人民公社是中国农村集体所有制经济的一种组织形式,产生于1957年冬季以兴修水利为中心的农田基本建设高潮及稍后农村集体兴办集体工业的过程中,其既负责政治管理,也负责经济运营。为配合家庭联产承包责任制的实行,人民公社后来一分为二,"政社分设":一方面建立乡人民政府以及村民自治组织,另一方面建立农村集体经济组织。然而所谓分设大多"名分实合"。[②] 农村集体经济组织大多徒有其名,没有组织机构,即使建立了组织机构,所谓的组织机构与村民委员会也往往是"一套人马,两块牌子;两枚印章,一套机构"。据调查,浙江省90%以上的村经济合作社社长由村党支部书记兼任;[③]陕西省平原村经济合作社总经理由村两委干部任职的比例超过95.65%,山区村也达到了

① 参见陶爱萍:《新时期农村集体经济组织治理转型升级问题研究》,载《农业经济》2021年第2期。

② 管洪彦、傅辰晨:《农村集体经济组织法人民主决策的异化与匡正》,载《求是学刊》2020年第3期。

③ 参见管洪彦:《农村集体经济组织法人治理机制立法建构的基本思路》,载《苏州大学学报(哲学社会科学版)》2019年第1期。

83.33%；[①]北京市改制后的农村集体经济组织，其负责人由村党支部书记兼任的比例达93.8%。[②] 上述情况造成的结果就是，农村集体经济组织实际上为村民委员会或村党支部控制，人民公社“政社合一”的内部治理模式被保留下来。一方面，由于村干部综合实力和知识储备方面存在不足，在组织管理上难以驾驭好农村集体经济组织的资产，通常沿用传统的行政管理模式，导致农村集体经济组织不能有效发挥作用。另一方面，村委会在农村集体经济组织运营监管方面发挥的作用也十分有限，形同虚设。农村集体经济组织监管应当由上级部门、本级村委会和农村集体经济组织成员共同参与，但是在实际落实过程中由于其管理者更多在村委会承担相应职务，村委会在其中发挥的作用十分有限，农村集体经济组织成员也没有真正地参与到农村集体经济组织监管之中，导致整个农村集体经济组织运行不规范、不合理。

（三）农村集体经济组织内部缺少民主管理氛围

在分散式的家庭联产承包责任制土地政策的大背景下，农村集体组织成员对农村集体经济发展的关注度远远不够，甚至有部分农村集体经济组织成员不愿意加入农村集体经济组织的管制工作之中，民主性大打折扣。同时，随着城乡二元制经济体制被打破，很多农村居民进城务工，常年在外，几乎只有春节才会回到农村，在外打工期间，对农村集体经济组织的管理不关心，也不会过问，唯一关心的是农村集体经济组织能够给自己分红，对农村集体经济组织如何运作和管理毫不关心。农村集体经济组织本身缺乏

---

① 参见李韬等：《农村集体经济壮大的障碍、成因与建议——以陕西省为例》，载《农业经济问题》2021年第2期。

② 参见孔祥智、高强：《改革开放以来我国农村集体经济的变迁与当前亟需解决的问题》，载《理论探索》2017年第1期。

必有的民主监督，再加上外部监督的缺失，为部分农村集体经济组织成员制造了可乘之机，在财务管理和经济管理方面存在贪污腐败的机会，农村集体经济组织的资产流失较为严重。村委会在农村集体经济组织运行中参与的较多，但这并没有弥补农村集体经济组织民主管理氛围的缺陷，农村集体经济组织自身发展存在很多不足，激励保障措施很不健全，要想独立运作，就需要一定的资金注入和人员管理，而目前农村集体经济组织资金不足，人员缺失，能够利用的组员十分有限，很难调动村民及村干部参与集体经济组织的积极性和主动性，这在很大程度上限制了农村集体经济组织的发展。

（四）土地改革发展滞后，资产流失监管不严

农村集体经济组织最重要的资产和财富来源就是土地。在城乡融合大背景下，我国农村土地制度改革发展滞后，已经成为农民增收和农村集体经济发展的重要障碍，①加之目前我国尚未对农村集体经济组织的监管制度化和规范化，农村集体经济组织资产流失的问题还较为严重。

首先，我国农村地区土地制度改革进程缓慢，严重阻碍了农村集体经济的发展壮大。（1）农村土地承包经营权流转改革推进缓慢。虽然我国目前已在多个省（区、市）开展土地承包经营权流转试点工作，以推动农村集体经济组织的发展，但截至目前尚未形成全国统一的土地使用权流转制度。（2）农村宅基地确权推进缓慢。农村集体经济组织的房屋多建立在集体所有的土地之上，农村集体经济组织所有的房屋等固定资产尚不允许进入市场流通或进行

① 参见李英等：《关于加快城乡融合发展推动乡村建设的思考》，载《中国农学通报》2020 年第 2 期。

抵押融资，而农村集体经济组织最主要的资产就是土地经营权和农村房产，缓慢的农村土地承包经营权流转改革进程和缓慢的宅基地确权进程严重阻碍了农村集体经济组织的发展。

其次，制度化和规范化的农村集体经济组织的监管体系尚未建立。任何组织的健康有序发展，都离不开配套的外部监督体系。然而，目前我国在这方面的监督体系尚未形成。(1)对集体经济组织的监管立法仍有待完善。现行的《村民委员会组织法》对侵占集体财产的行为处罚规定不细化，力度不够强，加之农村集体经济组织成员和领导不具备国家公务员身份，对其侵占集体财产行为的处罚力度偏软，威慑力不足。(2)尚未制定完善的农村集体经济组织的监管制度。我国农村人口众多，农村集体经济组织数量较多，难以实现监管的全覆盖，个别地区人民群众主动反映集体经济组织内部违规行为的渠道仍不畅通。[①]

三、农村集体经济组织治理思路和策略

（一）明确组织法律地位，加快立法进程

关于农村集体经济组织的性质认定，学界众说纷纭，莫衷一是。有学者认为："从现存形态划分，集体经济组织包括行政社区范围内以土地为基础的集体经济组织，以及其他财产合作形成的农民专业合作社、供销社、信用社以及乡镇企业。"[②]也有学者认为，农村集体经济组织可以以不同的组织形态存在，可以是法人也可以是合伙制，也可以是股份合作社，还可以是农民专业合作社、有

---

① 参见陈建：《城乡融合背景下农村集体经济组织发展的困境及治理》，载《农业经济》2021年第8期。

② 郭洁：《论农村集体经济组织的营利法人地位及立法路径》，载《当代法学》2019年第5期。

限责任公司等。[①] 实际上,国家十分重视农村集体经济组织的立法工作,希望通过立法明确其法律地位。2017 年中央一号文件和 2018 年中央一号文件都明确指出,要抓紧制定农村集体经济组织相关法律规制。2019 年中央一号文件也明确提出,要启动《乡村振兴促进法》,研究制定农村集体经济组织法。[②] 2020 年 5 月发布的《民法典》明确指出要将农村集体经济组织作为特别法人。[③]

近年来,国家针对农村集体经济组织发展制定了很多法律规范,上海、江苏、浙江、广东等地也对农村集体经济组织立法进行了有益探索。这都是明确农村集体经济组织法律地位的良好开端,下一步国家应当针对农村集体经济组织发展确定详细的立法规划,并尽快出台专门的法律规范,对农村集体经济组织发展相关问题以法律的形式明确下来,前期相关的立法调研工作也应启动。如前文提到的,目前已有立法工作小组成员深入农村集体经济组织之中,针对责任产权等相关问题予以明确,并在调研基础之上形成相应的法律草案,对农村集体经济组织结构设定成员确认登记制度、资产财务管理制度、监管制度、法律责任制度等相关制度予以明确。在此基础上进一步深化相关方法工作,这样才能够为农村集体经济组织的治理提供坚实的且符合工作实际的法律保障,促使农村集体经济组织发展行稳致远。

---

① 参见杨一介:《我们需要什么样的农村集体经济组织》,载《中国农村观察》2015 年第 5 期。

② 参见陶爱萍:《新时期农村集体经济组织治理转型升级问题研究》,载《农业经济》2021 年第 2 期。

③ 参见陈美球等:《农村集体经济组织成员权的实现研究——基于“土地征收视角下农村集体经济组织成员权实现研讨会”的思考》,载《中国土地科学》2018 年第 1 期。

（二）提高经营管理水平，注重人才引进

农村集体经济组织能否发展壮大，与领导者的管理经营水平有着密切的关系，领导者的经营管理水平起着至关重要的作用。促进农村集体经济组织的发展，一方面要转变领导者的治理思路。例如，基层政府可以多开展组织农村集体经济组织领导者到经济发达地区或农村集体经济发展较为完善的地区参观学习，如可以去北京、浙江、广州等地，学习先进地区如何调动人才、技术、资本等生产要素向农村集体经济组织内部流动的先进经验。[①] 另一方面要提高领导者的市场意识。农村集体经济组织的领导者对市场的把控能力是影响农村集体经济组织的关键因素，可以通过挂职锻炼，选派农村集体经济组织中的优秀年轻干部到大企业学习先进的企业管理经验，来培养领导者的市场意识。最重要的是应注重将学习的成功经验与当地农村集体经济组织的实际情况相结合，因地制宜地发展农村集体经济组织。

多方法、实政策、多平台吸引青年农民、退转军人、返乡农民工、退休回乡干部、大中专毕业生等各类人才主动返乡入乡创业，并加入农村集体经济组织，成为组织骨干和"领头雁"。[②] 任何事业的发展都离不开人才的支撑。要想留住人才、吸引人才，需要从以下两个方面努力：一是建立人才下乡的保障机制，充分利用国家"三支一扶"等人才政策，努力为人才引进提供舞台，促进人才的落地生根。二是地方政府和村集体应完善对高校毕业生、退伍军人

① 参见马翠萍、郜亮亮：《农村集体经济组织成员资格认定的理论与实践——以全国首批29个农村集体资产股份权能改革试点为例》，载《中国农村观察》2019年第3期。

② 参见张弛：《中国特色农村新型集体经济的理论基础、新特征及发展策略》，载《经济纵横》2020年第12期。

等群体返乡的扶持政策。解决好户籍、社保、住房、子女教育等各方面问题，免除人才发展的后顾之忧，吸引更多的人才到农村集体经济组织中发展。

（三）加快土地制度改革，完善监管体制

政府应当出台相关政策法规，明确农村宅基地确权政策，推进农村集体经济组织固定资产的确权进度，拓展农村集体经济组织发展的融资渠道，以缓解农村集体经济组织在经济和资金方面存在的压力。首先，加快农村地区土地制度改革进程，必须解决我国农村土地经营权流转试点中出现的较为严重的问题之一——农村土地经营权流转出现的农村劳动力转移问题。[①] 解决该问题必须依靠城镇地区第三产业的快速发展，因此，应提高第三产业对就业的吸纳能力，为农村劳动力提供更多的工作岗位和工作机会。

完善组织的外部监督体系，提高监管的威慑力。因农村集体经济组织的特殊性，我国《刑法》中关于公职人员犯罪的相关规定对农村集体经济组织人员并不适用。因此，相关部门可以通过立法对侵占农村集体经济组织财产等经济犯罪行为予以处罚，加大处罚力度，营造良好的监管环境。同时，也要根据形势发展，不断推进农村集体经济组织监管的制度化和规范化。随着互联网的发展，利用信息技术和大数据建立监管信息系统，利用网络建立举报平台，通过有奖举报提高村民参与监督的积极性和主动性，进而营造民主监督的良好局面。将农村集体经济组织发展的基础数据录入数据库并定期更新，利用数据分析技术锁定疑点，在监管全覆盖的基础上，努力提升监管的准确性，为农村集体经济组织健康发展

---

① 参见张合林：《以土地市场制度创新推动城乡融合发展》，载《中州学刊》2019年第3期。

营造良好的外部环境。

(四)创新组织参与形式,提高民主参与度

营造农村集体经济组织的民主氛围,有必要在立足群众协商民主的基础上,对农村集体经济组织中的成员进行科学且妥当的界定,从而提高民主参与度。在组织活动或开展工作时,应充分尊重大部分农民的时间,坚持少数服从多数的原则,让更多的农民愿意参与其中,并对组织所作决定心服口服。利用网络平台,创新农村集体经济组织工作的开展方式,可以通过采用线上和线下相结合的协作模式,线下征求在外务工农民的意见,协商确定农村集体经济组织成员的时间;线上充分利用腾讯会议、QQ群、微信群、钉钉等网络社交平台,选择恰当的时间,确保全体农村集体经济组织的成员都能参与其中。

在确认成员的标准上,要依据农村集体经济组织的相关法律法规,本着尊重历史知兴替、兼顾现实勇创新、程序规范保廉洁、群众认可干劲足的原则。在明确集体所有权本质属性的前提下,协商考虑社会保障对农村集体经济组织的影响,并以此确定强制性的社保标准,同时依据其他因素确定农村集体经济组织成员身份确认的任意标准,例如,以是否长期定居农村生活,是否负有抚养、赡养以及扶养义务等条件为标准。在划分标准过程中还需统筹兼顾,做好各类人群的成员身份确认工作。[①]

在确认成员的程序上,首先应梳理现有农村集体经济组织成员的具体名单,依据名单具体了解成员的家庭情况,核实每位成员所提供信息的准确性,并将核对无误的成员名单张榜公示,将成员

① 参见郭元凯、谌玉梅:《组织振兴:构建新时代乡村治理体系》,中原农民出版社、红旗出版社2019年版。

名单“晒”在阳光下，接受群众对各组织成员事前、事中、事后的监督与评议。此外，还要规范流程，建立健全登记备案机制，组织各位成员应到县乡政府部门予以备案，积极探索高效、便捷且维护组织各成员权利的方式，加快推进农村集体经济组织标准化、规范化，进而提高农村集体经济组织的民主参与度。

习近平总书记号召全党、全国各个社会主体，“为全面建成小康社会、开创中国特色社会主义事业新局面而努力奋斗”。[①] 农村集体社会组织作为重要的社会单元，是中国特色社会主义事业发展的一股重要力量。乡村兴则国家兴，振兴乡村是农村集体经济组织在新时代开创中国特色社会主义事业新局面的重大使命。但是，鉴于我国目前集体经济组织的发展现状、存在的困境，在一定程度上制约了农村集体经济组织的功能发挥，制约了农村集体经济组织历史使命的实现，亟须加强农村集体经济组织建设。[②] 农村集体经济组织没有高效的治理体系，就如同没有大脑，无法充分调动各方面的资源。本书提出了一些农村集体经济组织当前运行困境的解决对策，但对农村集体经济组织的研究应该是一个永恒的话题，不断推进农村集体经济组织在新时代下的治理转型升级。

第六节　基层政府社会治理创新路径探析

从国家提出服务型法治政府建设工作以来，基层政府社会治

① 习近平：《在首都各界纪念现行宪法公布施行30周年大会上的讲话》，人民出版社2012年版，第13页。

② 参见王太明、王丹：《后脱贫时代相对贫困的类型划分及治理机制》，载《求实》2021年第2期。

理创新问题引起了各界的广泛关注。习近平总书记在主持经济社会领域专家座谈会时，就正确认识和把握中长期经济社会发展重大问题发表重要讲话，强调"要加强和创新基层社会治理，使每个社会细胞都健康活跃，将矛盾纠纷化解在基层，将和谐稳定创新在基层"。① 基层政府作为国家行政制度等级最底层的政治基础单元，是维护国家政治统治稳定、促进社会经济发展、维护社会稳定的重要职能部门。基层政府的工作直接面向民众，与民众的切身利益息息相关，因此其职能长期受到社会各界的广泛关注。基层政府社会治理的创新问题是个永恒的话题，既是推动整个国家社会治理系统发展的重要面向，同时也是实践中亟须解决的重要课题，其实践意义和理论意义十分深远。

一、基层政府社会治理的探索历程

我国基层社会治理的探索实践紧跟党中央关于加强创新社会治理的发展历程，二者在某些方面高度契合。我国经济发展的现实需要及社会矛盾的转变是基层社会治理创新的着力点和动力，同时基层社会治理的创新能进一步反推我国经济和社会的发展，二者相得益彰，都是推动中国特色社会主义事业现代化不可缺少的重要面向。探索基层社会治理创新的路径应由表及里，首先有必要了解基层政府社会治理的发展历程。我国基层社会治理呈现以下三个阶段，逐渐走出一条具有中国特色的社会治理创新之路。

2002 年之前，我国社会管理模式以维护政权稳定为首要目标，以社会治安综合治理为主导路径。改革开放以前，维护政权稳定

① 习近平：《在经济社会领域专家座谈会上的讲话》，载《人民日报》2020 年 8 月 25 日，第 2 版。

是我国基层社会治理的首要目标。我国实行计划经济体制，包办社会事业，政府掌握绝大多数社会资源。社会治理以行政手段为主，实行严格的户籍制度限制人口流动以实现维稳的首要目标。1978年以后，我国经济快速发展，实现经济转轨，社会也朝着多元化方向发展，社会转型促使社会利益关系日趋复杂，社会矛盾也日益凸显。随之出现城乡发展差距大、征地拆迁纠纷多、下岗工人福利待遇低、流动人口带来社会治安问题、国外敌对势力的渗透等问题，社会消极因素较多，对我国经济发展不利。在此种社会发展大背景下，社会治安综合治理成为当时我国基层社会管理的主流模式，应当注意，此时讲的还是"社会管理"一词。

经过10年的发展，到2012年，我国更加注重改善民生，社会建设模式也转变为建设服务型政府，管理的理念逐渐淡化。2002年，党的十六大提出要全面建设小康社会，现代化建设的重要目标变为社会更加和谐，并作出构建社会主义和谐社会的战略部署。2007年，党的十七大要求加快推进以改善民生为重点的社会建设，深化社会体制改革，建设服务型政府。其间，我国积极推进政府职能转变，注重激发市场活力，放松政府管制，让更多社会力量注入社会治理的洪流中。但是，从社会治理机制上来说，当时的社会管理还没有形成有效决策机制和政策影响评估机制。[①]

党的十八大以来，我国重点推进社会治理体系、治理能力现代化，打造"共建、共治、共享"的社会治理格局。2013年11月9日，党的十八届三中全会首次提出："创新社会治理，必须着眼于维护最广大人民根本利益，最大限度地增加和谐因素，增强社会发展活

① 参见方立新、姚利红：《论社会管理体制创新的科学性问题》，载《观察与思考》2012年第2期。

力,提高社会治理水平……”①这是“社会治理”思想首次正式进入党和国家的有关文件中。2017 年 10 月,习近平总书记在党的十九大报告中指出,“加强社会治理制度建设,完善党委领导、政府负责、社会协同、公众参与、法治保障的社会治理体制,提高社会治理社会化、法治化、智能化、专业化水平”。② 2019 年 10 月,习近平总书记在党的十九届四中全会上提出:“必须加强和创新社会治理,完善党委领导、政府负责、民主协商、社会协同、公众参与、法治保障、科技支撑的社会治理体系,建设人人有责、人人尽责、人人享有的社会治理共同体……构建基层社会治理新格局。”③从以上变化可以看出,多年来在党中央的领导下,各省(自治区、直辖市)深入探索和实践基层社会治理模式,如今已基本构建中国特色社会主义治理理论体系。

二、基层政府社会治理创新的现实意蕴

(一)与基层“减负”的根本旨趣完美契合

基层“减负”的实效考察是基层治理现代化的指标之一。如何做好基层工作的“加减法”已经成为党和国家深入推进基层治理现代化的重要面向。2019 年,习近平总书记强调要解决一些困扰基层的形式主义问题,并将 2019 年确定为“基层减负年”。2020 年中共中央办公厅印发的《关于持续解决困扰基层的形式主义问题为

---

① 《中共中央关于全面深化改革若干重大问题的决定》,载《人民日报》2013 年 11 月 13 日,第 1 版。

② 习近平:《决胜全面建成小康社会　夺取新时代中国特色社会主义伟大胜利——在中国共产党第十九次全国代表大会上的报告》,载《人民日报》2017 年 10 月 28 日,第 1 版。

③ 《中共中央关于坚持和完善中国特色社会主义制度　推进国家治理体系和治理能力现代化若干重大问题的决定》,载《人民日报》2019 年 11 月 1 日,第 1 版。

决胜全面建成小康社会提供坚强作风保证的通知》，进一步为基层工作“减法”运算提供方向标。实际上，为基层“减负”是治理方法的优化，可以提高基层政府的工作效率，同时，“减负”之后基层政府有更多的时间和精力投入社会治理的工作中，更好创新社会治理方式，深化综合行政执法改革，构建“共建、共治、共享”的基层社会治理新格局。因此，基层政府社会治理创新是基层“减负”的现实需要，二者相互关联，基层“减负”是基层政府社会治理的重要面向，同时，基层政府社会治理又对基层“减负”提出了具体的要求，二者相互促进，共同推进社会治理的现代化。

（二）民众期望不断变化升级

我国社会主要矛盾已经转化为人民日益增长的美好生活需要和不平衡不充分的发展之间的矛盾。随着我国经济不断发展，人民物质生活水平得到了很大提高，尤其是发达地区民众，已然开始追求更高品质的生活和更高层次的需求。服务型政府的首要关注点应当是民众的期望和需求。民众的期望和需求的不断升级变化是促进政府进行创新的另一重要动力。民众对政府提供的公共物品和公共服务的数量，尤其是品质的要求在不断增加，期待基层政府社会治理效能逐渐转型升级。民众对政府公共服务的现实需要对政府提出了新的更进一步的要求，引导政府进行社会治理能力的创新和变革。社会治理不同于“管理”，“管理”在一定程度上体现为民众的被动性和政府的主动性。而社会治理应当是民众和政府的互动，它不是政府自上而下的管理，而应关注“社会”，在一些方面积极主动，同时在其他方面可能需要放权于民，强调“以人民为中心”，更加关注社会的参与性和公平性。长期以来，各级政府部门在改善民生和创新社会治理方面做了大量工作，但存在社会管理越是加强、社会问题越是增多、民怨越是高涨的“内卷化”现象。[①] “内卷化”的本质在于,政府自上而下提供的服务与民众在社会生活中的诉求偏差较大。从根本上讲,基层社会治理就是要解决民众遇到的各种问题,高效回应并满足民众多方面的需求。民众期望不断升级的需求引导城市基层政府在社会治理上不断改革创新,进而促成当前基层政府在社会治理上不断总结经验的现象。

(三)体制机制不畅的问题倒逼创新发展机制

当前,我国基层政府采取的行政管理体制以条块分割为主,体现科层制下职权自上而下,分层级、分部门划分和配置的特点。这样的体制利弊兼存,有很大的发展空间。具体而言,当前体制机制不畅的问题主要体现在两个方面。一方面,纵向关系上,各级政府上下级机构设置和职能履行是一一对应的关系。例如,为了完成工作职责,作为区级政府的派出机构——街道承担着对接上级政府条口进行属地化管理的责任。在区政府、街道办事处、居委会之间的关系没有理顺的情况下,会导致基层社会治理体制不健全,实施不顺畅,影响社会治理的成效,因此创新迫在眉睫。另一方面,横向关系上,目前尚存在部门分割、科室林立、机构膨胀的现象。各部门之间权力界限不清,职责划分存在交叉,可能会出现政出多头、遇事互相推诿、“踢皮球”等问题。治理体系若没有理顺,治理重心很可能跑偏,多体现为挂牌等形式上的增强,但基层治理的实际承受和运转机制并没有得到明显的提升和完善。现行社会治理体制的各种问题使各类社会行动者的需求得不到充分满足,诉求得不到畅通表达。因此,基层政府需要应对现有的体制机制问题,

---

① 参见李萍:《论社会管理创新的实质》,载《中国特色社会主义研究》2013 年第 2 期。

加大创新力度,理顺各方面关系,构建简约高效的基层治理体制,使基层治理落到实处。

三、基层政府社会治理面临的困境分析

(一)传统工作思维与基层治理刚需之间的矛盾

基层政府在政府系统中的末梢环节,处于上级政府与基层社会之间,发挥着承上启下的纽带作用。基层政府涵育良好的工作思维不仅有利于党政国策在基层的落地,而且与基层发生的矛盾纠纷能够依法及时化解,避免“矛盾往上推”,助益人民群众切身利益的维护和安全感、幸福感、获得感的增进。要建立健全强有力的行政执行体系,提高政府的执行力和公信力,为此基层政府必须在工作执行力的提高和工作思维的转变上下功夫。当前,基层政府的工作思维还存在与新形势下基层治理工作不相契合的问题,具体表现为:(1)“摆平即是水平”思想。部分基层工作人员往往利用人情关系来处理难题,没有树立遇事找法的工作理念,而是遇事找关系、“遇事找人情”。有时向群众作出虚假承诺,只是口头答应会尽快办理或回复,但并没有实际落实。只求“息事宁人”,并未从根本上解决群众问题。(2)“花钱办事”思想。毋庸讳言,任何一项工作的开展都建立在一定的时间成本和物质成本之上,然而在基层治理实践中,“不多花钱就难办事”的乱象丛生,导致基层经费紧张,“钱用不到刀刃上”,如在逢年过节对个人“钉子户”“信访人”在物质上的“嘘寒问暖”。(3)“回避问题”思想。面对日益复杂的社会矛盾,一些基层干部“能躲则躲”,为了维护基层形式上的稳定,甚至利用自身行政权力去干预和压制基层行政纠纷和矛盾。

(二)基层政府治理的联动性缺失

在当前实践中,基层政府面临着严重的体制性障碍。一方面,

各自为政现象突出。上下级政府、各部门间的沟通联系少，统一协调力度不足。有时候，基层政府需要化解纠纷，向上级职能部门反映情况，职能部门往往将责任相互推诿，表现出“不作为、不履职、不尽责”的工作姿态，或者接到棘手的工作事务时，故意拖延，不仅没有设身处地地为老百姓解决实际问题，反而故意拉长了矛盾纠纷的化解时间。另一方面，受现行行政管理体制的影响，在科层制下基层政府权责分工不清晰，上级政府“钻制度空子”淡化自身责任，利用“属地管理”原则将本属于自身的责任转移给乡镇（街道）基层政府，后者“事多、钱少、权小、责大”，对其履职尽责无疑是雪上加霜。近年来，随着大数据、云计算、人工智能为主要代表的新兴技术高速发展，为基层政府和职能部门、政府与政府、政府与社会间的信息共享提供了技术支撑。然而，当前囿于部门利益的影响，诱使主体间信息共享机制缺乏开放性，“信息烟囱”虽然林立，但是信息资源共享率低，制约了基层治理的效能。

（三）“内卷化”对基层治理实效的掣肘

周黎安教授将中国行政体制的激励机制描绘为“政治锦标赛”。① “内卷化”这一概念由美国人类学家克利福德·格尔茨在其《农业内卷化：印度尼西亚的生态变化过程》中首次提出，表明一种停滞不前的状态。在基层，“内卷化”是一种工作惰性与懒政范式，基层治理“内卷化”可以释义为重“留痕”的形式主义，重“痕”不重“绩”的表面主义，并且在实际中表现出简单意义上的工作重复，故而难有进步和改观，在此基础上产生自我懈怠、消耗和消极

① 参见周黎安：《晋升博弈中政府官员的激励与合作——兼论我国地方保护主义和重复建设问题长期存在的原因》，载《经济研究》2004 年第 6 期。

状态。[①] "内卷化"现象已成为基层政府治理的主要梗阻,不仅损害了基层工作人员的工作积极性,还使基层治理形式化极其严重。譬如,为了让脱贫攻坚的资料齐全,山西省的一些乡村在2018年补2014年所需的《减贫人口名单公示》材料,公示的同时,找村民"装装样子",抓紧时间拍两张照片后,便将公示撕掉。[②] 如此种种,不一而足。这种虚假留痕带来的结果是工作质效上的徒劳和低效。

四、基层政府社会治理创新的可持续性路径选择

加强和创新社会治理,关键在体制创新,核心是人。基层政府治理是社会治理的一个重要面向,更应注重以人为核心。从我国这么多年来基层政府管理的经验探索和面临的各种挑战来看,必须认真贯彻有关社会治理的指示精神,将其进一步转变为指导方针,完善政府管理机制,激发多方活力,改进政府的管理方式,提高基层政府管理的能力,对推进我国基层政府管理具有重要的指导意义。鉴于此,本书突出从以下几点阐释创新基层政府社会治理的实现路径。

(一)涵育"以人民为中心"的新时代治理思维

国家要求地方政府树立正确的政绩观,全面理解社会治理创新"为了谁""依靠谁"这一根本问题,并据此"找准社会治理创新

① 参见鹤一鸣:《警惕和防止基层工作"内卷化"》,载《广西日报》2020年8月11日,第4版。

② 参见梁建强等:《直击基层治理十大痛点,你对哪个感触最深?》,载河南日报网2019年2月18日,https://www.henandaily.cn/content/xxi/gwyzj/2019/0218/149175.html。

的目标方向、力量源泉和党的正确定位”。[①] 因此基层政府社会治理创新要想得到持续健康发展，就必须解决为什么要创新或者为了哪些人创新的问题，这是创新的价值所在和创新的动力源泉。毫无疑问，上述问题的答案是广大民众。中国共产党的根基在人民，血脉在人民。必须坚持人民至上、仅仅依靠人民、不断造福人民、牢牢植根人民，并落实到各项决策部署和实际工作中，强调“必须把为民造福作为最重要的政绩”。[②]

党的十九届五中全会进一步指出，“基本实现国家治理体系和治理能力现代化，人民平等参与、平等发展权利得到充分保障……”这是2035年基本实现社会主义现代化的远景目标之一，并且明确指出，在“十四五”期间要坚持“以人民为中心”的发展理念，将“社会治理特别是基层治理水平明显提高”作为发展目标之一。[③] 其实，从坚持“以人民为中心”“共治共建共享”到坚持“人人有责、人人尽责、人人享有”，都强调了要坚持人民至上。同样地，在创新社会治理方式时，也应当坚持以人民为中心的理念。只有始终坚持人民至上的理念，才能真正坚持人民的主体性，才能有效精准回应广大民众的需求。前文提到的基层政府治理中存在的问题，经过深入分析发现，问题产生的原因就在于没有坚持“以人民为中心”的价值理念。以回应民众日益增长的对美好生活的多元化需求为基层政府一切工作的出发点和落脚点，服务型政府的价

① 唐鸣、祁中山：《理解社会治理创新的三个维度》，载《科学社会主义》2015年第2期。

② 习近平总书记在参加内蒙古代表团审议时的讲话：《坚持人民至上　不断造福人民　把以人民为中心的发展思想落实到各项决策部署和实际工作之中》，载《人民日报》2020年5月23日，第1版。

③ 《中共中央关于制定国民经济和社会发展第十四个五年规划和二〇三五年远景目标的建设》，载《人民日报》2020年11月4日，第3版。

值才能充分体现。基层政府治理必须关注民众的期望和需求,政府的公共服务供给与社会治理的思路也必须进行改革创新,立足于人民需要,立足于更高地服务于人民。

（二）构建统一高效的“条块联动”机制

目前,在科层制下,我国基层政府与上级职能部门的职责界限还存在模糊性,且联动性较差。为了凝聚基层政府的力量,集中化解基层治理过程中存在的问题,一方面,必须建立健全区县职能部门与基层政府之间的沟通机制,保障沟通无阻,尤其是在新时代下,利用新技术实现信息的共享,建立有效的信息共享机制,避免出现“各自为政”“推诿扯皮”等负面现象;另一方面,必须实现权责一致,有多大的权力就要承担多大的责任,避免出现有权无责和有责无权的现象。保障基层权责一致,必要的情况下,可以重构权责体系,重新分工。严格禁止使基层政府成为“属地管辖”下的“条条部门”的“替罪羊”。[①] 没有经过相关党委的同意,职能部门不得以“属地管理”的名义将任务随意转移给基层政府。必须建立权力清单,按照清单严格执行,不得随意越界。

（三）优化绩效考评机制,倒逼负责人带头创新

优化创新机制,需要对创新的主体——基层政府进行有效的激励和引导。基层创新的主要推动者,特别是领导干部,是基层政府创新成功与否的决定性因素,也是创新是否持续的关键。新时期对领导干部的执政能力和社会管理能力提出了更高要求,也将

---

① 参见付晨阳:《治理现代化视域下基层政府的现实困境与纾困策略》,载《内蒙古科技与经济》2021年第9期。

对我国国家治理和社会管理的观念转变产生深远影响。[①] 因此，尤为需要通过对基层政府“一把手”的绩效评价，倒逼其开展科学高效的社会治理创新活动。[②]

具体而言，一是构建绩效考核体系，以回应性为导向。如上文提到的社会治理创新必须紧紧围绕最广大民众的多元化需求，以实质化解各种社会纠纷和促进社会和谐稳定为终极目标。强化基层政府社会治理创新的“向下负责”导向，突出回应性，强调回应的及时性和效果。(1)将民众对基层社会治理的成效的满意度纳入相关部门和责任人的绩效考核指标，并且该部分的分值应占多数，并根据情况适度扩大其比重。(2)不应过分强调“首创性”。“首创性”很容易将基层社会治理引入形式化的误区，基层政府创新的根本目标在于回应现实诉求，满足基层人民群众的现实需要。创新方法只是工具和手段是目标和主体，切勿本末倒置。

二是在考核的同时，应采用“对块对条相结合”的考核方式。根据属地管辖的原则，条口部门往往承担“决策者”的角色，而街道社区则承担“执行者”的角色。条口部门具有执法决策权，应当权责统一，承担更多的责任。在现有注重对块考核的情况下，加大对条口部门的考核和评价，甚至增加街道社区对条口部门的反向考核，这是优化绩效评价体系的重要方向。

三是强化创新“可持续性”这一指标的权重。需要注意的是，每一项具体的社会制度(包括创新)有其生命周期，随着时代的发

---

① 参见最高人民法院中国特色社会主义法治理论研究中心编：《法治中国——学习习近平总书记关于法治的重要论述》(第2版)，人民法院出版社2017年版，第377页。

② 参见任克强：《创制经验：城市基层政府社会治理创新的动因与优化》，载《学习与实践》2021年第2期。

展而最终走向消亡。但是,社会制度(包括创新)具有较强的稳定性,不能让人为因素影响其可持续性。具体到基层政府社会治理创新上来讲,创新者不能过分强调不借鉴别人的成果,而一味地追求"首创性",甚至将"首创性"作为评价基层政府治理创新的唯一标准,应更加广义地理解创新。不得不承认,某些基层政府的创新确实效果明显,有利于基层工作的顺利开展,社会治理也更加高效、便捷。此种情况下,结合本地实际,套用其他基层政府的创新举措也不失为一种创新。事实上,对于现有创新成果的延续并优化、借鉴与完善以增强其适用性等,都属于创新的范畴。以上各项评价体系改革,将有效引导基层政府向更加合理的社会治理创新的方向前进。

(四)上级政府为基层创新提供必要的支持

上级政府为基层政府社会治理创新提供的支持包括制度支持和物质支持两个方面。具体来说,坚持创新的制度化,上级政府应当积极为基层政府的社会治理创新创造良好的激励环境,激发基层政府社会治理创新的积极性,给予相应的制度保障,实现社会治理创新的制度化。这不仅可以充分肯定已经实施的创新行为,而且能增强基层政府持续推进创新的热情与信心,还可增强创新理念和模式的空间扩散能力。① 另外,制度化还可以避免实践中存在的"人走政息"的不良现象,实现基层社会治理创新的连贯性,将优秀的创新方式"固定"下来,实现"人走政不息"。当下,可以充分利用地方立法权,将基层政府创新的优秀方法、典型经验等可以复制的做法推广开来,以立法的形式提供坚实的保障,这是一种可行的

① 参见胡宁生、杨志:《中国地方政府社会治理创新的持续性:影响因素与政策优化》,载《江苏社会科学》2015 年第 3 期。

路径。

同时,基层政府社会治理需要一定的成本,尤其是经济成本。这也是为什么经济发达地区的社会治理的创新更活跃,能产生更多的值得借鉴和推广的创新成果。因此,上级政府应当给予基层政府社会治理更多的物质支持和经济保障,让基层政府社会治理创新没有“后顾之忧”,可以集中精力在创新路径和社会治理的工作中。针对经济基础比较薄弱的地区,上级政府提供必要的物质支持就显得格外重要。在提供物质支持的同时给予一定的创新空间支持,要坚持允许创新、鼓励创新并建立适当的容错机制,切勿过分消磨基层政府社会治理创新的积极性。

(五)多元主体下以数字政府为抓手共同参与创新

要加快运用网络信息技术,推进社会治理。[①] 随着互联网信息时代的到来,万物互联,许许多多的新型基础设施,如5G通信、大数据、云计算等在全国很多领域铺开,大数据技术得到了广泛的应用,推进社会治理的智能化已经成为社会治理创新的重要面向。因此,基层政府应乘势而为,积极运用现代信息技术加强顶层设计和组织统筹,加强大数据法规制度、标准规范建设,加大政策支持、人才培养、资源共享力度,优化整合科技资源;应加快“互联网+政务服务”体系建设,可推广浙江成功经验,建立网络风险综合治理体系,推动政府内部信息共享,采用“大数据+网格化”的方法实时监测分析社会动态,利用大数据来调查群众需求,预判社会问题,

① 参见习近平总书记在中共中央政治局第三十六次集体学习时的讲话:《加快推进网络信息技术为主创新　朝着建设网络强国目标不懈努力》,载《人民日报》2016年10月10日,第1版。

发挥预防、监测和辅助决策作用,提高社会治理智能化水平。①

在数字政府运作下,鼓励多元协作,将社会治理相关的各主体有效联动起来,共同参与到社会治理创新的大潮中。“党委领导、政府负责、民主协商、社会协同、公众参与、法治保障、科技支撑”的社会治理体系,既强调了党委的领导作用和政府的主导责任,也强调了社会主体和广大民众的作用。② 前文提到基层政府社会创新要以人为中心,满足最广大民众的社会治理多元需求。因此,有必要将相关的利益主体全部纳入社会治理之中展开平等协商。网络信息技术的发展也为多主体参与共治提供了可能,一方面,能够更精细、更精准地提供公共服务,对症下药,满足公共需求;另一方面,多元主体意味着多元的资源,能吸纳更多的资源参与基层政府社会治理,弥补基层政单一主体的力不从心,可以克服单一主体在资源共计方面的不足,使公共服务和社会治理更加充分有效。

全面建成小康社会对依法治国提出了更高要求。③ 基层政府社会治理作为依法治国的重要面向,也应不断创新和完善基层政府社会治理方式,以回应依法治国的顶层设计。基层不牢,地动山摇。奠定好基层这块根基,解决好基层治理这道难题,巩固好基层政权这方力量,才能稳固好中国特色社会主义的根基。新时代对基层政府社会治理提出了新的更高的要求。加强和创新基层社会治理,既要充分认识到基层政府的重要性,同时也应把握好界限。既要在制度上有所创新,也要保障创新可以落到实处。社会治理

---

① 参见周巍:《我国基层社会治理模式创新探索》,载《广西社会科学》2020 年第 10 期。

② 参见任克强:《创制经验:城市基层政府社会治理创新的动因与优化》,载《学习与实践》2021 年第 2 期。

③ 参见《习近平谈治国理政》(第一卷),外文出版社 2014 年版,第 144 页。

中基层政府的作用一直是学界关注的热点话题,仍须对基层社会治理创新方面取得显著成效的实践进行深入挖掘,提炼普适性经验,为基层政府社会治理提供智力支持。基层社会治理的实践创新和理论创新永无止境,要不断跟进并深入研究,为更好地推进国家治理体系和治理能力现代化贡献力量。

第五章　法律服务对乡村振兴战略的切入点

第一节　乡村振兴战略落地路径和时间线

乡村振兴战略是承接2013年党的十八届三中全会发布的《中共中央关于全面深化改革若干重大问题的决定》中"健全城乡发展一体化体制机制"部分而进一步提出的目标分解战略。党的十九大报告指出,"三农"问题是关系国计民生的根本性问题,必须始终把解决好"三农"问题作为全党工作的重中之重,实施乡村振兴战略。

中央农村工作会议于2017年12月召开,在党的十九大报告提出的战略目标基础上,进一步制定了乡村振兴战略"三步走"的目标任务:到2020年,乡村振兴取得重要进展,制度框架和政策体系基本形成;到2035年,乡村振兴取得决定性进展,农业农村现代化基本实现;到2050年,乡村全面振兴,农业强、农村美、农民富全面实现。

2018年1月,发布了2018年中央一号文件——《中共中央、国务院关于实施乡村振兴战略的意见》。

2018年9月,中共中央、国务院印发了《乡村振兴战略规划(2018—2022年)》。

2019年4月,发布了《中共中央、国务院关于建立健全城乡融合发展体制机制和政策体系的意见》。

2019年12月,国家发改委、中央农村工作领导小组办公室、农业农村部等18个部委联合下发了《关于开展国家城乡融合发展试验区工作的通知》(发改规划〔2019〕1947号)和《国家城乡融合发展试验区改革方案》,确定了浙江嘉湖片区、四川成都西部片区、重庆西部片区等共计11个地区作为国家城乡融合发展试验区。

2021年2月3日,11个试验区上报的实施方案获批,11个试验区正式进入全面落地实施和评估阶段。

2021年2月21日,《中共中央、国务院关于全面推进乡村振兴加快农业农村现代化的意见》,即2021年中央一号文件发布。这也是21世纪以来第18个指导“三农”工作的中央一号文件。

2021年3月12日,全国人民代表大会通过《国民经济和社会发展第十四个五年规划和2035年远景目标纲要》,在“十四五”规划纲要的第七篇中,明确提出要走中国特色社会主义乡村振兴道路,全面实施乡村振兴战略,强化以工补农、以城带乡,推动形成工农互促、城乡互补、协调发展、共同繁荣的新型工农城乡关系,加快农业农村现代化。

2021年4月22日,农业农村部办公厅、国家乡村振兴局综合司联合下发《社会资本投资农业农村指引(2021年)》,要求充分发挥财政政策、产业政策引导撬动作用，引导好、保护好、发挥好社会资本投资农业农村的积极性、主动性，切实发挥社会资本投资农业农村、服务乡村全面振兴的作用。

2021 年 6 月 1 日，《乡村振兴促进法》开始实施，这也是"乡村振兴"的概念和总体实施要求首次通过立法的方式予以明确。

第二节　法律服务业对乡村振兴战略的切入点
——以《四川成都西部片区国家城乡融合发展试验区实施方案》为例

坚持依法治国、依法执政、依法行政共同推进，法治国家、法治政府、法治社会一体建设，是全面推进依法治国的战略布局，是在中央全面依法治国工作会议上提出的总体发展战略。

2021 年 2 月 3 日，发布了《国家发展改革委办公厅关于国家城乡融合发展试验区实施方案的复函》(发改办规划〔2021〕135 号)，原则同意浙江嘉湖片区、福建福州东部片区、广东广清接合片区、江苏宁锡常接合片区、山东济青局部片区、河南许昌、江西鹰潭、四川成都西部片区、重庆西部片区、陕西西咸接合片区、吉林长吉接合片区 11 个试验区方案。

四川成都西部片区试验区包括温江区、郫都区、彭州市、都江堰市、崇州市、邛崃市、大邑县、浦江县 8 个区域，约 7672 平方千米。试验重点包括五大任务：建立城乡有序流动的人口迁徙制度、建立农村集体经营性建设用地入市制度、完善农村产权抵押担保权能、搭建城乡产业系统发展平台、建立生态产品价值实现机制。

针对五大任务，四川省上报并获批的《四川成都西部片区国家城乡融合发展试验区实施方案》将以建设践行新发展理念的公园城市示范区为引领,以协调推进乡村振兴和新型城镇化战略为两大抓手,提出城乡形态塑造、城乡产业协同、城乡要素流动三大主攻方向,全面开展国家赋予成都的五项试验重点。

乡村振兴战略和城乡融合四川成都西部片区试验区为法律服务业带来了巨大的战略机遇。法律服务业可以从深度参与基层首创改革模式、协助地方政府将试验成果转化为顶层设计、满足集体经济组织与社会资本在改革过程中的刚性法律服务需求、利用自身客户资源进行双向引流四个方面进行战略切入,深度参与乡村振兴战略。

一、深度参与试验区内基层首创改革模式

《关于开展国家城乡融合发展试验区工作的通知》和《国家城乡融合发展试验区改革方案》中确定的试验区改革路线为自下而上的探索改革,要求着眼于顶层设计与基层首创互促共进,强化主体责任意识和主观能动性,大力推进体制机制破旧立新。《国家发展改革委办公厅关于国家城乡融合发展试验区实施方案的复函》更是提出了要求聚焦《关于开展国家城乡融合发展试验区工作的通知》中明确的各自试验任务进行改革探索,为全国提供城乡融合发展样本和可复制、可推广、利修法的典型经验。另外,在此基础上,各地可围绕《关于开展国家城乡融合发展试验区工作的通知》明确的其他试验任务自发探索适宜的发展模式。

自改革开放以来,各地区"摸着石头过河",以自下而上探索推动改革为常见情形,《关于开展国家城乡融合发展试验区工作的通知》明确将改革模式的探索下放到基层,法律服务业可以此为战略契机,深度参与到基层的改革探索过程中,对改革所尝试的各类新

机制、新模式提供合法性论证,参与合作模式调研与设计,介入跟踪新型改革模式的全过程运营,利用法律服务业长期积累的商业运营风控经验和行政行为合法性论证经验为基层首创改革模式保驾护航,规避系统性风险,协助试验区内改革少走弯路和绕路,协助基层将试验区内改革创新成果转化和推广打下坚实的基础。

二、协助地方政府将试验成果转化为顶层设计

《关于开展国家城乡融合发展试验区工作的通知》和《国家城乡融合发展试验区改革方案》中进一步提出,试验区所在省级人民政府要成立省级城镇化工作暨城乡融合发展工作领导小组,整合力量支持试验区改革探索,并以地方性法规等方式固化改革成果。

在试验区内基层首创改革模式过程中,必然会遇到问题并解决问题,总结积累相应的经验,并在后期实施过程中系统性加以解决。当法律服务业深度参与到此过程中时,必将会为后期试验成果的固化和转化推广起到事半功倍的效果。试验区的改革目的是将成熟可靠的改革成果进行固化并加以推广,必然会以地方性法规或地方政府规章的方式加以固化。法律服务业亦可充分利用参与基层首创改革的经验,协助地方政府和立法机构将试验成果转为顶层设计,就某种程度而言,也是行业参与立法的一种方式。

三、满足集体经济组织与社会资本在改革创新过程中的刚性法律服务需求

试验区内的各项改革模式主要体现为各类经济行为,以民事主体为主,主要为集体经济组织和社会资本。

2021 年 2 月 19 日,四川省委农村工作会议在成都召开,省委书记彭清华出席会议并讲话。彭清华书记指出:“积极探索建立集

体经济运行新机制，开展集体经济融合与发展试点，以低风险、可持续的方式放活经营权，通过承包、租赁、参股、联营、股份合作等方式增加集体收益，加强集体资产管理监督和村民权益保障，让村集体经济在乡村振兴中发挥更大作用。”

从试验区的五大任务和试验区上报的改革方案来看，结合彭清华书记讲话提到的重点改革方向及成都历年来探索的改革模式和经验，可以看出，鼓励和支持民间社会资本与村集体经济组织合作是一个重要的发展方向。从历史维度来看，农村集体经济组织的资源与社会资本的融合度不够的原因，一是受当时法律法规和政策的限制，二是缺乏顶层的授权和支持，三是集体经济组织与社会资本在合作过程中容易产生意见和方向的分歧。如今前两个问题已基本得到解决，而第三个问题凸显了双方主体之间的民事和商事的刚性法律服务需求，法律服务业的深度参与则可以在很大程度上解决此问题。

以温江区某项目村集体经济组织与社会资本合作为例，村集体首先成立村集体公司，通过林盘整治等措施，完成集体建设用地和其他农用地的整理后，将部分农村集体建设用地使用权进行流转，获取第一次流转收益并分配；村集体公司利用土地增值收益和政策资金，参与投资，与社会资本共同成立项目公司，通过项目公司运营，以股东身份实现第二次收益并进行分配；在项目持续营运环节，村集体公司再与社会资本共同投资成立针对项目进行运营的服务公司，实现第三次收益并进行分配。同时，村集体的农户可以作为项目的员工和农产品的供应商，通过在以上三个环节中的就业创业和农副产品销售来获得更多收益。在上述三个主要环节中，无论是村集体还是社会资本，在合作过程中对法律服务的需求都是刚性的，且其需求将贯穿合作始终。作为试验区内未来将普遍存在的一种经济生态模式,法律服务业的全过程介入将起到巨大的社会影响作用,协助推动试验区改革走上有序、高效、可持续、可复制、可推广的良性轨道。

四、利用自身客户资源进行双向引流

法律服务行业中,无论是律师事务所还是公证机构,抑或互联网法律服务平台,都存在大量的客户资源,法律服务行业从业者可以充分利用此类客户资源,助力为乡村振兴战略向农村地区进行引流,为供需双方牵线搭桥,促进人口、资源、信息的城乡双向流动和城乡产业协同。该服务也与四川成都西部片区试验区《四川成都西部片区国家城乡融合发展试验区实施方案》中的三大主攻方向完全契合。

五、结语

在乡村扶贫脱贫工作取得全面胜利后,乡村振兴战略的工作重心必然向国家城乡融合发展改革进行倾斜。随着国家城乡融合发展试验区改革正式进入实施阶段,在乡村振兴和新型城镇化战略的大背景下,法律服务业全面、深入参与国家城乡融合发展试验区改革的时机已成熟,对法律服务业而言既是机遇,也是社会责任。

参考文献

一、中文著作

1. 习近平:《在首都各界纪念现行宪法公布施行30周年大会上的讲话》,人民出版社2012年版。

2.《习近平谈治国理政》(第一卷),外文出版社2014年版。

3. 中共中央文献研究室编:《习近平关于全面依法治国论述摘编》,中央文献出版社2015年版。

4. 习近平:《决胜全面建成小康社会　夺取新时代中国特色社会主义伟大胜利——在中国共产党第十九次全国代表大会上的报告》,人民出版社2017年版。

5.《习近平谈治国理政》(第二卷),外文出版社2017年版。

6. 中共中央文献研究室:《十八大以来中央文献选编》,中央文献出版社2014年版。

7. 最高人民法院中国特色社会主义法治理论研究中心编:《法治中国——学习习近平总书记关于法治的重要论述》(第2版),人民法院出版社2017年版。

8. 王利明:《民法总则研究》(第3版),中国人民大学出版社2018年版。

9. 郭元凯、谌玉梅:《组织振兴:构建新时代乡村治理体系》,中原农民出版社、红旗出版社2019年版。

二、中文期刊

1. 周黎安:《晋升博弈中政府官员的激励与合作——兼论我国地方保护主义和重复建设问题长期存在的原因》,载《经济研究》2004年第6期。

2. 边燕杰、王文彬:《跨体制社会资本及其收入回报》,载《中国社会科学》2012年第2期。

3. 方立新、姚利红:《论社会管理体制创新的科学性问题》,载《观察与思考》2012年第2期。

4. 朱晓燕:《农产品市场风险问题研究》,载《经营管理者》2013年第32期。

5. 李萍:《论社会管理创新的实质》,载《中国特色社会主义研究》2013年第2期。

6. 陈小君:《我国农村土地法律制度变革的思路与框架——十八届三中全会〈决定〉相关内容解读》,载《法学研究》2014年第4期。

7. 房绍坤:《农民住房抵押之制度设计》,载《法学家》2015年第6期。

8. 唐鸣、祁中山:《理解社会治理创新的三个维度》,载《科学社会主义》2015 年第 2 期。

9. 胡宁生、杨志:《中国地方政府社会治理创新的持续性:影响因素与政策优化》,载《江苏社会科学》2015 年第 3 期。

10. 朱启臻、胡方萌:《新型职业农民生成环境的几个问题》,载《中国农村经济》2016 年第 10 期。

11. 高飞:《农村土地"三权分置"的法理阐释与制度意蕴》,载《法学研究》2016 年第 3 期。

12. 简承渊、吴佩:《农村电商——星星之火渐燎原》,载《农产品市场周刊》2017 年第 10 期。

13. 高强等:《改革开放以来我国农村集体经济的变迁与当前亟需解决的问题》,载《理论探索》2017 年第 1 期。

14. 朱启臻:《乡村振兴背景下的乡村产业——产业兴旺的一种社会学解释》,载《中国农业大学学报(社会科学版)》2018 年第 3 期。

15. 刘娟:《农村集体经济组织立法问题研究》,载《农业经济》2018 年第 6 期。

16. 臧昊、梁亚荣:《农村集体经济组织破产制度研究》,载《农业经济》2018 年第 10 期。

17. 崔日明、韩渊源:《乡村振兴战略下农村集体经济的发展路径研究》,载《农业经济》2019 年第 5 期。

18. 韩俊英:《农村集体经济组织成员资格认定——自治、法治、德治协调的视域》,载《中国土地科学》2018 年第 11 期。

19. 陈美球等:《农村集体经济组织成员权的实现研究——基于"土地征收视角下农村集体经济组织成员权实现研讨会"的思考》,载《中国土地科学》2018 年第 1 期。

20. 马翠萍、郜亮亮:《农村集体经济组织成员资格认定的理论与实践——以全国首批29个农村集体资产股份权能改革试点为例》,载《中国农村观察》2019年第3期。

21. 王颂吉、魏后凯:《城乡融合发展视角下的乡村振兴战略:提出背景与内在逻辑》,载《农村经济》2019年第1期。

22. 莫广刚:《以乡村人才振兴促进乡村全面振兴》,载《农学学报》2019年第9期。

23. 姜红利、宋宗宇:《集体土地所有权归属主体的实践样态与规范解释》,载《中国农村观察》2017年第6期。

24. 温世扬:《〈土地管理法〉与民法典物权编的衔接》,载《中国不动产法研究》2019年第2期。

25. 高圣平:《宅基地制度改革与民法典物权编编纂——兼评〈民法典物权编(草案二次审议稿)〉》,载《法学评论》2019年第4期。

26. 蔡继明、李蒙蒙:《城乡融合发展的制度保障和政策体系搭建》,载《经济研究参考》2019年第8期。

27. 管洪彦:《农村集体经济组织法人治理机制立法建构的基本思路》,载《苏州大学学报(哲学社会科学版)》2019年第1期。

28. 郭洁:《论农村集体经济组织的营利法人地位及立法路径》,载《当代法学》2019年第5期。

29. 李英等《关于加快城乡融合发展推动乡村建设的思考》,载《中国农学通报》2020年第2期。

30. 李博:《乡村振兴中的人才振兴及其推进路径》,载《云南社会科学》2020年第4期。

31. 管洪彦、傅辰晨:《农村集体经济组织法人民主决策的异化与匡正》,载《求是学刊》2020年第3期。

32. 张弛:《中国特色农村新型集体经济的理论基础、新特征及发展策略》,载《经济纵横》2020 年第 12 期。

33. 周巍:《我国基层社会治理模式创新探索》,载《广西社会科学》2020 年第 10 期。

34. 郭远智、刘彦随:《中国乡村发展进程与乡村振兴路径》,载《地理学报》2021 年第 6 期。

35. 陈云、朱莹莹:《多重资本运作下乡村特色产业发展路径——以宣恩伍家台村茶产业为例》,载《中南民族大学学报(人文社会科学版)》2021 年第 9 期。

36. 陶爱萍:《新时期农村集体经济组织治理转型升级问题研究》,载《农业经济》2021 年第 2 期。

37. 李韬等:《农村集体经济壮大的障碍、成因与建议——以陕西省为例》,载《农业经济问题》2021 年第 2 期。

38. 陈建:《城乡融合背景下农村集体经济组织发展的困境及治理》,载《农业经济》2021 年第 8 期。

39. 张合林:《以土地市场制度创新推动城乡融合发展》,载《中州学刊》2019 年第 3 期。

40. 王太明、王丹:《后脱贫时代相对贫困的类型划分及治理机制》,载《求实》2021 年第 2 期。

41. 付晨阳:《治理现代化视域下基层政府的现实困境与纾困策略》,载《内蒙古科技与经济》2021 年第 9 期。

42. 任克强:《创制经验:城市基层政府社会治理创新的动因与优化》,载《学习与实践》2021 年第 2 期。

三、论文报纸

1. 习近平总书记在中共中央政治局第三十次集体学习时的讲话:《加快推进网络信息技术为主创新　朝着建设网络强国目标不

懈努力》，载《人民日报》2016年10月10日，第1版。

2.《中共中央关于全面深化改革若干重大问题的决定》，载《人民日报》2013年11月13日，第1版。

3.习近平：《决胜全面建成小康社会 夺取新时代中国特色社会主义伟大胜利——在中国共产党第十九次全国代表大会上的报告》，载《人民日报》2017年10月28日，第1版。

4.《中共中央关于坚持和完善中国特色社会主义制度 推进国家治理体系和治理能力现代化若干重大问题的决定》，载《人民日报》2019年11月1日，第1版。

5.习近平：《在经济社会领域专家座谈会上的讲话》，载《人民日报》2020年8月25日，第2版。

6.习近平总书记在参加内蒙古代表团审议时的讲话：《坚持人民至上 不断造福人民 把以人民为中心的发展思想落实到各项决策部署和实际工作之中》，载《人民日报》2020年5月23日，第1版。

7.《中共中央关于制定国民经济和社会发展第十四个五年规划和二〇三五年远景目标的建议》，载《人民日报》2020年11月4日，第3版。

8.鹤一鸣：《警惕和防止基层工作"内卷化"》，载《广西日报》2020年8月11日，第4版。

四、网络文献

1.袁菡苓：《四川实施乡村振兴战略六大重点》，载《四川日报》2018年9月5日，epaper.scdaily.cn/shtml/scrb/20180905/199130.shtml。

2.梁建强等：《直击基层治理十大痛点，你对哪个感触最深?》，载河南日报网2019年2月18日，https://www.henandaily.cn/

content/xxi/gwyzj/2019/0218/149175. html。

3. 王成栋:《成德眉资共建都市现代高效特色农业示范区》,载北青网 2021 年 9 月 12 日,https://t. ynet. cn/baijia/31416615. html。

4. 张娟:《2020 年绵竹经济运行成绩单出炉》,载《今日绵竹》2021 年 1 月 26 日,http://www. mztoday. gov. cn/wap/show. php? id = 42822&ivk_sa = 1024320u。

5.《农村实用人才缺口大　农业劳动力大专以上仅占 3.3%》,载中国法院网 2013 年 12 月 8 日,https://www. chinacourt. org/article/detail/2013/12/id/1158246. shtml。

6. 刘奇:《现代农业规模化的五大着力点》,载人民网 2013 年 3 月 19 日,http://theory. people. com. cn/n/2013/0319/c40531 - 20834861. html。

7.《第七次全国人口普查公报(第二号)》,载国家统计局,http://www. stats. gov. cn/tjsj./zxfb/202105/t20210510_1817178. html。

8.《第七次全国人口普查公报(第五号)》,载国家统计局,http://www. stats. gov. cn/tjsj/zxfb/202105/t20210510_1817181. html。

9. 中商产业研究院:《2018—2023 年中国康养旅游行业市场前景及投资机会研究报告》,载中商情报网 2018 年 10 月 12 日,https://baijiahao. baidu. com/s? id = 1614118954581749442&wfr = spider&for = pc。

10. 王平:《德阳绵竹麓棠镇玫瑰谷里开出"致富花"》,载四川新闻网 2021 年 5 月 11 日,http://dy. newssc. org/system/20210511/003132933. html。

11. 唐妮:《绵竹:创建天府旅游名县　美丽新村托起幸福

梦——直击麓棠镇玫瑰新村的幸福生活》,载四川新闻网 2021 年 4 月 15 日,http://dy. newssc. org/system/20210415/003117094. html。

12.《德阳统计年鉴》(2017—2020 年),载德阳市统计局官网,http://tjj. deyang. gov. cn/。

后　记

硕果颂金秋，《乡村振兴实现路径的实证研究——以绵竹市乡村振兴路径及现状为例》终于成书了。本书凝聚着太多人的心血与期望，更凝聚着无数人的关怀与祝福，只言片语不足以表达它的厚重。

《乡村振兴实现路径的实证研究——以绵竹市乡村振兴路径及现状为例》一书在写作过程中，始终坚持以习近平新时代中国特色社会主义思想为指导，全面贯彻落实党的十九大和十九届二中、三中、四中、五中全会精神，深入贯彻习近平总书记全面依法治国新理念、新思想、新战略，认真贯彻落实中央全面依法治国系列重大部署。本书重在研究区域乡村振兴战略实施整体情况，总结探索依法治市（县、区）的典型经验，特别是对绵竹市在乡村振兴战略实施过程中进行的众多有益探索经验进行剖析研究,以期打造出全面依法治市推进下的乡村振兴"特色样板",为乡村振兴战略在全国范围内的有效贯彻实施提供理论与实践经验的智力支撑。

本书选择了若干研究方法,帮助编者在写作过程中快速找到重点内容,提供研究思路上的指导,运用多种研究方法对研究内容进行充分论述。本书在编纂过程中采用的研究方法主要有:(1)文献检索法。通过网络数据库进行文献检索,输入"乡村振兴""基层治理""依法治国""四川绵竹"等词条,收集与上述关键词条相关的论文文献;此外,编者还通过其他途径收集与本书写作相关的可用资料。(2)案例研究法。目前,绵竹市在实施乡村振兴战略过程中取得了较为优异的成绩,区域内积累了大量相关典范案例。因此,编者对典型案例进行了深入研究。案例来源主要包括互联网收集以及绵竹市相关政府部门整理提供的案例。(3)实地调研法。为全面认识绵竹市在乡村振兴战略实施过程中所做的工作,编者有针对性地前往绵竹市乡村振兴产业发展的典型示范地区进行实地调研,如当地玫瑰园、年画村、清平镇、九龙低空运动小镇、特色乡村民宿等,实地调查有助于更好地理解全面依法治市进程下乡村振兴战略以及对绵竹市政府在具体工作中的各项举措及效果,从而挖掘出真正有价值的成果。

本书在策划和写作过程中,受到绵竹市各级政府部门的大力支持与协助,本书的编纂完成也有赖于绵竹市人民政府与泰和泰律师事务所的默契合作。以程守太律师为核心的泰和泰律师团队在项目策划、专题讨论、团队组织、实地调研、书籍编辑中付出了辛勤的劳动。感谢泰和泰律师事务所行政部李雨霏和牟雅洁为本书出版付出的辛勤努力!同时,感谢四川师范大学法学院和绵竹市全面依法治市委员会办公室对本书编纂的鼎力合作。感谢中共四川省委依法治省办全力组织、推进、协调“关于加强全面依法治县(市、区)示范点课题研究报告和编撰工作”,以此为契机,本书在编纂过程中得到了地方各级党委政府、相关部门、单位的全力配合。尤其需要指出的是,在调研过程中,四川省依法治省办、绵竹市委、绵竹市人民政府、绵竹市政法委、绵竹市全面依法治市办公室、绵竹市司法局、绵竹市文化体育广播电视和旅游局、绵竹市市场监管局、绵竹市商务和经济局、绵竹市清平镇人民政府、绵竹市麓棠镇人民政府、绵竹市高新区管理委员会、中国绵竹年画村景区管理委员会、九龙山—麓棠山旅游区管委会、绵竹清平镇司法所、绵竹麓棠镇司法所、各村村委会、成都农交所德阳所绵竹服务中心、绵竹年画博物馆、九绵文化旅游产业园、绵竹市九龙跑马岭旅游投资有限公司、银谷控股集团有限公司及其下属子公司、四川懂你农业发展有限公司等各方提供了充分便利条件。正因为他们的支持与配合,调研工作才能如期开展,写作才能顺利完成,再次深表谢意!

我们还应当预见到,在全面探索依法治市(县、区)的道路中,仍需要更多的实践经验来不断完善本书中所涉及的法治政府建设相关理论,乡村振兴的伟大事业也需要中国特色社会主义法治体系提供的坚实制度保障。因此,编者希望本书的出版能够为全面依法治国背景下乡村振兴事业提供有益的支持,并为法治政府建设的道路探索提供有益的思路。最后,祝愿奋斗在依法治市(县、区)以及乡村振兴事业一线的工作者们在真知与奉献的天地中,进一步发挥聪明才智,发散创造思维,提高建设能力,不断为中国特色社会主义法治社会建设增色!全社会共同努力做好新发展阶段的各项工作,巩固拓展脱贫攻坚成果,全面推进乡村振兴!

附　录

一、乡村振兴相关法律法规及部门规章

1.《中华人民共和国农村土地承包法》(2018年12月29日)

2.《中华人民共和国土地管理法》(2019年8月26日)

3.《中华人民共和国乡村振兴促进法》(2021年4月29日)

4.《中华人民共和国土地管理法实施条例》(2021年7月2日)

5.《农民住房财产权抵押贷款试点暂行办法》(2016年3月15日)

6.《农村土地经营权流转管理办法》(2021年1月26日)

二、政策性文件

(一)中央政策性文件

1.《中共中央办公厅、国务院办公厅关于完善农村土地所有权承包权经营权分置办法的意见》(2016年10月30日)

2.《中共中央、国务院关于稳步推进农村集体产权制度改革的意见》(2016年12月26日)

3.《中共中央、国务院关于实施乡村振兴战略的意见》(2018年1月2日)

4.《乡村振兴战略规划(2018—2022年)》(2018年9月)

5.《中共中央、国务院关于坚持农业农村优先发展做好“三农”工作的若干意见》(2019年1月3日)

6.《中共中央、国务院关于建立健全城乡融合发展体制机制和政策体系的意见》(2019年4月15日)

7.《国务院关于促进乡村产业振兴的指导意见》(2019年6月17日)

8.《中共中央、国务院关于抓好“三农”领域重点工作确保如期实现全面小康的意见》(2020年1月2日)

9.《中共中央、国务院关于实现巩固拓展脱贫攻坚成果同乡村振兴有效衔接的意见》(2020年12月16日)

10.《中共中央、国务院关于全面推进乡村振兴加快农业农村现代化的意见》(2021年1月4日)

11.《中共中央办公厅、国务院办公厅关于加快推进乡村人才振兴的意见》(2021年2月23日)

12.《国民经济和社会发展第十四个五年规划和2035年远景目标纲要》(2021年3月11日)

13.《中共中央、国务院关于实现巩固拓展脱贫攻坚成果同乡村振兴有效衔接的意见》(2021 年 3 月 22 日)

(二)各部委政策性文件

14.《农业部关于大力实施乡村振兴战略加快推进农业转型升级的意见》(2018 年 1 月 18 日)

15.《人民银行、银保监会、证监会、财政部、农业农村部关于金融服务乡村振兴的指导意见》(2019 年 1 月 29 日)

16.《农业农村部关于积极稳妥开展农村闲置宅基地和闲置住宅盘活利用工作的通知》(2019 年 9 月 30 日)

17.《国家发展改革委、中央农村工作领导小组办公室、农业农村部、公安部、自然资源部、财政部、教育部、国家卫生健康委、科技部、交通运输部、文化和旅游部、生态环境部、人民银行、银保监会、证监会、全国工商联、国家开发银行、中国农业发展银行关于开展国家城乡融合发展试验区工作的通知》(2019 年 12 月 19 日)

18.《国家发展改革委关于印发〈2020 年新型城镇化建设和城乡融合发展重点任务〉的通知》(2020 年 4 月 3 日)

19.《全国乡村产业发展规划(2020 — 2025 年)》(2020 年 7 月 9 日)

20.《国家发展改革委办公厅关于国家城乡融合发展试验区实施方案的复函》(2021 年 2 月 3 日)

21.《社会资本投资农业农村指引(2021 年)》(2021 年 4 月 22 日)

22.《中国人民银行、银保监会、证监会、财政部、农业农村部、乡村振兴局关于金融支持巩固拓展脱贫攻坚成果　全面推进乡村振兴的意见》(2021 年 6 月 29 日)